Zyro, Ferdinand Fı

Die Evangelisch-Refo. ııırte Kirche

Zyro, Ferdinand Friedrich

Die Evangelisch-Reformirte Kirche

Inktank publishing, 2018

www.inktank-publishing.com

ISBN/EAN: 9783747792742

Die evangelisch-reformirte Kirche, und ihre Fortbildung im XIX. Jahrhundert, besonders im Kanton Bern.

Von

Ferd. Friedrich Zyro,
ordentlichem Professor der Theologie in Bern.

„Wenn aber der Geist der Wahrheit kommen wird — der wird euch in alle Wahrheit leiten. — Was zukünftig ist, wird er euch verkündigen." Joh. XVI.

Bern, 1837.
Verlag von C. A. Jenni, Sohn.

Vorwort.

Indem ich diese Schrift, die Frucht der jüngst vergangenen Wintermonate, ausgehen lasse, thue ich es im freudigen Bewußtsein, ganz eigentlich in dem zu sein, was unmittelbar meines Amtes und meines täglichen Nachdenkens ist, und was seit mehr denn zwölf Jahren den Hauptgegenstand meines Beobachtens und meines Forschens, ja die eigentliche Seele meines Lebens ausgemacht hat.

Neun Jahre sind es, daß ich, schüchtern und verhüllt, mit dem Erstling meines Geistes in die Welt getreten bin, wie Einer, der zum ersten Mal in große Gesellschaft eingeführt wird: das Wort, das aus reinster Liebe floß, die theologischkirchlichen Bedenken wurden von Allen denen freundlich aufgenommen, welche durch den Geist Gottes zum Leben erweckt sind und die Zeit begriffen haben. Der HErr legte reichen Segen auf diese Schrift: sie führte mir von nah und fern viele Freunde zu. Das jüngere Geschlecht, und Viele unter den Mittlern, auch Manche unter den Alten nickten freudig dem Worte ihren Beifall zu; denn ich hatte es ja nicht als das meine, sondern als das gegeben, was mir selbst gegeben worden war.

Seitdem trat ich auf diesem Gebiete nicht wieder auf als nur mit drei ganz kleinen Gelegenheits-

Allen Lebendigen

zum

Zeichen der Vereinigung

in Liebe!

„Ihr aber seid das auserwählte Geschlecht, das königliche Priesterthum, das heilige Volk, das Volk des Eigenthums, daß ihr verkündigen sollt die Tugenden deß, der euch berufen hat von der Finsterniß zu Seinem wunderbaren Lichte.“ 1. Pet. II, 9.

schriftchen, a) die evangelischen Geistlichen und der evangelische Staat, b) ein freies Wort über das bernische Kirchenwesen *), c) des praktischen Theologen Gesinnung — bei'm Antritt meiner gegenwärtigen Stelle.

Auch diese Schriftchen fanden bei Männern des Fachs eine günstige Beurtheilung. Ich meinte es redlich.

Die vorliegende Schrift nun soll das Seitenstück und die eigentliche Fortsetzung zu den theologischen Bedenken bilden, nur mit dem Unterschiede, daß ich mir jetzt den Kreis der Leser, dem die Schrift bestimmt ist, noch etwas weiter gedacht habe; daher auch möglichst alles Gelehrte, in Ausdruck und in Berufung anderer Schriften, vermieden und fast überall die volksfaßliche Bedeutung beigesetzt ist.

Den Anlaß zur Schrift bot mir vorzüglich die Revision der Staatsverfassung, welche bevorsteht, und in welcher ja unser ganzes Kirchenwesen seinen Ort und Grund hat, auf den es, seinem irdischen Wesen nach, gestellt ist.

Aber zu diesem kömmt das Andere, viel Wichtigere, ohne das jenes Erstere wenig Bedeutung hätte,

*) Diese beiden Schriftchen wurden geschrieben in jener bewegten Zeit unserer politischen Reform, welche unmöglich vor sich gehen konnte, ohne sowol die Kirche überhaupt als den Geistlichen insbesondere nahe zu berühren. Ich suchte beider Recht und Würde in Schutz zu nehmen, gegenüber der achtungslosen Freiheitstheorie, die leicht zu Thaten fortreißt, welche von ihren Urhebern zu spät bereut und betrauert werden.

und das ist die Wahrnehmung, daß unter unserm Volke in kirchlicher Hinsicht mancherlei sich zu zeigen anfängt, was auf eine Bewegung schließen läßt, welcher die Freunde der reformirten Kirche, allermeist die Geistlichen, nicht gleichgültig zusehen dürfen, die Hände im Schooß, ohne sich zu rüsten auf das, was vielleicht die nächste Zukunft bringt, oder dem zuvorzukommen, was sich auf unregelmäßige und gefährliche Weise entwickeln könnte — dadurch, daß man der Gährung einen gefahrlosen Ausweg gibt, und dasjenige aufstellt, was einerseits der Geist der Zeit, aber anderseits auch das Evangelium fordert, ohne die geebnete Bahn zu verlassen, welche uns die Geschichte, d. h. der HErr selbst anweist.

Wenn irgendwo, so muß es hier eine richtige Mitte geben, in welcher sich das befindet, was unserm Zustand angemessen scheint. Sowie der ganze Ton der Schrift ein gemäßigter ist, so habe ich mich bemüht mich vor den Extremen zu hüten, zu denen man sich leicht verirrt, wenn man irgend einer Leidenschaft nachgibt, sei es derjenigen für die Wahrheit oder derjenigen für den Irrthum — denn beide entstellen und verleiten — und wenn man nicht wahrhaft geschichtlich zu Werke geht und naturgemäß sich entwickelt. Das thun und wollen Manche nicht! Die Einen wollen zu viel, die Andern zu wenig! Da wird es freilich schwer halten, Beiden ein Genüge zu leisten, denn das Loos der Partheilosen ist es, von zweien Seiten angefochten und in's Feuer genommen zu werden. Die Einen schelten uns Neuerer oder gar Revolutionäre, die Andern wittern Verrath, weil wir nicht radikal durchhauen. Die Einen werden mir vielleicht Servilität, d. h. Sklavensinn, vorwerfen; die Andern aber Lust bekommen, mich in die Acht zu erklären. Manche werden sich einbilden, persönlich berührt zu sein; Andere aber wünschen, ich möchte die Geißel gewaltiger geschwungen haben. Wie kann man Allen gerecht sein? Darum ist es am gerathensten, man kümmere sich um Menschenurtheil nicht zu viel, sondern schaue allein auf das, was uns als Gottes Wille erscheint. Allen Gegensatz fassen wir in Liebe auf.

Es gibt ein gewisses Alter, wo diejenigen, deren Pflicht es von Amtswegen ist, sich mit den Angelegenheiten der Kirche und ihren heiligen Zwecken zu befassen, leicht von ihren eigenen Gedanken über das, was die vollkommenste Gestalt der Kirche Christi hier auf Erden sei, fortreißen lassen, weil das jugendliche Bild in seiner göttlichen Schöne sie entzückt. So kömmt es denn, daß ihnen Alles, was und wie wir es haben unter uns, von Grund aus nicht gefallen will, weil sie meinen, Christi Herrschaft müsse dadurch verwirklichet sein, daß die Gemeinde der Gläubigen von keiner äußern Gewalt mehr, als die dieser Zeit und Erde angehöre, abhängig und durch sie beschränkt sei.

Die Andern dagegen — und das sind die Alten — warnen stets vor jeder Aenderung und Neuerung, denn das Alte ist ihnen lieb geworden, und es geht ihnen so wie einem Menschen, der lange Jahre in einem Hause gewohnt hat — es ist ihm auch so ganz werth geworden, und jeder kleine Winkel hat für seinen

wol kaum gut an, es sei denn, daß man Lust habe, Alles untereinander zu werfen, und die Freude zu genießen es von neuem werden zu sehen, wie Gott die Welt aus dem Chaos hervorgehen ließ. Wer wird aber dazu Lust haben können, der etwas nüchtern und unbefangen die Sache bedenkt! Sollte denn das ein Unrecht sein, daß der Staat erkennt, die beiden gegenwärtig bei uns geltenden (wenn man will, in gewisser Hinsicht herrschenden) Kirchenformen, die evangelisch-reformirte und die römisch-katholische, seien solche, die man gewähren lassen könne und in besonderm Maß beschützen müsse, weil sie (zumal die evangelische Kirche) diejenige Gewähr von Ordnung und Sittlichkeit darbieten, welche ein Staat von einer Religionsgesellschaft fordern muß, und weil ein geschichtlicher Zusammenhang da ist, welcher nicht willkürlich zerrissen werden kann und darf. Wollte man dieses letztere wagen — die Folgen liegen zu Tage in der französischen Staatsumwälzung von 1792! Wem grauet es nicht! Wenn es nun aber einzelnen Gliedern der reformirten Kirche einfällt, nicht mehr zur bisherigen Gemeinschaft halten zu wollen, sondern für sich zu sein und eigne Lehrer zu halten, so kann und soll das zwar nicht verhindert werden, denn das wäre allerdings Gewissenszwang; aber das Recht muß der Staat sich vorbehalten, daß diejenigen, welche auf eine eigenthümliche Form des Daseins Anspruch machen, sich als solche beweisen, die er dulden darf. Und dieses haben sie zu beweisen, einmal durch ihren ganzen Wandel, daß er nichts Unmoralisches an sich habe —

schriftchen, a) die evangelischen Geistlichen und der evangelische Staat, b) ein freies Wort über das bernische Kirchenwesen *), c) des praktischen Theologen Gesinnung — bei'm Antritt meiner gegenwärtigen Stelle.

Auch diese Schriftchen fanden bei Männern des Fachs eine günstige Beurtheilung. Ich meinte es redlich.

Die vorliegende Schrift nun soll das Seitenstück und die eigentliche Fortsetzung zu den theologischen Bedenken bilden, nur mit dem Unterschiede, daß ich mir jetzt den Kreis der Leser, dem die Schrift bestimmt ist, noch etwas weiter gedacht habe; daher auch möglichst alles Gelehrte, in Ausdruck und in Berufung anderer Schriften, vermieden und fast überall die volksfaßliche Bedeutung beigesetzt ist.

Den Anlaß zur Schrift bot mir vorzüglich die Revision der Staatsverfassung, welche bevorsteht, und in welcher ja unser ganzes Kirchenwesen seinen Ort und Grund hat, auf den es, seinem irdischen Wesen nach, gestellt ist.

Aber zu diesem kömmt das Andere, viel Wichtigere, ohne das jenes Erstere wenig Bedeutung hätte,

---

*) Diese beiden Schriftchen wurden geschrieben in jener bewegten Zeit unserer politischen Reform, welche unmöglich vor sich gehen konnte, ohne sowol die Kirche überhaupt als den Geistlichen insbesondere nahe zu berühren. Ich suchte beider Recht und Würde in Schutz zu nehmen, gegenüber der achtungslosen Freiheitstheorie, die leicht zu Thaten fortreißt, welche von ihren Urhebern zu spät bereut und betrauert werden.

Die

evangelisch-reformirte

Kirche,

und

ihre Fortbildung im XIX. Jahrhundert,

besonders

im Kanton Bern.

Von

Ferd. Friedrich Zyro,
ordentlichem Professor der Theologie in Bern.

„Wenn aber der Geist der Wahrheit kommen wird — der wird euch in alle Wahrheit leiten. — Was zukünftig ist, wird er euch verkündigen." Joh. XVI.

Bern, 1837.
Verlag von C. A. Jenni, Sohn.

das jeder Redliche tragen soll. Das Reich Gottes und seine Förderung muß unser einziger Wunsch und Gedanke sein — und dieses fordert Freiheit für einen Jeden, so weit durch sie ein Anderer oder das Ganze in seinem höchsten Rechte nicht verletzt oder beeinträchtigt wird, gemäß der Bruderliebe, welche der Hauptgrundsatz des christlichen Zusammenlebens ist, und der nicht nur in der Schrift dastehen oder auf Kanzeln gelehrt, sondern vielmehr (was leider bisher noch zu wenig geschah) mit der That geübt werden soll. So lange wir den Bruder hassen, auch nur in Einem Stücke, und uns über ihn erheben und ihn ausstoßen von uns ohne allen Grund, so lange lügen wir, wenn wir sagen, wir lieben Gott — so lange ist all' unser Gottesdienst ein Lügendienst. Wir können nicht zweien oder mehrern Göttern dienen; wir haben nur Einen, und das ist der wahrhafte, der Seiner nicht spotten läßt!

Das ist meine Lebensansicht und meine Grundüberzeugung, das der Liberalismus, dem ich huldige. Jede andere Lehre muß ich als eine Menschensatzung, welche die Ordnung Gottes verletzt und sich wider Gott empört, verwerfen — möge sie nun den Namen des Ultrazismus und Aristokratismus oder aber den Namen des Liberalismus tragen. Ich glaube demnach auch, daß die wahre äußere Freiheit sowol in monarchischer als in republikanischer Gestalt sich verwirklichen könne, ja daß es Republiken gebe, in welchen der Einzelne weit weniger wahrhaft frei sei als es hie und da vielleicht in Monarchien geschieht oder wenigstens denkbar wäre. Ueberall sind es Menschen, welche regieren, und wo Menschen regieren, geht es selten ganz ohne Sünde zu.

Was wir Alle wünschen müssen, ist das ewige Recht für einen Jeden und die gemeinsame Ordnung in aller Strenge und Schärfe, so weit sie gerade von jenem erstern gefordert ist, um des Reiches Gottes willen. Wo die Ordnung mangelt, da kann keine Freiheit sein, und das Reich des HErrn leidet Gefahr, denn Gott ist nicht ein Gott der Unordnung, sondern der Ordnung und des Friedens.

Das müssen die Grundsätze auch für unsere Kirche sein. Diese zu entwickeln ist die Aufgabe dieser Schrift, deren Bedeutung nicht aber die sein soll, daß alles Einzelne sogleich verwirklicht werde — so groß ist die Erwartung des Verfassers nicht, denn das wäre eitel — sondern nur, daß sie als Plan (Programm) gelten möchte für die nächste Zukunft *), und den Bestrebungen, so es Gott gefällt, zur Vereinigung diene.

Ueber Manches mag und wird man verschiedene Ansicht haben, weil der Standpunkt, von dem Verschiedene ausgehen, oft ein sehr verschiedener ist. So

*) Darum habe ich auch die Frage über den Katechismus weggelassen; weil es mir hiezu gegenwärtig nicht die Zeit scheint, so wie wir denn mit unsern Unterweisungen auch nicht ausschließlich an denselben gebunden sind, sondern unmittelbar die Bibel zu Grund legen können. Der Katechismus mag da füglich zur Wiederholung dienen. Genau genommen setzt eine Revision des Heidelbergers die Revision des Lehrbegriffs voraus.

z. B. über die richterliche Behörde. An meiner eigenen Darstellung wird hier vielleicht einiges Schwanken wahrgenommen werden, welches darin seinen Grund hat, daß meine Ansicht von dem Verhältniß unsers Staats und unserer Kirche in der That noch nirgends verwirklicht ist, und eine solche Verbindung fordert, die auf dem völligsten gegenseitigen Zutrauen beruht, wobei jeder Theil die Grenzen des andern anerkennt und achtet. So wenig nun nach meinen Grundsätzen einer Kirchenbehörde als solcher eine Strafgewalt im engern Sinn der Wortes gelassen werden darf, so sehr darf ich es nicht bergen, daß mich noch eine gewisse Scheu zurückhält, dieselbe unbedingt in die Hände des Staats als solchen zu legen. Und doch wird dieses geschehen müssen, nämlich so, daß nicht die Staatsregierung, welche ja wesentlich Verwaltungsbehörde ist, sondern das Obergericht, welches für Alle in letzter Instanz über Recht und Unrecht zu entscheiden hat, das Richteramt übe, und zwar nach Gesetz — einem Gesetz, das jetzt noch nicht besteht. Bloße Suspensionen, scheint es, sollten aber immerhin auf das Gutachten des Kirchenraths hin vom Regierungsrath verhängt werden können, weil es Fälle geben kann, die sich nicht im Buchstaben eines Gesetzes (wie z. B. erwiesene Hurerei, Völlerei, Veruntreuung des Armenguts u. dgl.) begreifen lassen, und doch eine Abberufung oder Einstellung nöthig machen, weil die amtliche Wirksamkeit gehindert oder unterbrochen ist. Wenn nun ein Geistlicher ungeachtet aller Mahnungen das gute Vernehmen nicht mehr herstellen will, so thut es Noth, daß eingeschritten werde.

Sollte ich in irgend einem Stücke geirrt haben, so bitte ich um freundliche Mittheilung. So ist denn wirklich S. 71 dahin zu berichtigen, daß der Kollator ein doppeltes Vorschlagsrecht hat, an welches die Regierung schlechterdings gebunden ist. Wehe thun wollte ich keiner Seele; darum Verzeihung, wo es etwa geschehen sein sollte wider Willen oder ohne Grund. Der vollkommene Mann ist, wer auch nicht in Einem Stücke fehlt. Die Wahrheit aber hat ihr ewiges Recht, das sich ungestraft nicht beugen läßt, mag es nun Freunde oder Feinde, Hohe oder Niedere treffen.

So möge denn in Gottes Namen diese Schrift ausgehen unter alles Volk, und bei allen denen, welchen das Heil der Kirche, somit das Wohl der Menschen am Herzen liegt, um freundliche Aufnahme bitten. Möge sie unter den Geistlichen keinen finden, der sie von der Thüre weist, etwa weil sie ihm die Wahrheit verkündet, ohne Ansehen der Person, oder weil er genug hat an dem, was vorhanden ist. Sollen ja vielmehr gerade die Geistlichen das Salz der Erde sein, und das Reich des HErrn fortbreiten nach den Forderungen der Zeit, als rechte Hirten Gottes, wie der selige Oberlin im Steinthal es so schön bewiesen hat. Möge sie keinen unter allen denen, für welche sie zunächst bestimmt ist, finden, der das Ganze verwirft, weil sie in Einem oder in einigen Punkten von seinen Ansichten abweicht. Möge sie Keinen finden, welcher mißtrauisch überall Absichten wittert, Absichten, die dem Verfasser fern und fremd sind — Keinen, der dem Verfasser für seine Arbeit, die er mit reiner Liebe für das Ganze unternahm und als seine Gabe darlegt auf den Altar des Vaterlandes, Statt mit Liebe und Freundschaft vielmehr (wie Partheimänner thun) mit Unmuth und Bitterkeit lohnt! Keinen, der, wenn sie sich zum Einlaß meldet, die Thüre seines Hauses schlösse, um nicht in seiner Ruhe gestört oder zu einer kleinen Ausgabe genöthigt zu werden. Möchte überhaupt Keiner sein Büdget abgeschlossen haben, wo es die Erfüllung der Gastfreundschaftspflicht des Geistes gilt! So wenig ich der Geistlichkeit je schmeicheln werde, um ihre Gunst zu gewinnen, so wenig der Staatsgewalt. Ich kenne keinen andern Weg für mich als den geraden Weg der offenen Wahrheit, und keine andere Gesinnung als die der aufrichtigen Liebe für das Allgemeine. Für die evangelischen Geistlichen wünsche ich, daß es der Staatsgewalt nicht einfallen möge, dieselben unter Vormundschaft zu setzen (oder zu behalten), sondern sie, nach den Grundsätzen unserer Kirche und unseres Staates, als freie Bürger anzusehn und zu behandeln, die sich selber leiten können, und keiner väterlichen Vorsorge bedürfen, aber gestraft werden müssen, wenn sie der Strafe verfallen sind — ob die Kandidaten der Kirche oder der Schule und dem Staate dienen, darum kümmere sich die Obrigkeit doch nicht zu sehr, es ist ja Alles Ein Vaterland! — Und für dieses unser Vaterland wünsche ich, daß die Geistlichen sich's nie zu Schulden kommen lassen, der bestehenden Ordnung zu widerstreben, sondern daß sie in aller Treue beweisen, was ein wahrer Christ beweisen soll. Möchten es endlich die beiden Aeußersten erkennen, was zur gemeinsamen Wohlfahrt dient; sowol diejenigen, welche starr und steif aller Entwickelung des Lebens der Gemeinschaft in Staat und Kirche feindselig entgegenstehn, als auch diejenigen, welche kühn und trotzig ihrem eignen Sinne folgen wollen, und Alles verachten was Geschichte und Natur des Menschen nothwendig Jedem an die Hand gibt. Möchten wir uns Alle mit treuem Herzen vereinigen können, um in edler Hingebung das gemeinsame Wohl zu berathen und auszuführen mit allen den Mitteln, mit welchen uns Gott so reichlich ausgestattet hat. Der HErr der Kirche gebe diesem Wunsche Erfüllung und dieser Schrift einen gesegneten Wirkungskreis!

Bern am heil. Pfingsttage 1837.

Inhalt.

Abschnitt IV.

Abschnitt I.

Was hat Christus auf Erden gestiftet?

Als unser Heiland auf Erden kam, um die verlornen Schafe des geistlichen Israels zu sammeln zu einem neuen großen Volke, das viel herrlicher wäre als das alte Israel, weil es sich über den ganzen Erdkreis ausbreiten und Alles, was Mensch heißt und an Ihn, als den Erlöser und Seligmacher, glaubt, aufnehmen, und die Tugenden deß, der es berufen aus der Finsterniß zu seinem wunderbaren Lichte, verkündigen sollte mit Wort und That; da war sein erstes Geschäft, das Er als Auftrag vom Vater zu vollbringen hatte, daß Er den großen Namen dessen verherrlichte, welcher die ewige Weisheit und die ewige Liebe ist, und nicht den Tod des Sünders will, sondern daß er sich bekehre und lebe. Darum verkündigte am ersten Weihnachtmorgen der Engelchor die selige Botschaft: „Ehre sei Gott in der Höhe, Friede auf Erden, und an dem Menschen ein Wohlgefallen!“ Denn es soll hergestellt werden das göttliche Ebenbild am Menschen, das durch die erste Sünde und durch das ihr nachfolgende Elend getrübt war, wie es der gütige Schöpfer gemacht hatte, als er den Menschen schuf.

Die Geschichte der Menschen und der Völker der Erde lehret uns nämlich offenbar, daß die ganze Menschheit abgefallen war und in einer dichten Finsterniß begraben lag; denn die göttliche Wahrheit war beinahe in allen Stücken in die Lüge oder in den Irrthum verkehrt, und

1

statt der Demuth und der Liebe herrschte überall der Hochmuth und der Haß unter den Menschenkindern, wie sie nothwendig aus der Selbstsucht und dem Zweifel hervorgehen mußten, was ja eben die erste Sünde und der eigentliche Abfall war. Die menschliche Seele schaudert vor all dem Verderben, welches damals wie ein Meer sich über die Erde ergossen und auch das Schönste und Beste verunstaltet hatte. Wer wollte Alles nennen und erzählen, was in den Geschichtbüchern aller Zeiten und Völker zu lesen steht! Oder dürfen wir zweifeln an der Wahrheit dessen, was berichtet wird, und meinen, es sei Alles übertrieben, was geschrieben ist? Seht! Männer, die diesen Völkern selbst angehörten, haben uns das Zeugniß hinterlassen, und Männer, die, so viel man weiß, unpartheiisch Zeugniß gaben. Ja, wenn das nicht gelten sollte, so nehmen wir das Zeugniß derer, welche meinten eine Weisheit auszusprechen oder etwas Großes und Rühmliches zu verkündigen — wir nehmen die ganze Geschichte des Alterthums; und dieses Alles redet wahrlich laut und deutlich genug, daß wir nicht einen Augenblick mehr anstehen dürfen zu bekennen, daß, was der heilige Apostel der Heiden, namentlich in dem so inhaltsschweren Sendschreiben an die christliche Gemeinde zu Rom, von den Juden und besonders von den Heiden sagt, die volle Wahrheit war.

Aber nicht allein dieses soll uns Zeugniß reden — das gehört Alles der Vergangenheit an — sondern fragen wir die Gegenwart: was redet die? Ueberall, wohin sich unser Auge wendet, nach Mitternacht oder nach Mittag, nach Sonnenaufgang oder nach Sonnenniedergang, überall, von wo uns eine Kunde über Menschen und Völker zukömmt, überall in der Nähe und in der Ferne herrscht noch dieselbe alte Finsterniß, dasselbe alte Verderben und Elend, wo nämlich jener Aufgang aus der Höhe, das himmlische Licht des HErrn unsers Heilands nicht erschienen ist.

Es hat zwar in alten und in neuen Zeiten, unter Heiden und Juden, im Einzelnen viel Wahres und Schönes und Gutes sich kund gegeben; aber was war dieses Alles gegenüber der Sündfluth des Bösen und Verkehrten, welches die Uebermacht behielt! und jenes Wahre und Schöne und Gute, das hie und da an einzelnen Menschen oder nur so wie im Vorübergehen zur Erscheinung kam, wo anders rührte es her, als von demselben Gott und Vater, welcher auch in seiner Strafgerechtigkeit die erbarmende Liebe bleibt! Für was Anders konnte und kann es gelten als für ein schwaches Zeichen dessen, was ursprünglich war, und für ein Zeugniß, daß, wie tief auch das Menschengeschlecht gesunken sei, doch Gottes Gnade und Erbarmung die Sünde des Menschen weit übertreffe, und daß die Menschheit der Erneuerung nicht nur bedürftig, sondern allerdings auch fähig sei!

Und so ist es denn Alles geschehen, nach dem Worte des Apostels: „Gott hat Alles unter die Sünde beschlossen, auf daß er sich Aller erbarmete." Das ist das allein rechte Bewußtsein, das wir haben müssen, wenn die Erlösung in Christo uns zu Theil werden soll.

Und so ist denn nun offenbar, daß die Botschaft unsers HErrn mit allem Recht ein Evangelium heißt, eben weil es eine gute Botschaft, eine Botschaft des Friedens ist.

Mit diesem Worte weckte unser Heiland die Seelen in Israel aus ihrem Schlummer, und vereinigte dazu um sich eine kleine Schaar von zwölf Männern, die Er aussenden wollte, zu verkündigen die Botschaft des Friedens in seinem Namen, und die Er deßhalb seine Apostel hieß — es waren seine Freunde und Jünger, und Er wollte ihr Meister und ihr Heiland sein. Daß sie bei Ihm waren, und Ihn stündlich anschauen, und ihn täglich reden hören und wunderbare Thaten göttlicher Macht und göttlicher Liebe verrichten sehen konnten, das war schon eine große Gnade von Gott für sie,

1*

denn dadurch wurden sie nach und nach, ohne daß sie es nur merken mochten, mit einem neuen, andern Geist erfüllt, als sie bisher besessen hatten — sie wurden vorbereitet auf die wunderbare Umgestaltung des inwendigen Menschen, welche später, nachdem der HErr von ihnen weg zum Vater zurückgekehrt war, an ihnen so herrlich zum Vorschein kam, so daß aus dem furchtsamen Simon der muthvolle Petrus, aus dem heftigen Jünger, den der HErr lieb hatte, der milde Johannes, aus Saulus ein Paulus ward.

Außer den Zwölfen hatte der HErr einen weitern Kreis von Freunden des göttlichen Worts gebildet, welcher aus siebenzig bestand — alles dieses, nicht um Unterschiede und Trennungen unter den Menschen einzuführen — denn deren gab es ja bereits genug, und diese aufzuheben war Er vielmehr vom Himmel gekommen, so gewiß als Er der rechte Hirte war, welcher die verirrten Schäflein alle von allen Seiten her zusammenrufen und zu Einer Heerde vereinigen wollte. Auch nicht deßhalb wählte er sich zwei solche Kreise, um etwa den Einen Geheimnißvolles mitzutheilen, was den Andern verborgen bleiben sollte — das haben wol zu verschiedenen Zeiten Menschen so gethan, denen es nicht an Stolz, wol aber an der rechten Liebe gebrach, welche sich nie aufbläht und sich niemals weise dünkt, sondern ihre einzige wahre Freude daran hat, wenn sie Andere beglücken kann.

Der Heiland machte diesen Unterschied vielleicht nur deßwillen, weil Er wußte, daß auf diese Weise die Botschaft die Er verkündigen sollte, viel schneller und sicherer überall hinkam, denn es mußte dann ein Jeder in das ganze Land, wo er irgend Bekannte hatte, diese Botschaft tragen, und so konnte in kurzer Frist die Nachricht von dem neuen Lehrer möglichst überall verbreitet und Aller Augen auf Ihn gerichtet werden.

Mehr und Anderes als dieses that der Heiland, so lange Er auf Erden weilte, nicht. Er konnte somit nur als Einer erscheinen, welcher ein Prophet Gottes war, wie die alten es gewesen, — und für einen solchen scheint Ihn auch die große Mehrzahl gehalten zu haben. Nur Wenige dachten an etwas Höheres, daß Er nämlich der von Alters her erwartete neue König Israels oder der Messias sei, der als der rechte „Gesalbte" oder König das Volk wie ein zweiter David zu irdischer Herrlichkeit zurückführen und erheben würde, auf daß das leibliche Israel als das höchste und herrlichste der Völker da stehe, welchem alle Völker der Erde zu Füßen liegen und dienen müßten. Außer den Jüngern und außer den Priestern zu Jerusalem schienen nur einzelne Wenige diese Meinung gehabt zu haben; denn sonst wäre es ja unbegreiflich, warum nicht geradezu alles Volk Ihm zufiel, selbst die Priester und die Gewaltigen im Volke nicht ausgenommen, so gewiß als der Glaube an die heiligen Bücher noch nicht ganz unter ihnen erloschen war. Aber den Priestern erschien Er doch zu sehr als der, von welchem der Apostel mit Wahrheit sagt, daß „Er sich entäußert habe seiner Herrlichkeit und daß Er Knechtsgestalt angenommen" — daher denn auch so Viele im Volke sprachen: „ist Er doch ja nur des Zimmermanns Sohn!"; denn die Macht und Weisheit Gottes erkannten sie nicht.

Kein Wunder denn, wenn Keiner von denen, die Ihn kannten, selbst die Jünger nicht mit voller Klarheit und Gewißheit erkannten, daß Er in einem ganz andern, unvergleichlich höhern Sinne der Gottgesalbte und König sei, der Eingeborne vom Vater, in welchem, wer Ihn sah, das göttliche Ebenbild erblickte. Kein Wunder, daß so Viele an Ihm irre wurden und hinter sich gingen, weil Er den Einen zu scharf und strenge, den Andern zu lose und leicht erschien. Kein Wunder, daß die Jünger erst dann zur vollen Erkenntniß kamen, als ihnen die Decke Mosis, die noch über ihren Augen gehangen, vom Angesicht genommen war, nachdem sie getauft worden am heiligen Pfingsttag mit der Feuertaufe des Geistes, wie ihnen der HErr verheißen hatte, — des Geistes, welcher von nun an ihr Gesetz und ihre Wegweisung, ihre Stärkung und ihr Trost sein sollte — des Geistes, in dem und durch den sie mit dem HErrn verbunden blieben, weil Er Alles von dem Seinen nahm, ja durch den sie erst recht und lebendig mit Ihm vereinigt wurden, weil Er sie von einer Klarheit zu der andern führte, daß sie den HErrn erkannten in seiner wahren Herrlichkeit — des Geistes, welcher wie ein rechter Sauerteig, den ganzen Menschen und die ganze Menschheit durchdringt und erneuert zum göttlichen Ebenbilde, daß Alle unter sich in heiliger Liebe vereinigt werden wie der Sohn mit dem Vater vereinigt war, so daß aufhört die Feindschaft und alle Bosheit und alle Unreinheit unter den Menschen, und Alle nur suchen, was des Andern Heil und Aller Frieden ist.

Die ganze Wirksamkeit unsers Heilands, so lange Er unter seinem Volke auf Erden weilte, war, wie aus dem Gesagten erhellet, noch bei weitem nicht die Sache selbst und das ganze Werk, das er hienieden zu vollbringen gesendet war, sondern weiter nichts als nur ein Theil desselben und zwar dessen Anfang und Einleitung. Durch seine Erscheinung im Fleisch sollte Er die Menschen vorbereiten und zurüsten — der Saame des Lebens wurde da ausgestreut; aber das Leben selber war noch nicht erschienen als nur in Ihm, sondern schlummerte noch in den Herzen der Jünger, wie das Leben des Saamkorns schlummert, ehe es in die Erde gelegt wird, daß es keimen und aufgehen kann. Indem Er nun in seinem Tod am Kreuz sein Blut vergoß, da wurde dieses wie der befruchtende Regen, welcher auf die Herzen der Jünger fiel, in welchen das Wort des HErrn wie das Saamkorn im Boden begraben lag und der Auferweckung harrte, die ihm verheißen war. Und am heiligen Pfingsttag brauste es wie der Wind daher, wenn er in den Frühlingstagen warm und lebenweckend über die Saatfelder weht, und die schlummernden Saamenkörner, nachdem der Boden durch den milden Regen aufgeweicht worden, zur Auferstehung ruft.

Eine solche große wundervolle Geistesauferstehung war das Pfingstfest zu Jerusalem. Von diesem Tage an trat der Geist des HErrn in das Leben der Menschen ein, und, wie er vorher noch in dem sichtbaren Leibe des Heilands gleichsam gefangen gewesen, so erschien er jetzt frei und gelöst, und theilte sich allen denen mit, die das Wort empfangen und bewahrt hatten, welches dieses Geistes Aus- und Abdruck war, und ihm nun zum Träger dienen sollte, weil der Geist überall nur in einer Form, sei es des Wortes oder der Gestalt des Leibes oder einer Handlung oder irgend eines äußerlichen Werks erscheint. Erst mit der Ausgießung des Geistes war das Erlösungswerk ganz vollbracht; denn mochte auch Christus gestorben sein, und mag auch ein Mensch das Wort von Christo wissen und besitzen, so lange ihm der Geist fehlt, ist er doch noch nicht der neue, sondern immer nur der alte Mensch, welcher die Kraft Gottes und die Wahrheit des Evangeliums noch nicht erfahren hat, sondern eben auch noch unter dem Gesetz der Sünde steht.

Erst aus diesem nun ist zu begreifen, warum unser HErr, so lange Er auf Erden weilte, mit seiner ganzen Heilandswirksamkeit nichts Anders that als allein den göttlichen Willen zu erfüllen und die göttliche Liebe zu beweisen, und unterthan und gehorsam zu sein bis in den Tod. Weder sprach Er ein Wort des Aufruhrs wider die fremde Gewalt des römischen Kaisers, so ungerecht dieselbe vom menschlich irdischen Gesichtspunkt aus betrachtet auch wirklich war — „Gebt dem Kaiser, was des Kaisers ist!“ und „wer das Schwert ergreift, wird durch das Schwert umkommen!“ — noch hat Er etwa das Ansehen des mosaischen Gesetzes zu untergraben und zu stürzen versucht, denn Er hat vielmehr dasselbe geheiligt, da Er sprach, daß auch nicht ein Tüpflein vom Gesetz solle abgethan werden, und daß Er gerade gekommen sei, dasselbe zu erfüllen, dem Buchstaben und dem Geiste nach. Was Er tadelte und strafte, war der menschliche Aberwitz, welcher die Gedanken der Menschen vom Wahren und Ewigen ab auf das Scheinbare, Aeußerliche und Vergängliche hinlenken wollte. Was Er verbesserte, war daß Er bei'm Gesetz von dem äußern Buchstaben und Werk auf das innere Wesen, auf den Geist und ursprünglichen Sinn und Zweck des Gesetzes wies, wie damals, als Er von der Ehescheidung sprach.

Kurz, mit Allem und Jedem, was Er sprach und was Er that, hat Er bewiesen, daß „Sein Reich nicht von dieser Welt sei," und daß es Ihm, dem Göttlichen, nicht liegen könne an dieser und jener Veränderung, auch wenn es eine Verbesserung wäre, denn es könnte ja nichts als nur eine Aenderung der Gestalt der Dinge dieser Welt sein, deren Art und Natur es ja ohnehin ist, nur eine kurze Zeit zu währen, wie die Morgenwolke, welche schnell vergeht, und von deren (nämlich der Welt) Herrschaft Er vielmehr gerade gekommen war das arme Menschenherz los und frei zu machen, denn was hülfe es einem Menschen, wenn er die ganze Welt gewönne, und litte Schaden an seiner Seele! und wenn Einer Berge versetzen könnte, und alle Wissenschaft hätte und alle Kunst verstände, hätte aber die Liebe nicht — was wäre er!

Wenn denn also der Heiland auf Erden keinerlei äußerliche Veränderungen gesucht und bewirkt hat, so wird sich deßhalb Niemand wundern, welcher recht bedenkt, was sein wahres und einziges Geschäft war.

Aber, wenn nun Einige hieraus schließen wollten, daß deßhalb auch uns verboten sei, etwas zu ändern in der Gestalt der Dinge dieser Welt, der würde eben so sehr im Irrthum befangen sein; denn diese äußern Dinge sind das Mittel und Werkzeug des heiligen Geistes, und die Formen, in welchen derselbe unter den Menschen sich kund thut. Und so war es von ehedem. Sobald die Apostel den heiligen Geist empfangen hatten, und der Geist weiter auch auf Andere, viele Tausende überging, da entstand ein gemeinsames Leben des Glaubens und der Liebe; sie vereinigten sich zu gemeinsamem Gebet, sie erbauten sich mit frommen Reden und Gesängen, und feierten bei einfachen Mählern das Andenken an den Tod des HErrn. Für die Armen und Dürftigen wurde gesorgt, wie es von Brüdern zu erwarten ist in großer Noth: diejenigen, welche etwas besaßen, theilten denen mit, welche Mangel litten; und so bewiesen sie mit Werk und That, daß unter ihnen nur Ein Sinn und nur Eine Seele sei (Apost. Gesch. II, 41—47; IV, 34; VI, 1; XI, 29). Aber nicht überall war es gleich, sondern an jedem Orte so, wie es eben den Umständen gut und angemessen schien, denn Alles sollte dem heiligen Geiste dienen, und weiter nichts als eine Verherrlichung unsers Gottes und Erlösers sein, welcher keinen Unterschied unter seinen Kindern macht, sondern Alle gleicher Weise liebt, aber einem Jeden gibt, was ihm eben zum Besten dient.

Abschnitt II.

Was für ein Kirchenwesen haben wir?

Liebe Brüder! Nachdem wir erkannt haben, was von Anfang war, das unser Heiland auf Erden stiftete, weniger durch seine Person, als durch seinen Geist, den Er den Jüngern mitgetheilt, so werden wir jetzt auch um so leichter begreifen können, was das sei, was wir von christlicher Kirche in unserm Lande haben, auf daß wir das Gute recht schätzen und brauchen lernen, das Schlechte und Unbrauchbare aber gegen ein Besseres umtauschen mögen.

Voraus fragen wir: wie verhält es sich in unserer Kirche mit dem Kirchendienst?

Unter dem Kirchendienst wird nämlich alles das verstanden, was ein Pfarrer als solcher in Mitte seiner Gemeinde, sei es in dem Gotteshause oder ausserhalb desselben, zu thun hat, also die Predigt des Evangeliums und die Verwaltung der heil. Sakramente; aber nicht minder auch die Unterweisung der Jugend zum heil. Abendmahle und die Seelsorge.

Sehen wir vorerst auf die Predigt des Evangeliums, so geht die ungehindert ihren Weg. Keinem Prediger ist vorgeschrieben, was er zu predigen habe, nämlich über welchen Text, wie das noch hin und wieder in Deutschland der Fall ist; aber von Jedem wird erwartet, daß er das wahre Bibelwort verkündige und von Herzen und aus der Wahrheit rede, und nicht wie Einer, welcher die Verkündigung bloß zu seinem Beruf gemacht hat, um davon leben zu können, etwa wie ein Anderer von seinem Handwerk lebt. Denn es wäre das eine schlimme Sache, wenn der Prediger nicht selbst und mit ganzer Seele an das Wort glaubte, das er redet, und zwar ein Glauben meine ich, nicht wie es oft dafür angesehen wird, nämlich, daß man das Wort für wahr hält, d. h. an der Wirklichkeit seines Inhalts keinen Zweifel hat — das ist noch kein rechter Glauben, nur ein Verstandesglauben, bei welchem das Herz ganz leer und kalt sein kann, so daß man dessen, was man mit dem Munde bekennt, mit der That spottet, oder gar, daß man Menschen schmähet, ja quält und zu Tode martert, während man mit Worten Gott lobpreist!

Nicht so ein Glauben soll es sein, sondern vielmehr so, daß der Prediger selbst mit seinem ganzen Herz und Leben dabei ist, indem er die Wahrheit an sich selbst erfahren hat — es könnte sogar geschehen, daß ein solcher wahrhaft frommer Prediger nicht in allen Stücken an dem Buchstaben der Bibel hinge, weil der Buchstabe bisweilen ungewiß ist; und doch wäre er hundertmal besser als der Prediger, welcher, wie Viele im gemeinen Volk, genau auf den Buchstaben schwören, und jede Abweichung oder Aenderung für gottlos schelten, während ihr innerer Mensch ein ganz anderer ist, und aus den Werken erhellet, daß ihre ganze Gottseligkeit eine angelernte oder einstudierte ist. Und wie möchte es anders zu erwarten sein, wo die ganze Vorbereitung in den Studierjahren auf der Hochschule, wie es einst bei uns und anderwärts geschah, nicht in der Gottesfurcht sondern in der Menschenfurcht, nicht in der Demuth sondern im Hochmuth, nicht in göttlicher Traurigkeit sondern in weltlicher Leichtsinnigkeit vor sich ging!

Das bedenkt der Jüngling oft gar nicht oder viel zu wenig, wenn er nicht gemahnt wird, daß man das Christenthum nicht mit dem Kanzelrocke anziehen kann, sondern es lange vorher suchen muß, und daß nur derjenige, welcher erkannt hat, was ein ausgezeichneter Christ (Quesnel) sagte, daß nämlich viel Gebet mit weniger Wissenschaft besser sei, als wenig Gebet mit viel Wissenschaft; oder was mir das

Beste schiene, viel Gebet mit vieler Wissenschaft, auf die rechte würdige Weise sich auf sein Amt vorbereite.

Es ist traurig, wenn der junge Mann ohne alle lebendige Erkenntniß des wahren Christenthums, nur mit viel äußerlichem Wissen und einer gewissen erlernten Kunst ausgestattet unter eine Heerde von Christenseelen treten soll, die alle von ihm, als ihrem Hirten, Nahrung und Leitung erwarten. Da hilft ihm alle Weltweisheit und alle Gelehrsamkeit nichts, da muß er erst neu in die Schule gehen; aber unterdessen soll er doch lehren und leiten, während er lernt. Und so ist es denn kein Wunder, wenn es Vielen zu schwer wird, daß sie nicht mit sich selbst zurecht kommen können, oder auf gut Glück hin Versuche machen, die weder ihnen, noch ihren anvertrauten Schäflein gefallen und Segen bringen können.

Darum sollte eine Obrigkeit dafür sorgen, daß sowol die Lehrer der künftigen Prediger, als die Zöglinge selbst, ihre ganze Sache nicht anders als nur mit heiligem Ernst betrieben, so daß die Uebung in der Gottseligkeit, das Nachdenken über sich selbst, die fromme Selbstbeschauung eben so sehr zur Pflicht gemacht würde, als das Betreiben aller der mancherlei gelehrten Fächer, deren Nothwendigkeit kein Verständiger in Zweifel ziehen wird. Ich möchte nur Alles an seinen rechten Ort hinstellen, oder Allem seinen rechten Werth geben, nach dem ihm gebührt — nichts verwerfen, was gut ist, aber auch nichts höher schätzen, als es werth ist; ganz nach dem Wort des HErrn: daß wir am ersten trachten sollen nach dem Reiche Gottes und seiner Gerechtigkeit, und daß uns dann Alles, was weiter nöthig ist, von selbst zufallen wird.

Darum halte ich dafür, daß Keiner sich für den heiligen Dienst der Verkündigung des göttlichen Wortes eignet, welcher nicht Tag für Tag mit Gebet und Flehen und Seufzen vor Gott hintritt, und bei jeder neuen Stunde, da er etwas lernen soll, auch neu wieder im Herzen, so ganz in der Stille, daß es Niemand bemerkt, den HErrn bittet, daß er ihm auch diese Stunde segnen wolle, damit er auch aus diesem, was er nun hören soll, lernen könne die Gnade und Barmherzigkeit Gottes und das wahre Heil des Menschen erkennen *).

Wer sieht nicht, daß das ein ganz anderes Studium geben muß, als wenn vor und nach der Stunde, wie es frühern Zeiten nachgesagt wird, gelacht und geneckt, gewitzelt und gespöttelt würde! Da mag dann ein Studierender noch so ernst gelehrt und gemahnt werden, das Saamkorn fällt entweder auf Felsboden, oder unter die Dornen, oder auf den Weg. Da lernen die jungen Leute wol das äusserliche Wort und manche schöne Form und fromm tönende Ausdrucksweise; aber die Kraft des Evangeliums haben sie nicht, und den heiligen Ernst des Glaubens haben sie nicht, denn sie treiben und kennen es nicht, daß die Furcht Gottes der Weisheit Anfang ist.

Darum ist die Demuth das Andere, worin Einer geübt werden muß, welcher ein guter Säemann werden will in dem Ackerfeld Gottes. Das Gesetz mit seiner Strenge muß ihm, wie der Apostel sagt, der Zuchtmeister auf Christum sein.

Wenn wir weiter fragen, wie es mit der Verkündigung des göttlichen Wortes unter uns stehe, so müssen wir mit Dank zu Gott bekennen, daß ihr weder Zaum noch Zügel angelegt wird, so daß das Wort Gottes reichlich unter uns wohnet, und so rein und klar als es nach den noch unter uns geltenden Uebersetzungen Luthers und Piskators möglich ist.

---

*) Hält es doch ja der Christ nicht für überflüssig, bei jeder Mahlzeit, die er genießt, wenigstens da, wo am ehesten ein Ueberschreiten des Maßes eintritt, vorher sein Herz zu Gott zu erheben, auf daß die Gabe nicht anders genossen werde als nur mit Dank. Sollte das denn bei den geistigen Mahlzeiten, wie jene Lehrstunden, oder wie die Predigten sind, überflüssig sein?

Diese beiden Uebersetzungen, die besten deutschen aus älterer Zeit, haben jede ihren eigenen Vorzug und jede ihre eigenen Mängel: die erstere ist ausgezeichnet durch den wahrhaft biblischen Geist, der in Allem sich ausspricht, durch Lebendigkeit und Kraft, wodurch sie eben eine so allgemeine Anerkennung erlangt hat, wohin sie auch verbreitet wurde; die letztere hat das Gute, daß sie in vielen Stücken richtiger als die erste ist (sie ist viel später); aber an Schönheit und Lebendigkeit des Ausdrucks steht sie ihr nach. Deßwegen soll sich denn auch Niemand wundern, wenn in unsern Tagen viele gute Christen den Wunsch geäußert haben, eine solche Uebersetzung der heil. Schrift, des besten und köstlichsten unsrer Bücher, zu bekommen, welche den Fortschritten ächt wissenschaftlicher und gläubiger Auslegung der Bibel angemessen wäre. Wie viele Ausdrücke stehen in jenen beiden alten Uebersetzungen, die man heut zu Tage kaum mehr versteht, als nur wenn sie Einem ausgelegt werden. Und das sollte nicht sein! Je mehr ein Jeder die Bibel lesen und verstehen kann für und aus sich selber, nämlich ohne daß er Gelehrte befragen muß, desto mehr wird die Bibel nützen können, als das Licht des Menschen auf dem Wege durchs Leben, der oft so dunkel ist. Gibt es doch ja überdieß in unserm Bibelbuch der Sprüche und Stellen und Abschnitte genug, welche auch den Gelehrten noch fortwährend ein Räthsel sind, das sie nicht erschlossen haben.

Unsere Bibel scheint so recht vom lieben Gott züm Buch der Geheimnisse und des beständigen Nachdenkens gemacht zu sein, sowol was den Geist als was den Buchstaben derselben anbetrifft; denn sie ist und bleibt unsere Offenbarung und soll und kann durch keine andere ersetzt und verdrängt werden — alle Geschichte des Menschengeschlechts, der Völker, der Familien, der einzelnen Menschen ist in diesem Buche verzeichnet, wer sie zu lesen versteht; denn das, was Gott in diesem Buche geoffenbaret hat, ist nichts Anderes, als was er Jahrhundert für Jahrhundert, Jahr für Jahr, Tag für Tag geschehen läßt.

Darum legen wir einen so hohen und unvergleichlichen Werth auf dieses Buch, und müssen wünschen, daß es so genau als es gegenwärtig möglich ist, übersetzt und verstanden werde.

Und das ist das Andere, was ich zu bemerken habe, nämlich, daß doch ja Keiner der Brüder glaube, man wolle die heil. Schrift verfälschen, indem man verändert. Was man verbessern will, ist nicht, wie Unwissende oder Unverständige meinen, die Bibel selbst, sondern nur die Uebersetzung derselben, die Bibel ist nämlich in fremden Sprachen geschrieben, und zwar in solchen, die heut zu Tage unter jenen Völkern nicht mehr ganz so gesprochen werden. Das Verständniß dieser Sprachen ist daher eine Wissenschaft, die von denen, welche sich dem Predigtamte widmen, nothwendig gelernt werden muß, damit sie die Bibel in den Ursprachen zu lesen verstehen, und also auch sehen können, ob recht übersetzt worden sei oder nicht, und weil eine Uebersetzung nie den Ausdruck wiedergeben kann, wie er in der Urschrift liegt. — Manches, oft das Schönste geht verloren; denn jede Sprache hat ihre eigene Natur. In jenen Zeiten, vor zweihundert und dreihundert Jahren, waren diese Sprachen noch nicht so genau erforscht, wie heut zu Tage. Daher es denn kein Wunder ist, wenn schon hie und da eine Schriftstelle unrichtig aufgefaßt und übersetzt wurde. Wie hätte es anders sein können! Nach hundert Jahren werden die Gelehrten die Schrift auch noch besser auslegen können, als es heute geschieht und möglich ist. So sind Beispielsweise folgende Stellen von Luther unrichtig übersetzt: Röm. III, 25; XII, 11; 1. Korinth. XII, 13; Ephes. IV, 24; Jakob I, 13 u. a. m.

Es ist also weit davon, daß durch eine solche Verbesserung der Uebersetzung das Wort Gottes gefährdet würde, sondern es ist vielmehr gewiß, daß es so eben erst zu seinem vollen und wahren Rechte kömmt; denn nur das kann Wort Gottes sein, was die vollkommene Wahrheit ist *).

Und volle Beruhigung muß es Einem gewähren, wenn er hört, daß die Verbesserung, welche in unserm Vaterlande beabsichtigt wird, mit der größten Behutsamkeit und Sparsamkeit vorgenommen werden soll. Luthers Uebersetzung will man soviel beibehalten, als sich nur irgend thun läßt. Und so verfährt alle wahre Verbesserung in den menschlichen Dingen: sie knüpft an das vorhandene Gute an, das wir um Gotteswillen achten und ehren sollen, weil es ja eine Gabe Gottes ist, und legt nur dasjenige bei Seite, was alt und unbrauchbar geworden ist, wie ein ausgelaufenes Rad in einem Uhrwerk, oder wie eine unlesbar gewordene Schrift, die aufgefrischt oder gegen eine neue umgetauscht werden muß. So behält man ja auch an einem Gebäude dasjenige noch bei, was nicht morsch geworden ist, es sei denn, daß das ganze Gebäu von Grund auf neu erbaut werden müsse, und nur Einzelnes noch brauchbar sei, dann setzt man nicht das alte in das neue hinein, so wenig als man einen neuen Lappen auf ein altes schlechtes Kleid flickt. Aber anders verhält es sich mit so einer Bibelübersetzung: was recht und gut übersetzt ist, das ist recht und gut, mag es nun alt oder mag es neu sein. Und solche Gottesmänner, wie der Deutsche Luther und der Schweizer Zwingli waren, und Andere neben ihnen, sollen wir in Ehren halten, mit aller Dankbarkeit; denn Gott hat sie gesandt, und durch sie das herrliche Werk der Reformation oder Kirchenerneuerung

*) Das scheinen auch unsere Brüder im Waatlande zu denken; denn dort arbeiten schon seit mehrern Jahren einige Prediger an deren aufrichtigem Glauben Niemand zweifelt, an einer neuen Uebersetzung des Neuen Testaments, wie uns die evangelische Kirchenzeitung von Berlin (August 1836, S. 511) berichtet.

zu Stande gebracht, durch welche vorzüglich der Grundsatz wiederhergestellt würde, daß alle Glieder der Kirche in der heil. Schrift forschen sollen, gleich denen von Beroä, ob sich's so verhalte, wie öffentlich von den Lehrern in Kirchen und Schulen gelehrt wird, und daß dann weiter jeder Gläubige auch wie ein Priester sei, der die volle Erkenntniß des göttlichen Willens habe und das Wort Gottes auslegen könne, nach dem Maß der Gaben, die ihm gegeben sind. Und so ist es denn wirklich unter uns, daß allen Gliedern der Kirche freier Raum gestattet ist, daß sie ungehindert zusammentreten und sich unter einander erbauen können. Wo Seelen sich erkennen und zusammenfinden, auf dem gleichen Grund des Glaubens, in Einheit des Sinnes und in der Kraft der Liebe, da halten sie Gemeinschaft mit einander, und erbauen einander mit schönen Gesängen und mit Lesung des Wortes Gottes oder mit freier passender Auslegung einzelner Bibelstellen. Wenn jede theilnehmende Seele nur vom aufrichtigen Hunger nach dem Brod des Lebens getrieben wird, und nur auf den Herrn und auf sich selber schaut, nicht aber sich mit Andern, namentlich mit denen, die nicht zu ihnen halten, sondern ihre eigenen Wege gehn, vergleicht; dann müssen solche Zusammenkünfte, die ohne alles Aufsehen und zu einer geziemenden Tageszeit geschehn, der ganzen Kirche zu großem Segen gereichen, und wir könnten nichts Anderes wünschen, als daß in jeder Gemeinde solche und zwar recht viele sich finden möchten. Denn je mehr das Wort Gottes in Bewegung gesetzt wird, desto mehr breitet es seinen Segen aus; es gleicht dem Baume, an dessen Aeste man niemals schlägt, ohne daß schöne Früchte herabfallen, und je mehr man sucht, desto mehr findet man.

So steht's in der evangelischen Kirche aus. Das ist unsere Priesterschaft. Unsere Prediger stehen also nicht als die Einzigen oder allein Wissenden und allein Berechtigten da, sondern nur als die Ersten unter Gleichen, deren Auf-

2

gabe es also gerade ist, ihre Gemeindeglieder zu dem Maß des Glaubens heranzubilden, welches auch ihnen gegeben ist, nach der Gnade Gottes. Von Herrschaft kann hier keine Rede sein, und noch weniger von Willkür. Darum wird denn auch ein jedes Glied der Gemeinde in freier Liebe sich zu seinem Prediger thun, und das Wort anhören, nicht als Menschenwort, sondern als eine Gottesstimme, die ihm eine Botschaft des Friedens ist.

Es ist daher bedauerlich, zu sehen, wie in unsern Tagen so Viele sich dem Gottesdienst entziehen, in der Einbildung, daß das ein Ueberfluß sei; weil der Mensch ja nicht durch äußerliche Werke, auch nicht durch solchen Dienst vor Augen Gott gefällig werde, sondern allein durch ein aufrichtiges Herz und durch einen rechtschaffenen Wandel, und wenn er alle Gerechtigkeit erfülle, wie es das Gesetz gebeut.

O, daß es nur wäre! Aber diese Brüder, die also sprechen, sind meistentheils noch weit von dieser Gerechtigkeit entfernt, und alle ihre Rechtschaffenheit ist nur wie ein beflecktes Kleid, an welchem Gott kein Gefallen haben kann. Ihr Herz und ihr Leben ist gewöhnlich Zeuge davon, daß eben ihnen der Gottesdienst so nöthig wäre.

Wer könnte es indessen nicht begreifen, daß in solchen bewegten Zeiten, wie die unsrigen sind, wo die Staatsangelegenheiten der Gegenstand so allgemeinen Nachdenkens und Sorgens geworden sind, die göttlichen Dinge etwas in den Hintergrund geschoben werden; weil jeder Mensch es inne wird, daß er nicht zweien Herren dienen, d. h. sein ganzes Herz hingeben kann. Und so wird er denn sich vom einen zurückziehen, so lange er so ganz dem andern lebt! Es sollte aber freilich umgekehrt sein, so daß der Mensch ganz und gar Gott seine Seele weihete, und Ihn vor Allem suchte und ehrte, dann würde die Sorge für das Irdische eine ganz andere werden, nämlich eine gereinigte und gemäßigte, so daß das weltliche Feuer der Leidenschaft nicht mehr so sehr auflodern und den ganzen Menschen in eine verderbliche Hitze bringen könnte, die ihn und Andere in Unruhe und in Kummer versetzt.

Wer könnte ein solches unkirchliches Leben ferner nicht begreifen, wenn er gedenkt, daß wir in einer Zeit leben, wo der alte kindliche Glaube aus den Herzen Vieler geflohen ist und dem Mondlicht halber Aufklärung Platz gemacht hat, so daß die guten Leute sich einbilden, wie klug und gescheid sie geworden seien, während sie mit Manchem, was allerdings Irrthum sein mag, viel Gutes und Wahres, welches bleiben soll, weggeworfen haben, und nun ohne festen Grund und Boden dastehen in dieser Welt der Stürme und des Wechsels, auf ihren eigenen und alleinigen Verstand, auf ihre Kraft und Macht, auf das gute Glück vertrauend! Das ist so ein Mittelzustand, welcher allemal der gefährlichste ist, der Zustand einer halben Erkenntniß und eines leeren Gemüthes, so daß die Kraft des Vertrauens fehlt. Erst diejenige Aufklärung ist die rechte, welche in allen Dingen das Wahre vom Falschen zu unterscheiden weiß, und welche erkennt, daß das Wahre das Ewige ist, welches unserm Herzen Nahrung und Trost und Frieden gibt, nicht aber das Veränderliche dieser Welt.

Wer daher die wahre Aufklärung gefunden hat, der wird die göttlichen Dinge über Alles achten, und wo noch von den Menschen irgend ein Irrthum dran gehängt ist, so wird er Geduld haben mit den Schwachen, weil er weiß, daß die Liebe höher als Alles ist. Seine größte Freude muß daher die sein, daß er die Gemeinschaft der Gläubigen sucht, um sich mit ihnen an dem göttlichen Worte zu erbauen, und zwar zunächst und allermeist in dem von der Obrigkeit angeordneten Gottesdienst, weil das für Alle ist, und Keiner sich von den Andern zurückziehen soll.

Aber, höre ich entgegnen, der Pfarrer unsrer Gemeinde gefällt mir nicht — er predigt unverständlich, oder nicht aufgeklärt, oder zu wenig aus der Liebe, oder geheimnißvoll, von Dingen, die ich nicht verstehe, anstatt vom rechtschaffenen Leben, und von der Natur, und vom Arbeiten, und von der Güte Gottes, oder ich traue ihm nicht recht, oder wir haben uns mit einander überworfen. Darum gehe ich nicht, sondern bleibe lieber zu Hause; denn in eine andere Kirche zu wandern fällt mir zu beschwerlich, und daheim läßt sich auch beten und ein gutes Buch oder in der Bibel lesen. Was braucht es mehr!

Diesem antworte ich: es ist freilich schlimm, wenn ein Pfarrer nicht in jeder Hinsicht ein guter Prediger wäre, und ein solcher hätte nie zum Predigtamt zugelassen werden sollen — das ist eine Sünde, welche diejenigen auf dem Gewissen haben, in deren Händen die Macht lag, aufzunehmen oder auszuschließen — aber, gesetzt auch, der Pfarrer habe seine Mängel und Gebrechen, so rechtfertigt das dich keineswegs, vom Gottesdienste fern zu bleiben; denn aus jeder Predigt, sollte sie auch eine fast ungläubige sein, oder aber, wie du klagest, zu hoch im Glauben stehn, kann der Zuhörer etwas Gutes lernen. Das Eine soll den gläubigen Zuhörer treiben, daß er recht inbrünstig zu Gott flehe, daß es Ihm gefallen möge, den ungläubigen oder kalten Prediger zu bekehren und zu erleuchten; das Andere soll dir sagen, daß du in dich kehrest, und forschest, ob denn in diesen Worten nichts liege, wenn du die Schrift vergleichst, das eine Wahrheit habe, und das du brauchen könnest zu deinem Heil. So wirst du gemahnt zum Nachdenken, das dir freilich etwas schwer fallen mag, weil du bisher dessen nicht gewohnt warest; aber das Ende wird doch das sein, daß du, wenn du ohne Unterlaß suchest und anklopfest, den Eingang findest, daß dir aufgethan wird, und auch du zur lebendigen Erkenntniß des Evangeliums kommst.

Was das Aeußere anlangt, das dich stößt, so wird das

Alles dich nicht mehr rühren und aufhalten, sobald es einmal in dir selbst recht Tag geworden ist, daß du nicht den Schein suchst und Ohrenkitzel und allerlei schöne Worte, die du etwa bewunderst, ohne in deinem Herzen deine Sünde zu erkennen, zu bereuen und zerknirscht zu sein. Sobald du vielmehr das Heil erkannt hast, wird dir alles äußerliche Wesen gleichgültig, ja gar widrig sein, und du wirst allein auf den Inhalt der Predigt sehen, ob darin enthalten sei ein lebendiger Kern, das Evangelium von Christo, als Dem, der nicht allein für uns sein soll, sondern auch in uns, d. h. von Christo, der nicht allein gestorben, sondern auch auferstanden ist. Das ist das, was von Allem den Grund ausmacht; und wo das fehlt, da kann man Paläste von Weisheit bauen, aber sie sind, wenn nicht gar in die Luft, doch gewiß auf Sand gebaut, die uns wohlgefallen können, so lange draußen die Sonne scheint. Aber wie lange wird diese Sonne scheinen? meistens nicht einen einzigen Tag! Was hilft dann, sobald der Himmel deiner Seele sich trübet, alles dein Wissen von der Natur, von Gottes Weisheit und Herrlichkeit in der Schöpfung, von deinen Lebenspflichten — das Alles verstehst du vielleicht, aber das Rechte fehlt dir, welches über alles Wissen geht, und das ist der innere Friede, der von unserm Heiland kömmt, aus der Liebe zu Ihm.

Und wenn du etwas wider deinen Pfarrer auf dem Herzen hast, so weiß ich dir auch da einen guten Rath — und welchen? Es ist nie gut, die Bitterkeit und Abneigung in sein Herz zu vergraben, sondern besser und allein so eines Christen würdig, daß man den Frieden wiederherzustellen suche, sobald er gestört ist; denn nur die Friedfertigen können selig sein. Will Einer den Frieden nicht annehmen, den du ihm bietest, sofern du ihm nämlich denselben so anbietest, wie du ihn bieten sollst, ich meine unbedingt und ohne im Herzen oder im Munde oder in der Hand einen

Vorbehalt zu haben, dann schüttele du den Staub von deinen Füßen, und befiehl deine und seine Wege Gott an. Und auf dieses mußt du in der Welt gerüstet sein, denn man kömmt nicht bei jedem Menschen gut an, wenn man Frieden bieten will; denn Manche bilden sich dann ein, daß man eben das Gefühl seines Unrechts habe, und daß auf ihrer Seite das Recht sei, und nehmen dann die Miene des hohen Herrn an. Gesetzt auch! Das thut keinem Christen an seiner Ehre einen Abbruch, vielmehr ist nur der zu bedauern, welcher in solcher Blindheit liegt. Jedenfalls aber sollst du vom Pfarrer nichts der Art zu fürchten haben, denn der Pfarrer soll ja vor Allem zum Frieden geneigt sein. Und wie gut, wie glücklich wäre es, wenn jeder Gemeindsgenosse, sobald ihn etwas gegen den Pfarrer drückt, hinginge zu ihm, und es ihm mittheilte offen und ohne Rückhalt. Wie Vieles könnte da gut gemacht, wie viel Mißverständniß gehoben werden, das sonst im Verborgenen wie eine verderbliche Gluth fortglimmt, und endlich einmal zu einem schlimmen Ausbruch kommen kann. Wer sollte dieses Letztere, wer nicht vielmehr das Erstere wünschen?

Und was den Hausgottesdienst, oder davon redest du nicht einmal, sondern was deine Privatandacht betrifft, so rathe ich dir, dieses Eine zu thun, aber das Andere nicht zu lassen. Sieh! das ist das große Unglück unsrer Zeit, daß — was immer mit der halben Aufklärung verbunden zu sein pflegt — so Viele eben nur für sich sein wollen, Statt mit Andern zu sein und in treuer Gemeinschaft zusammenzuhalten. Gott hat uns doch ja Alle eben so geschaffen und eingerichtet, daß wir zu einander gehören sollen, und einander bedürfen, wie für das äußere und irdische Leben, für Speise und Trank und allerlei Noth, so auch für das innere Leben des Gemüthes und der Freude, so daß wir ja, wo wir nur irgend können, zu einander treten, des Abends nach der Arbeit, um mit einander zu feiern und auszuruhen von des Tages Last. Woher alle die weltlichen Lustbarkeiten und Festlichkeiten, die nie ein Einzelner für sich haben und genießen mag, sondern nur eben mit Andern, Vielen, die ihm bekannt und lieb und theuer sind? woher denn anders als daher, daß er eben einen Trieb in sich fühlt, mit Andern sich zu vereinigen und Freundschaft zu haben, und weil ja der Genuß doppelt so groß ist, wenn er mit Andern genossen wird?

Und so, gerade so verhält es sich mit den göttlichen und himmlischen Dingen. Auch diese, und sie am allermeisten, sind ein Gegenstand der Freude, ja von ihnen leben wir, und darum können wir dieses, was uns so theuer und heilig ist, was wir als das Wichtigste erkennen und besitzen, nicht für uns alleine haben und genießen wollen, sondern wir genießen und haben es nur recht, wenn Andere, Viele es mit uns haben; denn je größer die Gemeinschaft des Göttlichen und Guten ist, desto größer unser eigener Friede. Und dazu kömmt nun noch, daß es die eigene Art und Natur des Christenthums ist, Gemeinschaft zu haben und Gemeinschaft zu stiften, weil nur Liebe in ihm ist, und aus Liebe eben nichts hervorgehen kann, als was Allen dient und Allen gemeinsam ist.

Darum muß ein Jeder, welcher nicht bloß scheinbar fromm ist, sondern Christ von Herzen, diese seine Frömmigkeit darin besonders offenbaren, daß er den Gottesdienst fleißig besucht, weil er darin mit Vielen zu erkennen gibt, daß sie unter einander Gemeinschaft haben in dem, was das Höchste und Heiligste ist.

Und dieses sprechen sie zusammen aus in der Anhörung des göttlichen Wortes, welches jeden Sonntag neu und eigenthümlich vor ihren Geist tritt, und als ein guter Gast um Einlaß bittet. Das ist eine gute und rechte Anordnung in unsrer Kirche, daß der Prediger nicht an gewisse Texte gebunden ist, die ihm für dahin und daweg oder wenigstens auf ein Jahr vorgeschrieben sind, sondern er hat volle Freiheit, so daß er jeden Sonntag oder zu jedem Gottesdienst gerade diejenige Bibelstelle auswählen kann, welche den Zeitumständen nach die angemessenste ist. Und so soll es sein; denn die Gemeindeglieder sind nicht jede Woche gleich gestimmt, und nicht jede Woche walten dieselben Gedanken vor, welche das Nachdenken besonders beschäftigen, sondern es wechselt, je nachdem irgend etwas sich ereignet, was die Gemüther entweder niederschlagend oder aber heiter bewegt. In solchem Gemüthszustande treten die Gemeindeglieder zum Gottesdienste zusammen, und nimmt nun der Prediger hierauf Rücksicht, so wird er zweifelsohne seine Zuhörer viel geneigter finden, weil sie vorbereitet sind durch die Zeitumstände, und ein gewisses Bedürfniß der Beruhigung oder Aufklärung oder Ermahnung in ihnen sich regt. So soll jede Predigt zeitgemäß sein; und wenn sie zeitgemäß ist, wird sie ihre Wirkung nicht verfehlen, sie wird das aussprechen und zur klaren Verständigung bringen, was in Allen mehr oder minder lebendig vorhanden ist.

Zum Wort aber tritt noch einerseits das gemeinsame Gebet, anderseits der gemeinsame Gesang hinzu — beides auf eine Weise, daß es wahrlich in hohem Grade geeignet ist, das Gemüth des Menschen zu ergreifen und auf die Anhörung des Evangeliums vorzubereiten, weil jede gute Saite des Herzens da angeschlagen wird. Der gemeinsame Gesang zu vieren Stimmen übt eine unbegreifliche Macht über das Herz des Menschen aus, denn nichts geht über die Menschenstimme und ihren Gesang. Der wird durch kein auch noch so kunstreich gehandhabtes musikalisches Werkzeug (Instrument) ganz ersetzt. Darum sollte überall in den Schulen mit besonderm Ernst darauf gesehen werden, daß die Jugend tüchtig im Singen geübt werde, auf daß jedes Kind im Stande sei, ein gewöhnliches Lied oder einen

Psalm vom Blatt weg zu singen. Es sollten ferner die Gesangvereine der erwachsenen Jugend besonders schöne geistliche Gesänge wählen, die sie sich aneigneten, und die sie dann singen könnten bei der Arbeit oder am Feierabend, oder bei festlichen Zusammenkünften, neben den schönen vaterländischen Liedern, wie sie namentlich Lavater gedichtet hat, und wie man sonst etwa Zotenlieder, seltner Psalmen singen hörte auf der Straße und bei'm Wein.

Diese vierstimmigen Chöre findet man nicht leicht anderswo als bei uns in der Schweiz. Und ein solcher Kirchengesang, auch ohne Orgel, und zweifelsohne am besten ohne Orgel, macht einen erhebenden Eindruck auf Geist und Gemüth. Das kann man im Kanton Zürich erfahren, wo bis auf die neusten Zeiten keine Orgel in der Kirche geduldet wurde, und darum der Gesang in solcher Blüthe stand. Mich dauert es daher immer, wenn eine Gemeinde, wie dies jetzt nicht selten, aus einer Art Nebenbuhlerei und falschem Ehrgeiz, geschieht, eine kostbare Orgel anschafft, um etwa die anstößig oder mißtönig gewordenen Posaunen wegzuschaffen. Oft sogar geschieht es, daß so eine Gemeinde sich deßhalb in Schulden wirft, nur um vielleicht nicht mehr von den Nachbarn verspottet zu werden, — oder daß sie von ihren Besitzungen veräußert, oder Wälder abholzen läßt, um den Erlös zu so einer Orgel zu verwenden. Wäre es noch aus heiligem Eifer und aus wahrer Frömmigkeit; aber wie oft steckt nichts dahinter als nur eiteler Stolz! Und wenn es noch wirklich einen Segen stiftete; aber die Erfahrung lehrt, daß überall da, wo Orgeln eingeführt sind, der Gesang sehr schlecht steht. Natürlich genug! Gewöhnlich wird die Orgel so stark gestimmt, daß sie alle einzelnen Stimmen der Singenden übertönt, so daß der Singende kaum sich selber, geschweige denn Andere genau und verständlich hört. Daher denn kein Wunder, wenn ihm auch der Muth entfällt, sich anzustrengen; denn er fühlt zu gut, daß es vergeblich ist. Ganz anders, wo keine Orgel sich findet. Da dringt jede Stimme, die von den Singenden ausgeht, in die Seele der Andern, welche singen und zugleich sich und die Andern hören, und eine Stimme wird da durch die andere unterstützt und verstärkt. Jeder fühlt sich aufgefordert, sein Möglichstes zu thun, während sich Jeder, wo eine Orgel ist, auf diese verläßt. Die Stimmen fließen in einander über und bilden einen gemeinsamen großen Seelenstrom, der das Gewölbe erfüllt und alle Nerven der Hörenden in Bewegung setzt oder stimmt, so daß das Gemüth mit jener wunderbaren Gewalt und zu jener Höhe gehoben wird, die man Begeisterung nennt. Darum übt auch der Gesang in Privatversammlungen oder Erbauungsstunden, selbst in der Mitte unglücklicher Strafgefangener, einen so ganz eigenthümlichen Reiz aus.

Wer sollte eine solche Erbauung anderswo oder durch stille Privatandacht zu Hause ersetzen können? Schwerlich Einer, der sich recht versteht. Das ist eine strafbare Gleichgültigkeit, die kein wahres Glied der Kirche, um so viel weniger die Gemeinde der Gläubigen ungeahndet hingehen lassen sollte; denn wir sollen uns nicht nur um unser eignes Seelenheil, sondern auch um dasjenige der Andern bekümmern, da wir ja Alle Brüder in Christo sind, Alle Einen Herrn haben, Einen Glauben, Eine Taufe und einerlei Hoffnung. Wie kann der, welcher in der Finsterniß wandelt, und über sein wahres Heil verblendet ist, wissen und erkennen, was ihm Noth thut? — Er hat kein Gefühl davon. Er lebt in den Dingen dieser Welt, und das Himmlische liegt zu hoch, als daß er dessen Wahrheit und Nothwendigkeit erkennen könnte; und von ihm erwarten, daß er das begehre und suche, dessen Wichtigkeit und, wie die Welt sagt, dessen Nutzen er nicht einsieht, heißt zu viel, wol gar das Unmögliche verlangt.

Mancher denkt vielleicht, man müsse Jeden Gott überlassen, denn ein Jeder stehe und ein Jeder falle Gott; der Mensch sei Gottes, und wir haben kein Recht weder über den Menschen noch viel weniger über Gott, Gott kenne jedes seiner Menschenkinder am besten, besser als wir, und von uns aus etwas thun zu wollen an dem Andern und für den Andern, sei ein anmaßliches Richteramt, und strafe sich selber, wie die Erfahrung lehre, da es selten gelingt.

So mag freilich Mancher denken; aber diese Gedanken sind vom ersten bis zum letzten falsch.

Wol ist es wahr, daß Gott manchmal einen Menschen durch schweres Schicksal, das Er über ihn verhängt, durch das Feuer der Prüfungen, in das Er ihn wirft, zu sich selber bringt, so daß derselbe dann in seiner großen Noth, gleich dem verlornen Sohne inne wird, wie tief er gefallen, wie schwer er gesündigt, wie er ohne Gott verloren sei; und er kehret um, thut Buße, und findet Gnade und Vergebung und Frieden. Aber das geschieht nur da, wo in der Tiefe des Herzens bereits ein Keim des Lebens verborgen lag und schlummerte, bis die Gerichte Gottes ihn zum Leben erweckten. Und wer hat diesen Lebenskeim in sein Herz gelegt? wer anders als nach Gottes Gnade Menschenhände, die im Glauben den Saamen des Worts ausstreuen auf das Erdreich dieser Welt, um den Garten Gottes anzupflanzen, welcher das Himmelreich ist. Ueberall, sehen wir, bedient sich Gott der Menschen als seiner Werkzeuge, wenn Er auf Menschen einwirken und sich offenbaren will. So nun soll ganz besonders die christliche Gemeinde ein Werkzeug Gottes sein, um seinen Ruhm zu verkündigen, und sein Reich zu verbreiten als das Reich der Gnade und Herrlichkeit; denn an Alle geht die Ermahnung des HErrn, daß sie ihr Licht, das Licht der himmlischen Wahrheit, das sie empfangen haben, leuchten lassen sollen, auf daß die Welt ihre guten Werke, die Werke der Liebe und Barmherzigkeit, des Trostes und Friedens, sehen möge, und mit ihnen einstimme in die Lobpreisung der ewigen Herrlichkeit. Dazu sind wir Brüder geworden unter einander, durch Jesum Christ, und sind durch die heil. Taufe eben Christo einverleibet, und nicht mehr unser eigen, so daß wir nur das zu suchen hätten, was uns und nur uns zum Besten dient. Andere also ihnen selbst überlassen, wäre Lieblosigkeit und unverzeihliche Sünde. Wer sich um Christi willen des Bruders annimmt in seiner Finsterniß, der ist weit davon entfernt, ihn richten und den Splitter aus dessen Auge ziehen zu wollen; denn er tritt ja nicht im Gefühl zum Bruder hin, daß er selber ohne alle Sünde sei, und daß er also höher stehe und erhabener sei als dieser Geringe in seiner Finsterniß, sondern vielmehr ist es das lebendige Dankgefühl, das Bewußtsein der Herrlichkeit der Gnade, die Macht des göttlichen Friedens in seinem Herzen, was ihn treibt, den Bruder retten zu helfen, so viel an ihm ist, aus der Finsterniß an das Licht. Mag es sein, daß die Rettung nicht immer gelingt, daß die hilfreiche Hand zurückgestoßen, ja daß sogar mit Undank gelohnt wird, der Gläubige wird doch in dem beharren, was er als seine heilige Pflicht erkennt, und er wird sich nicht abschrecken und ermüden lassen, wie ja auch Gott nicht müde wird mit uns, sondern vielmehr immer neu werden läßt seine Gnade und Barmherzigkeit. Darum thut er stets das Seinige, und stellt den Erfolg seiner Arbeit Gott anheim, welcher das Gedeihen gibt, und dessen Rathschlüsse Niemand kennt. Sollte er von vornen herein mit seiner Handbietung zurückgewiesen werden, so schüttelt er den Staub von den Füßen, und überläßt den Unglücklichen der unerforschlichen Gnadenführung Gottes, welche ihre Wege geht und ihre eigenen Stunden hat. Mit Gewalt kann ja keine Seele gerettet werden, sondern nur durch die Liebe, welche Geduld übt. Darum hat auch der Heiland seinen Jüngern geboten, nirgends die Perlen vor die Schweine zu werfen oder das heilige Brod vor die Hunde.

Und so ist denn offenbar, daß hier Alles wegfällt, was den Menschen über den Menschen erheben könnte, und nur dazu beitragen müßte, die Trennung noch größer zu machen als sie wirklich ist.

Was aber vorzüglich wünschenswerth schiene, das ist, daß alle lebendigen Christen sich zusammen verbänden in Vereine, deren Zweck kein anderer wäre, als das Wohl der Kirche zu befördern, und so auch die Kirchlichkeit; denn durch Vereine wird in unserer Zeit sehr viel gewirkt.

Wie wir also auf dieser Seite die ganze Kraft der Gemeinschaft des heiligen Geistes aufrufen müssen, daß sie dem Abfall wehre, welcher aus falscher Aufklärung oder aus angeborner Trägheit und Stumpfheit des Sinnes herrührt, so gibt es einen andern Abfall, der eben so sehr, ja noch viel mächtiger, dazu beiträgt, unsere Kirchengemeinschaft nach und nach aufzulösen, wenn es ihm gelingen sollte, seine Plane auszuführen bis an's Ziel.

Und das ist der Separatismus oder die Trennungssucht auf der einen, und die Sektiererei auf der andern Seite, — beides Feinde, vor denen man auf der Hut sein muß, weil sie mit ihrem Wahrheitsscheine schwache Seelen sehr leicht irre führen, und für Staat und Kirche, für Leib und Seele von den allerverderblichsten Folgen sind.

Beide Uebel sind zu je und allen Zeiten in der christlichen Kirche vorhanden gewesen, — man würde irren, wenn man meinte, das sei etwas Unerhörtes, wie zu unsrer Zeit, in diesen Tagen geschehe, und darum erkenne man eben daran den Beweis, daß es mit der Zeit am Ende sei. Vielmehr lehrt uns die Geschichte, daß gerade dann jedesmal Trennung und Sektenwesen am stärksten an's Licht trat, wenn und wo das Gute, nämlich die göttliche Wahrheit des Evangeliums am freudigsten gedieh und die größten Siege feierte über die Welt. Es hat den Anschein, als ob Gott gerade so ein Uebel schicke, damit die Menschen nicht übermüthig werden im Glück, sondern stets etwas zu leiden und zu kämpfen haben; weil alles Leiden läutert und alles Kämpfen die Kraft vermehrt. Darum hatte der HErr ja auch dem Apostel einen „Pfahl in's Fleisch“ gegeben, auf daß es ihn erinnere, daß er ein Mensch sei. Und darum sagt das alte Sprichwort unsers deutschen Luther: „Wo Gott eine Kirche bauet, da setzt der Teufel eine Kapelle daneben.“

Ja auch unter Juden, Heiden und Türken findet sich dieses selbige, weil es ja die Erbsünde der Menschen ist von Adam an, daß ein Jeder für sich etwas sein will, und besser als der Andere. Und da ist es, wie es auch hin und wieder in der christlichen Kirche sich gezeigt hat, eine Folge der Verschlimmerung des Ganzen. Darum sind die Sekten nicht nach Einem Maß zu messen. Und wir haben uns deß gar nicht zu wundern, daß es in der evangelisch-protestantischen Kirche, bei Lutheranern und Reformierten, und wie die Partheien alle heißen mögen, mehr zum Vorschein kömmt, als in der katholischen Kirche; denn das hat seinen ganz natürlichen Grund, indem es ja gerade da erscheint, wo Licht und Leben sich äussert, wie das eben bei uns Evangelischen mehr der Fall ist als anderswo. So wie die Sonne aufgeht und ihr Strahlenmeer ausgießt über das Thal, da erwachet Alles, was Odem hat, zu neuem Leben, und regt und bewegt sich munter und fröhlich durch einander. In unsrer Kirche leuchtet Gott sei Dank die Sonne hell und klar, Niemand hat die Macht, das Licht des Evangeliums unter den Scheffel zu stellen, oder nur soviel von demselben leuchten zu lassen, als gerade ihm gefällt, wie man etwa ein Oellicht kleiner und größer, oder eine Gasflamme schwächer und stärker brennen lassen kann. Der Sonne kann Niemand gebieten, sondern sie steht in Gottes Hand; und so, gerade so das Evangelium. Darum lassen wir es auch nicht zu, daß man blos einen Auszug aus der Bibel, eine Auswahl der am passendsten scheinenden Stücke unter dem Volk aus-

[illegible]

[illegible] Vereine: [illegible] als das [illegible] der Kirche zu [illegible] durch Vereine wird in unserer Zeit [illegible] viel gewirkt.

[illegible] die ganze Kraft der Gemeinschaft des heiligen Geistes [illegible] daß sie den [illegible] oder aus angeborner Trägheit [illegible] des Glaubens beraubet, so gibt es einen andern [illegible], der eben so sehr, ja noch viel mächtiger, dazu beiträgt, unsere Kirchengemeinschaft nach und nach aufzulösen, wenn es ihm gelingen sollte, seine Plane auszuführen bis an's Ziel.

Und das ist der Separatismus oder die Trennungssucht auf der einen, und die Sektiererei auf der andern Seite, — beides Feinde, vor denen man auf der Hut sein muß, weil sie mit ihrem Wahrheitsscheine schwache Seelen sehr leicht irre führen, und für Staat und Kirche, für Leib und Seele von den allerverderblichsten Folgen sind.

Beide Uebel sind zu je und allen Zeiten in der christlichen Kirche vorhanden gewesen, — man würde irren, wenn man meinte, das sei etwas Unerhörtes, wie zu unsrer Zeit, in diesen Tagen geschehe, und darum erkenne man [illegible] den Beweis, daß es mit der Zeit am Ende [illegible] lehrt uns die Geschichte, daß gerade [illegible] und Sektenwesen am stärksten [illegible] wo das Gute, nämlich die [illegible] tums am freudigsten [illegible] über die Welt. [illegible] je ein Uebel [illegible] werden im Glück, sondern stets etwas zu leiden und zu kämpfen haben; weil alles Leiden läutert und alles Kämpfen die Kraft vermehrt. Darum hatte der HErr ja auch dem Apostel einen „Pfahl in's Fleisch" gegeben, auf daß es ihn erinnere, daß er ein Mensch sei. Und darum sagt das alte Sprichwort unsers deutschen Luther: „Wo Gott eine Kirche bauet, da setzt der Teufel eine Kapelle daneben."

Ja auch unter Juden, Heiden und Türken findet sich dieses selbige, weil es ja die Erbsünde der Menschen ist von Adam an, daß ein Jeder für sich etwas sein will, und besser als der Andere. Und da ist es, wie es auch hin und wieder in der christlichen Kirche sich gezeigt hat, eine Folge der Verschlimmerung des Ganzen. Darum sind die Sekten nicht nach Einem Maß zu messen. Und wir haben uns deß gar nicht zu wundern, daß es in der evangelisch-protestantischen Kirche, bei Lutheranern und Reformierten, und wie die Partheien alle heißen mögen, mehr zum Vorschein kömmt, als in der katholischen Kirche; denn das hat seinen ganz natürlichen Grund, indem es ja gerade da erscheint, wo Licht und Leben sich äussert, wie das eben bei uns Evangelischen mehr der Fall ist als anderswo. So wie die Sonne aufgeht und ihr Strahlenmeer ausgießt über das Thal, da erwachet Alles, was Odem hat, zu neuem Leben, und regt und bewegt sich munter und fröhlich durch einander. In unsrer Kirche leuchtet Gott sei Dank die Sonne hell und klar, Niemand hat [illegible] Macht, das Licht des Evangeliums unter de[illegible] Scheffe[illegible] [illegible]en, oder nur soviel von demselben [illegible] [illegible]e ihm gefällt, wie man etwa ein [illegible] oder eine Gasflamme schwächer [illegible]nn. Der Sonne kann Niemand [illegible] Gottes Hand; und so, gerade [illegible] lassen wir es auch nicht zu, [illegible] aus der Bibel, eine Auswahl [illegible]den Stücke unter dem Volk aus-

Alles dich nicht mehr rühren und aufhalten, sobald es einmal in dir selbst recht Tag geworden ist, daß du nicht den Schein suchst und Ohrenkitzel und allerlei schöne Worte, die du etwa bewunderst, ohne in deinem Herzen deine Sünde zu erkennen, zu bereuen und zerknirscht zu sein. Sobald du vielmehr das Heil erkannt hast, wird dir alles äußerliche Wesen gleichgültig, ja gar widrig sein, und du wirst allein auf den Inhalt der Predigt sehen, ob darin enthalten sei ein lebendiger Kern, das Evangelium von Christo, als Dem, der nicht allein für uns sein soll, sondern auch in uns, d. h. von Christo, der nicht allein gestorben, sondern auch auferstanden ist. Das ist das, was von Allem den Grund ausmacht; und wo das fehlt, da kann man Paläste von Weisheit bauen, aber sie sind, wenn nicht gar in die Luft, doch gewiß auf Sand gebaut, die uns wohlgefallen können, so lange draußen die Sonne scheint. Aber wie lange wird diese Sonne scheinen? meistens nicht einen einzigen Tag! Was hilft dann, sobald der Himmel deiner Seele sich trübet, alles dein Wissen von der Natur, von Gottes Weisheit und Herrlichkeit in der Schöpfung, von deinen Lebenspflichten — das Alles verstehst du vielleicht, aber das Rechte fehlt dir, welches über alles Wissen geht, und das ist der innere Friede, der von unserm Heiland kömmt, aus der Liebe zu Ihm.

Und wenn du etwas wider deinen Pfarrer auf dem Herzen hast, so weiß ich dir auch da einen guten Rath — und welchen? Es ist nie gut, die Bitterkeit und Abneigung in sein Herz zu vergraben, sondern besser und allein so eines Christen würdig, daß man den Frieden wiederherzustellen suche, sobald er gestört ist; denn nur die Friedfertigen können selig sein. Will Einer den Frieden nicht annehmen, den du ihm bietest, sofern du ihm nämlich denselben so anbietest, wie du ihn bieten sollst, ich meine unbedingt und ohne im Herzen oder im Munde oder in der Hand einen

Vorbehalt zu haben, dann schüttele du den Staub von deinen Füßen, und befiehl deine und seine Wege Gott an. Und auf dieses mußt du in der Welt gerüstet sein, denn man kömmt nicht bei jedem Menschen gut an, wenn man Frieden bieten will; denn Manche bilden sich dann ein, daß man eben das Gefühl seines Unrechts habe, und daß auf ihrer Seite das Recht sei, und nehmen dann die Miene des hohen Herrn an. Gesetzt auch! Das thut keinem Christen an seiner Ehre einen Abbruch, vielmehr ist nur der zu bedauern, welcher in solcher Blindheit liegt. Jedenfalls aber sollst du vom Pfarrer nichts der Art zu fürchten haben, denn der Pfarrer soll ja vor Allem zum Frieden geneigt sein. Und wie gut, wie glücklich wäre es, wenn jeder Gemeindsgenosse, sobald ihn etwas gegen den Pfarrer drückt, hinginge zu ihm, und es ihm mittheilte offen und ohne Rückhalt. Wie Vieles könnte da gut gemacht, wie viel Mißverständniß gehoben werden, das sonst im Verborgenen wie eine verderbliche Gluth fortglimmt, und endlich einmal zu einem schlimmen Ausbruch kommen kann. Wer sollte dieses Letztere, wer nicht vielmehr das Erstere wünschen?

Und was den Hausgottesdienst, oder davon redest du nicht einmal, sondern was deine Privatandacht betrifft, so rathe ich dir, dieses Eine zu thun, aber das Andere nicht zu lassen. Sieh! das ist das große Unglück unsrer Zeit, daß — was immer mit der halben Aufklärung verbunden zu sein pflegt — so Viele eben nur für sich sein wollen, Statt mit Andern zu sein und in treuer Gemeinschaft zusammenzuhalten. Gott hat uns doch ja Alle eben so geschaffen und eingerichtet, daß wir zu einander gehören sollen, und einander bedürfen, wie für das äußere und irdische Leben, für Speise und Trank und allerlei Noth, so auch für das innere Leben des Gemüthes und der Freude, so daß wir ja, wo wir nur irgend können, zu einander treten, des Abends nach der Arbeit, um mit einander zu feiern und auszuruhen von des Tages Last. Woher alle die weltlichen Lustbarkeiten und Festlichkeiten, die nie ein Einzelner für sich haben und genießen mag, sondern nur eben mit Andern, Vielen, die ihm bekannt und lieb und theuer sind? woher denn anders als daher, daß er eben einen Trieb in sich fühlt, mit Andern sich zu vereinigen und Freundschaft zu haben, und weil ja der Genuß doppelt so groß ist, wenn er mit Andern genossen wird?

Und so, gerade so verhält es sich mit den göttlichen und himmlischen Dingen. Auch diese, und sie am allermeisten, sind ein Gegenstand der Freude, ja von ihnen leben wir, und darum können wir dieses, was uns so theuer und heilig ist, was wir als das Wichtigste erkennen und besitzen, nicht für uns alleine haben und genießen wollen, sondern wir genießen und haben es nur recht, wenn Andere, Viele es mit uns haben; denn je größer die Gemeinschaft des Göttlichen und Guten ist, desto größer unser eigener Friede. Und dazu kömmt nun noch, daß es die eigene Art und Natur des Christenthums ist, Gemeinschaft zu haben und Gemeinschaft zu stiften, weil nur Liebe in ihm ist, und aus Liebe eben nichts hervorgehen kann, als was Allen dient und Allen gemeinsam ist.

Darum muß ein Jeder, welcher nicht bloß scheinbar fromm ist, sondern Christ von Herzen, diese seine Frömmigkeit darin besonders offenbaren, daß er den Gottesdienst fleißig besucht, weil er darin mit Vielen zu erkennen gibt, daß sie unter einander Gemeinschaft haben in dem, was das Höchste und Heiligste ist.

Und dieses sprechen sie zusammen aus in der Anhörung des göttlichen Wortes, welches jeden Sonntag neu und eigenthümlich vor ihren Geist tritt, und als ein guter Gast um Einlaß bittet. Das ist eine gute und rechte Anordnung in unsrer Kirche, daß der Prediger nicht an gewisse Texte gebunden ist, die ihm für dahin und dawег oder wenigstens auf ein Jahr vorgeschrieben sind, sondern er hat volle Freiheit, so daß er jeden Sonntag oder zu jedem Gottesdienst gerade diejenige Bibelstelle auswählen kann, welche den Zeitumständen nach die angemessenste ist. Und so soll es sein; denn die Gemeindeglieder sind nicht jede Woche gleich gestimmt, und nicht jede Woche walten dieselben Gedanken vor, welche das Nachdenken besonders beschäftigen, sondern es wechselt, je nachdem irgend etwas sich ereignet, was die Gemüther entweder niederschlagend oder aber heiter bewegt. In solchem Gemüthszustande treten die Gemeindeglieder zum Gottesdienste zusammen, und nimmt nun der Prediger hierauf Rücksicht, so wird er zweifelsohne seine Zuhörer viel geneigter finden, weil sie vorbereitet sind durch die Zeitumstände, und ein gewisses Bedürfniß der Beruhigung oder Aufklärung oder Ermahnung in ihnen sich regt. So soll jede Predigt zeitgemäß sein; und wenn sie zeitgemäß ist, wird sie ihre Wirkung nicht verfehlen, sie wird das aussprechen und zur klaren Verständigung bringen, was in Allen mehr oder minder lebendig vorhanden ist.

Zum Wort aber tritt noch einerseits das gemeinsame Gebet, anderseits der gemeinsame Gesang hinzu — beides auf eine Weise, daß es wahrlich in hohem Grade geeignet ist, das Gemüth des Menschen zu ergreifen und auf die Anhörung des Evangeliums vorzubereiten, weil jede gute Saite des Herzens da angeschlagen wird. Der gemeinsame Gesang zu vieren Stimmen übt eine unbegreifliche Macht über das Herz des Menschen aus, denn nichts geht über die Menschenstimme und ihren Gesang. Der wird durch kein auch noch so kunstreich gehandhabtes musikalisches Werkzeug (Instrument) ganz ersetzt. Darum sollte überall in den Schulen mit besonderm Ernst darauf gesehen werden, daß die Jugend tüchtig im Singen geübt werde, auf daß jedes Kind im Stande sei, ein gewöhnliches Lied oder einen

Psalm vom Blatt weg zu singen. Es sollten ferner die Gesangvereine der erwachsenen Jugend besonders schöne geistliche Gesänge wählen, die sie sich aneigneten, und die sie dann singen könnten bei der Arbeit oder am Feierabend, oder bei festlichen Zusammenkünften, neben den schönen vaterländischen Liedern, wie sie namentlich Lavater gedichtet hat, und wie man sonst etwa Zotenlieder, seltner Psalmen singen hörte auf der Straße und bei'm Wein.

Diese vierstimmigen Chöre findet man nicht leicht anderswo als bei uns in der Schweiz. Und ein solcher Kirchengesang, auch ohne Orgel, und zweifelsohne am besten ohne Orgel, macht einen erhebenden Eindruck auf Geist und Gemüth. Das kann man im Kanton Zürich erfahren, wo bis auf die neusten Zeiten keine Orgel in der Kirche geduldet wurde, und darum der Gesang in solcher Blüthe stand. Mich dauert es daher immer, wenn eine Gemeinde, wie dies jetzt nicht selten, aus einer Art Nebenbuhlerei und falschem Ehrgeiz, geschieht, eine kostbare Orgel anschafft, um etwa die anstößig oder mißtönig gewordenen Posaunen wegzuschaffen. Oft sogar geschieht es, daß so eine Gemeinde sich deßhalb in Schulden wirft, nur um vielleicht nicht mehr von den Nachbarn verspottet zu werden, — oder daß sie von ihren Besitzungen veräußert, oder Wälder abholzen läßt, um den Erlös zu so einer Orgel zu verwenden. Wäre es noch aus heiligem Eifer und aus wahrer Frömmigkeit; aber wie oft steckt nichts dahinter als nur eiteler Stolz! Und wenn es noch wirklich einen Segen stiftete; aber die Erfahrung lehrt, daß überall da, wo Orgeln eingeführt sind, der Gesang sehr schlecht steht. Natürlich genug! Gewöhnlich wird die Orgel so stark gestimmt, daß sie alle einzelnen Stimmen der Singenden übertönt, so daß der Singende kaum sich selber, geschweige denn Andere genau und verständlich hört. Daher denn kein Wunder, wenn ihm auch der Muth entfällt, sich anzustrengen; denn er fühlt zu gut, daß es vergeblich ist. Ganz anders, wo keine Orgel sich findet. Da dringt jede Stimme, die von den Singenden ausgeht, in die Seele der Andern, welche singen und zugleich sich und die Andern hören, und eine Stimme wird da durch die andere unterstützt und verstärkt. Jeder fühlt sich aufgefordert, sein Möglichstes zu thun, während sich Jeder, wo eine Orgel ist, auf diese verläßt. Die Stimmen fließen in einander über und bilden einen gemeinsamen großen Seelenstrom, der das Gewölbe erfüllt und alle Nerven der Hörenden in Bewegung setzt oder stimmt, so daß das Gemüth mit jener wunderbaren Gewalt und zu jener Höhe gehoben wird, die man Begeisterung nennt. Darum übt auch der Gesang in Privatversammlungen oder Erbauungsstunden, selbst in der Mitte unglücklicher Strafgefangener, einen so ganz eigenthümlichen Reiz aus.

Wer sollte eine solche Erbauung anderswo oder durch stille Privatandacht zu Hause ersetzen können? Schwerlich Einer, der sich recht versteht. Das ist eine strafbare Gleichgültigkeit, die kein wahres Glied der Kirche, um so viel weniger die Gemeinde der Gläubigen ungeahndet hingehen lassen sollte; denn wir sollen uns nicht nur um unser eignes Seelenheil, sondern auch um dasjenige der Andern bekümmern, da wir ja Alle Brüder in Christo sind, Alle Einen Herrn haben, Einen Glauben, Eine Taufe und einerlei Hoffnung. Wie kann der, welcher in der Finsterniß wandelt, und über sein wahres Heil verblendet ist, wissen und erkennen, was ihm Noth thut? — Er hat kein Gefühl davon. Er lebt in den Dingen dieser Welt, und das Himmlische liegt zu hoch, als daß er dessen Wahrheit und Nothwendigkeit erkennen könnte; und von ihm erwarten, daß er das begehre und suche, dessen Wichtigkeit und, wie die Welt sagt, dessen Nutzen er nicht einsieht, heißt zu viel, wol gar das Unmögliche verlangt.

Mancher denkt vielleicht, man müsse Jeden Gott überlassen, denn ein Jeder stehe und ein Jeder falle Gott; der Mensch sei Gottes, und wir haben kein Recht weder über den Menschen noch viel weniger über Gott, Gott kenne jedes seiner Menschenkinder am besten, besser als wir, und von uns aus etwas thun zu wollen an dem Andern und für den Andern, sei ein anmaßliches Richteramt, und strafe sich selber, wie die Erfahrung lehre, da es selten gelingt.

So mag freilich Mancher denken; aber diese Gedanken sind vom ersten bis zum letzten falsch.

Wol ist es wahr, daß Gott manchmal einen Menschen durch schweres Schicksal, das Er über ihn verhängt, durch das Feuer der Prüfungen, in das Er ihn wirft, zu sich selber bringt, so daß derselbe dann in seiner großen Noth, gleich dem verlornen Sohne inne wird, wie tief er gefallen, wie schwer er gesündigt, wie er ohne Gott verloren sei; und er kehret um, thut Buße, und findet Gnade und Vergebung und Frieden. Aber das geschieht nur da, wo in der Tiefe des Herzens bereits ein Keim des Lebens verborgen lag und schlummerte, bis die Gerichte Gottes ihn zum Leben erweckten. Und wer hat diesen Lebenskeim in sein Herz gelegt? wer anders als nach Gottes Gnade Menschenhände, die im Glauben den Saamen des Worts ausstreuen auf das Erdreich dieser Welt, um den Garten Gottes anzupflanzen, welcher das Himmelreich ist. Ueberall, sehen wir, bedient sich Gott der Menschen als seiner Werkzeuge, wenn Er auf Menschen einwirken und sich offenbaren will. So nun soll ganz besonders die christliche Gemeinde ein Werkzeug Gottes sein, um seinen Ruhm zu verkündigen, und sein Reich zu verbreiten als das Reich der Gnade und Herrlichkeit; denn an Alle geht die Ermahnung des HErrn, daß sie ihr Licht, das Licht der himmlischen Wahrheit, das sie empfangen haben, leuchten lassen sollen, auf daß die Welt ihre guten Werke, die Werke der Liebe und Barmherzigkeit, des Trostes und Friedens, sehen möge, und mit ihnen einstimme in die Lobpreisung der ewigen Herrlichkeit. Dazu sind wir Brüder geworden unter einander, durch Jesum Christ, und sind durch die heil. Taufe eben Christo einverleibet, und nicht mehr unser eigen, so daß wir nur das zu suchen hätten, was uns und nur uns zum Besten dient. Andere also ihnen selbst überlassen, wäre Lieblosigkeit und unverzeihliche Sünde. Wer sich um Christi willen des Bruders annimmt in seiner Finsterniß, der ist weit davon entfernt, ihn richten und den Splitter aus dessen Auge ziehen zu wollen; denn er tritt ja nicht im Gefühl zum Bruder hin, daß er selber ohne alle Sünde sei, und daß er also höher stehe und erhabener sei als dieser Geringe in seiner Finsterniß, sondern vielmehr ist es das lebendige Dankgefühl, das Bewußtsein der Herrlichkeit der Gnade, die Macht des göttlichen Friedens in seinem Herzen, was ihn treibt, den Bruder retten zu helfen, so viel an ihm ist, aus der Finsterniß an das Licht. Mag es sein, daß die Rettung nicht immer gelingt, daß die hilfreiche Hand zurückgestoßen, ja daß sogar mit Undank gelohnt wird, der Gläubige wird doch in dem beharren, was er als seine heilige Pflicht erkennt, und er wird sich nicht abschrecken und ermüden lassen, wie ja auch Gott nicht müde wird mit uns, sondern vielmehr immer neu werden läßt seine Gnade und Barmherzigkeit. Darum thut er stets das Seinige, und stellt den Erfolg seiner Arbeit Gott anheim, welcher das Gedeihen gibt, und dessen Rathschlüsse Niemand kennt. Sollte er von vornen herein mit seiner Handbietung zurückgewiesen werden, so schüttelt er den Staub von den Füßen, und überläßt den Unglücklichen der unerforschlichen Gnadenführung Gottes, welche ihre Wege geht und ihre eigenen Stunden hat. Mit Gewalt kann ja keine Seele gerettet werden, sondern nur durch die Liebe, welche Geduld übt. Darum hat auch der Heiland seinen Jüngern geboten, nirgends die Perlen' vor die Schweine zu werfen oder das heilige Brod vor die Hunde.

Und so ist denn offenbar, daß hier Alles wegfällt, was den Menschen über den Menschen erheben könnte, und nur dazu beitragen müßte, die Trennung noch größer zu machen als sie wirklich ist.

Was aber vorzüglich wünschenswerth schiene, das ist, daß alle lebendigen Christen sich zusammen verbänden in Vereine, deren Zweck kein anderer wäre, als das Wohl der Kirche zu befördern, und so auch die Kirchlichkeit; denn durch Vereine wird in unserer Zeit sehr viel gewirkt.

Wie wir also auf dieser Seite die ganze Kraft der Gemeinschaft des heiligen Geistes aufrufen müssen, daß sie dem Abfall wehre, welcher aus falscher Aufklärung oder aus angeborner Trägheit und Stumpfheit des Sinnes herrührt, so gibt es einen andern Abfall, der eben so sehr, ja noch viel mächtiger, dazu beiträgt, unsere Kirchengemeinschaft nach und nach aufzulösen, wenn es ihm gelingen sollte, seine Plane auszuführen bis an's Ziel.

Und das ist der Separatismus oder die Trennungssucht auf der einen, und die Sektiererei auf der andern Seite, — beides Feinde, vor denen man auf der Hut sein muß, weil sie mit ihrem Wahrheitsscheine schwache Seelen sehr leicht irre führen, und für Staat und Kirche, für Leib und Seele von den allerverderblichsten Folgen sind.

Beide Uebel sind zu je und allen Zeiten in der christlichen Kirche vorhanden gewesen, — man würde irren, wenn man meinte, das sei etwas Unerhörtes, wie zu unsrer Zeit, in diesen Tagen geschehe, und darum erkenne man eben daran den Beweis, daß es mit der Zeit am Ende sei. Vielmehr lehrt uns die Geschichte, daß gerade dann jedesmal Trennung und Sektenwesen am stärksten an's Licht trat, wenn und wo das Gute, nämlich die göttliche Wahrheit des Evangeliums am freudigsten gedieh und die größten Siege feierte über die Welt. Es hat den Anschein, als ob Gott gerade so ein Uebel schicke, damit die Menschen nicht übermüthig werden im Glück, sondern stets etwas zu leiden und zu kämpfen haben; weil alles Leiden läutert und alles Kämpfen die Kraft vermehrt. Darum hatte der HErr ja auch dem Apostel einen „Pfahl in's Fleisch“ gegeben, auf daß es ihn erinnere, daß er ein Mensch sei. Und darum sagt das alte Sprichwort unsers deutschen Luther: „Wo Gott eine Kirche bauet, da setzt der Teufel eine Kapelle daneben.“

Ja auch unter Juden, Heiden und Türken findet sich dieses selbige, weil es ja die Erbsünde der Menschen ist von Adam an, daß ein Jeder für sich etwas sein will, und besser als der Andere. Und da ist es, wie es auch hin und wieder in der christlichen Kirche sich gezeigt hat, eine Folge der Verschlimmerung des Ganzen. Darum sind die Sekten nicht nach Einem Maß zu messen. Und wir haben uns deß gar nicht zu wundern, daß es in der evangelisch-protestantischen Kirche, bei Lutheranern und Reformierten, und wie die Partheien alle heißen mögen, mehr zum Vorschein kömmt, als in der katholischen Kirche; denn das hat seinen ganz natürlichen Grund, indem es ja gerade da erscheint, wo Licht und Leben sich äussert, wie das eben bei uns Evangelischen mehr der Fall ist als anderswo. So wie die Sonne aufgeht und ihr Strahlenmeer ausgießt über das Thal, da erwachet Alles, was Odem hat, zu neuem Leben, und regt und bewegt sich munter und fröhlich durch einander. In unsrer Kirche leuchtet Gott sei Dank die Sonne hell und klar, Niemand hat die Macht, das Licht des Evangeliums unter den Scheffel zu stellen, oder nur soviel von demselben leuchten zu lassen, als gerade ihm gefällt, wie man etwa ein Oellicht kleiner und größer, oder eine Gasflamme schwächer und stärker brennen lassen kann. Der Sonne kann Niemand gebieten, sondern sie steht in Gottes Hand; und so, gerade so das Evangelium. Darum lassen wir es auch nicht zu, daß man blos einen Auszug aus der Bibel, eine Auswahl der am passendsten scheinenden Stücke unter dem Volk ausbreite; denn die Bibel ist nicht Menschenwerk, das sich so oder so zustutzen, so und so zerstückeln ließe, sondern sie ist Gotteswerk (ein Wunder in unsern Augen), und soll darum auch Eines bleiben und Eines sein, um ganz und wahrhaft das zu sein, was es ist. Alles, auch das Geringste, gehört dazu, so wie an einem guten Fruchtbaum mancherlei Theile, Wurzeln, Stamm, Aeste, Zweige, Blätter, Früchte sind, und nicht alle Aeste und Zweige und Früchte gleich groß oder schön oder gut sind — und doch gehören sie alle zu demselbigen Baume, wie ihn Gott hat wachsen und werden lassen. So wirft auch nicht jeder Stein, und jedes Glas und jedes Metall die Strahlen des Lichts auf gleiche Weise und in gleicher Farbe zurück, sondern die einen so, die andern anders, aber alle irgend wie, jedes nach seiner Art: so auch das heilige Bibelbuch. Wer die Geister zu prüfen weiß und sich auf Gottes Wort und Offenbarung recht versteht, der vermag dies zu erkennen, als das Zeichen, wie groß und tief die göttliche Weisheit sei.

Und so haben wir in unserer evangelischen Kirche Freiheit, daß sich Jeder frei bewegen kann, nach dem Maß der Gnade, die ihm Gott gegeben. Daher die Verschiedenheit, und daher die Absonderung; denn wo Freiheit ist, da hat sowol das Böse als das Gute freien Raum, und nur wo die Freiheit ist, kann das Böse wie das Gute recht zum Vorschein kommen, nach seiner wahren Natur, daß man es erkennen kann als das was es ist, aber eben dann auch helfen kann, wo Hilfe Noth thut. Nur daß man nie mit der Hilfe zaudern möge! Denn wo die Hilfe zu spät erscheint, da frißt das Uebel um sich wie ein verderblicher Krebs, und zerstört den innersten Lebenskeim, so daß dann alle Hilfe umsonst ist. Ein solcher Krebsschaden in unserer Kirche ist die Separation.

Daß die evangelische Kirche es zugeben, ja sogar wünschen muß, daß sich ihre Glieder in Vereine zusammenthun, welche dahin wirken, daß aller Noth gesteuert und daß alles Gute gefördert werde, liegt in ihrer Art und Natur. Dadurch wird die öffentliche Ordnung nicht gestört, sondern nur das Leben vermehrt und dem Schlaf und Tod gewehrt; denn nur dann ist die Kirche wirklich das, was sie sein soll, wenn sie ein wahrhaftes, lebendiges Gemeinleben ist.

Anders verhält es sich mit dem Sektenwesen; denn das hebt alle gute Ordnung auf, und setzt die Verwirrung an den Platz, weil es Menschensatzung oder Menschenwillkür aufrichtet, und jenes Wortes vergißt, welches der Apostel an die Gemeinde zu Korinth schrieb, da auch dort das Sektenwesen einreißen wollte (1. Kor. I, 11—13).

Doch gibt es unter ihnen noch einen Unterschied: es gibt mehr gefährliche und gibt minder gefährliche. Beide aber haben das gemein, daß sie sich gegen die Gemeinschaft der Kirche empören, im sündlichen Wahne, besser als dieselbe zu sein.

Die minder gefährlichen sind die, welche man gemeinhin Separatisten nennt, und die sich selbst am liebsten mit dem fremden (englischen) Namen der Dissenters bezeichnen möchten, um dadurch zu einer gewissen geschichtlichen und darum auch rechtlichen Geltung und Anerkennung zu gelangen. Es gibt nämlich in England eine große Parthei protestantischer Christen, die diesen Namen tragen und jetzt vom Staate anerkannt sind, wie andere Partheien christlichen Glaubens. Das war freilich dort nicht zu allen Zeiten so. Ihren Ursprung kann man herleiten aus der großen Staatsumwälzung, welche nach der Mitte des siebzehnten Jahrhunderts in England vor sich ging, besonders als im Jahr 1689 Wilhelm III., von Oranien genannt, auf den Königsthron kam durch einen Vertrag mit dem Volke. Da wurde sowol die Verfassung des Staates als der Kirche festgestellt. Es wurde eine sogenannte Staatskirche oder

Reichskirche angenommen, und das war die der bischöflichen Verfassung, im Allgemeinen nach den Grundsätzen der protestantischen Kirche. Es sollte nämlich der König als oberster Bischof oder Vorsteher der Kirche gelten, und seine nächsten Unterbeamteten sollten die Bischöfe und Erzbischöfe sein, unter welchen dann alle Pfarrer und Pfarrverweser (Vikarien) standen. So bekamen freilich die höhern Geistlichen ein großes weltliches Ansehen, und wurden mit unermeßlichem Reichthum begabt. Daher kam es, daß entweder nur vornehme, adelige Leute diese Stellen bekamen, oder diejenigen aus dem gemeinen Volke, welche sich durch ihre Talente oder andere Mittel oder Umstände emporzuschwingen wußten, mit den Gewaltigen der Erde in vielfache Berührung kamen, und mehr am Reiche dieser Welt Theil nahmen als aber am Reiche des Herrn. Das Hirtenamt gerieth dadurch in Verfall, und mit ihm die Kirche. Die Ursache davon war, weil der Staat sich zu viel angemaßt hatte, und den Geistlichen der Geist des HErrn nicht gegeben war.

So bildete sich nun, dieser bischöflichen Kirche gegenüber, eine neue Gemeinschaft von Protestanten, die man Dissenters, d. h. Andersdenkende, hieß. Aber sie waren selbst nicht alle einerlei Art, und nicht alle kamen sogleich in den Genuß des Rechtes öffentlicher Uebung ihres Gottesdienstes, sondern einige blieben ausgeschlossen von der Freiheit, so wie die Katholiken, die erst in der neuesten Zeit haben zu ihrem Recht gelangen können, und zum Theil noch gegenwärtig im Kampf mit der bischöflichen Kirche begriffen sind. Gegen das Ende des vorigen Jahrhunderts gab es unter den Dissenters drei Hauptpartheien in England: die Presbyterianer, die Baptisten und die Independenten. Die Presbyterianer leben vorzüglich in Schottland, und die ganze schottische Kirche ist eine presbyterianische, d. h. eine solche, die auf die Grundsätze des Rechts der Kirchgemeinden gegründet und in Allem nach der Weise einer Volksherrschaft eingerichtet ist. Die Baptisten wie die Independenten zerfallen in mancherlei kleinere Abtheilungen. Die Baptisten halten sich an die Lehre Kalvins im strengsten Sinne, verwerfen die Kindertaufe und üben eine scharfe Kirchenzucht aus. Sie sind aus der Mitte der Independenten hervorgegangen, welche schon frühe, bald nach der Reformation in England sich gebildet haben, und Anfangs Puritaner, weil sie rein an der Lehre Kalvins hielten, dann Nonkonformisten hießen, weil sie sich der Uniformitätsakte (1562), mittels welcher die Königin Elisabeth, ohne Zweifel in guter Absicht, alle Protestanten in ihrem Königreich zusammenbinden und vereinigen wollte, widersetzten.

Sie haben alle das mit einander gemein, daß sie auf der einen Seite streng an dem halten, was die Kirche eben zu einer Lebensgemeinschaft macht, auf der andern Seite jede Einmischung des Staats in die Angelegenheiten der Kirche verwerfen. Und darin liegt offenbar viel Gutes; aber daß es nicht das vollkommene Gute, sondern eben auch viel sündliches und weltliches dabei ist, erhellet daraus, daß sie unter sich selbst in so viele kleine Partheien zerfallen und so die rechte Einheit und Freiheit des Glaubens in der Liebe und Gedult verläugnen.

Das nun haben gerade auch unsere Separatisten an sich. Was treibt diese Leute aus der Gemeinschaft der Kirche hinaus? Hat man etwa ihrem Leib oder ihrer Seele Gewalt angethan? Wollte man sie nicht mehr in unsrer Mitte leiden? Oder ist unsere Gemeinschaft vom rechten und wahren christlichen Glauben abgefallen? Wenn das Eine oder das Andere wäre, dann könnte man begreifen, warum sie nicht mehr zu uns halten, und man könnte sogar ihre Absonderung rechtfertigen als eine gegründete und gottgefällige. Aber von allem dem ist nichts, sondern diese unsere Brüder werfen unserer Gemeinschaft Dinge vor, die nicht in der Wahrheit gegründet sind, oder nehmen von Dingen Anlaß und Grund der Trennung, die es wahrlich nicht sein können. Und was? Sie sagen, es sei uns kein rechter Ernst mit dem Reiche Gottes unsers Erlösers; denn wir dulden alle Schlechten und Gottlosen unter uns, und lassen sie sogar am heil. Abendmahl Theil nehmen, und üben gar keine Kirchenzucht aus — auch werden Prediger geduldet, die nicht das reine Evangelium, nicht den Glauben an Christum als der Sünder Heiland und als den Gottessohn verkündigen, sondern allerlei Lehren predigen, die nichts denn Menschensatzung und verborgener Unglaube sind.

Was das Letzte anbetrifft, so haben sie da am meisten Schein für sich; denn das muß allerdings von jedem Diener der Kirche gefordert werden, daß er eben ein Diener der Kirche, und nicht ein Herr der Kirche sei, welcher schalten und walten könne, wie es ihm gefällt. Sie haben ein Recht zu fordern, daß die Kanzel nicht soll der Tummel- und Taumelplatz menschlicher Einfälle und Leidenschaften sein, welche nichts als Unordnung anrichten und die Gewissen verwirren. Aber wer will alle Freiheit und Verschiedenheit vernichten, um eine völlige Gleichheit und Einheit hervorzubringen? So lange in der Erforschung und Auslegung der Bibel fortgefahren werden muß, so lange wird es verschiedene Ansicht geben können; aber darin sollen Alle zusammenstimmen, welche Verkündiger des Evangeliums sein wollen, was den Grund und Hauptinhalt desselben ausmacht, einerseits daß wir Menschen alle Sünder sind und der Erlösung bedürfen, anderseits daß diese Erlösung uns in Christo Jesu erschienen sei, als eine Offenbarung der Gnade, die im Glauben angenommen werden muß, einem Glauben, der sich in den Werken der Liebe und des Friedens beweist, denn wer in Christo ist und Seinen Geist hat, der ist eine neue Kreatur.

3 *

Das muß die Grundlage unserer Gemeinschaft sein, aber hierüber kann es nun gar mancherlei verschiedene Ansichten geben, von denen die einen der Wahrheit näher, die andern aber ferner sind. Wir werden immer diejenige für die richtigste ansehen müssen, welche am meisten dem Geist des ganzen Evangeliums entspricht, und am wirksamsten sich in der Heiligung des Menschen beweiset; denn nur die Wahrheit hat diese Kraft und diese Macht über das Menschenherz. Man kann wol christliche Worte haben, aber es sind vielleicht Worte ohne Geist, Bruchstücke aus dem Ganzen des Christenthums — diese bleiben todt und lassen den Menschen in seinem alten Zustand ruhig liegen. Nur wer den Kern gefunden und sich angeeignet hat, der hat damit das Arzneimittel gefunden, welches ihn wieder gesund machen kann. Er ist freilich bitter, und schmeckt dem natürlichen Menschen, welcher nur das Süße liebet, unangenehm. Dieser wirft ihn daher nicht selten von sich, und gibt sich mit der Schale zufrieden, die er auf seine Weise sich zubereitet, so daß es ihm schmeckt und wohlgefällt, aber auch kein Haar groß an ihm ändert. Das thun alle die, welche nur den Buchstaben nehmen ohne den Geist, oder den äußern Schein ohne den Buchstaben und ohne den Geist, so daß weder das Wort des Herrn noch das Herz des Menschen eine rechte Achtung finden kann.

Man würde aber das Unmögliche fordern und einem Prediger schwer Unrecht thun, wenn man von ihm fordern wollte, daß er von Anfang an das Evangelium gerade in der Weise und mit der Kraft verkündige, die erst möglich ist, wenn lange Jahre Nachdenken und Erfahrung hinter ihm liegen. Mit voller Wahrheit und daher mit Lebendigkeit kann Einer nur von dem reden, was er selbst in seinem eignen Herz und Gemüth erlebt hat. Will man, indem man dieses Naturgesetz, an das ein Jeder gebunden ist, nicht beachtet, der göttlichen Ordnung zuwider, von Einem ein gewisses äußeres Bekenntniß fordern, das ihn nach allen Seiten hin einschränkt und bindet, so macht man entweder einen Heuchler aus ihm oder treibt ihn nothwendig von einem Berufe ab, zu dem ihn Gott mit mancherlei Gaben ausgerüstet hatte. So lange daher Einer nicht geradezu vom Evangelium abgeht und bloße Moral predigt, und so lange er wenigstens auf Jesum hinweist, von dem das Heil für den Menschen und die Menschheit gekommen sei, so lange werden wir uns zufrieden geben müssen und können. Und damit lassen wir ihm für seine Gedanken Spielraum genug, denn die Vermittelung, welche wir an Christo haben, kann auf mehr als Eine Weise gedacht werden. Je mehr Einer in der Erkenntniß der Wahrheit, in der Kenntniß des Menschenlebens und der göttlichen Offenbarung, fortschreitet, desto mehr wird er die Vermittelung Christi auf diejenige Weise fassen, welche allerdings die reinste und allein richtige ist. Man vertraue nur dem heiligen Geiste, welcher in der Gemeinde lebt und wirksam ist. Statt in Leidenschaft und Unwillen gegen Irrende oder Schwache zu entbrennen, rege man vielmehr die schlummernden Lebenskräfte an, durch Gebet, Ermahnung und Beispiel. Es braucht Geduld, denn ein jeder Mensch hat seine Wege, doch der wahren Liebe widersteht auf die Länge kein Menschenherz; aller Anfang aber ist schwer.

Daß wir in unserer Kirchengemeinschaft Menschen von allerlei Art und Weise dulden *), hat seinen nächsten und einfachsten Grund in dem, daß wir unserm HErrn und Erlöser folgen sollen und nicht wollen weiser sein als Er, da Er im Gleichniß vom Unkraut unter dem Weizen deutlich genug sagt, was mit denen zu thun sei, die man für Unkraut anzusehen pflegt. Wir sollen sie stehen lassen bis zum Tag der Ernte, da dann der HErr selbst über sie Gericht

*) Wie weit dieser Grundsatz gehe — davon später.

halten wird. Man könnte aber vielleicht denken, daß das ja noch kein Ausrotten sei, wenn man sie aus der kirchlichen Verbindung stößt, denn da bleibe immer noch das Leben und der allgemeine Verkehr der Menschen übrig, und somit Gelegenheit für einen Jeden, der Wahrheit sein Ohr zu leihen und Buße zu thun; nur zur eigentlichen Kirchengemeinschaft könne er nicht gerechnet werden, weil das ja nicht eine Gemeinschaft sei, der man nur äußerlich angehören müsse, um genug gethan zu haben, sondern bei welcher es vielmehr allein nur darauf ankomme, daß Einer lebendig und eifrig sei — nur Wenige, aber Rechte, sei besser als Viele und Schlechte.

So könnten Viele zu denken geneigt sein; aber so wahr dieses an und für sich auch sein mag, so vergessen sie doch noch Anderes, was dazu gehört. Gesetzt, es werde Einer aus der Gemeinschaft ausgeschlossen; kann er dann gehindert werden, in die Kirche zu gehen und die Predigt anzuhören? Es dürfte weder leicht möglich noch auch räthlich sein. Ja, kann er gehindert werden zum Tisch des HErrn zu gehn? Man wird vielleicht denken: ohne alle Schwierigkeit. Aber läßt es sich denken, ohne daß es ein Aergerniß verursachen würde? Selbst wenn man ein jedes Mitglied, welches im Sinne hat zur heil. Kommunion zu gehen, zwingen wollte, sich vorher bei'm Pfarrer anzumelden, würde denn damit einem Einzelnen nothwendig der Riegel gestoßen sein, daß er zum Abendmahl käme? Freilich ließe sich allerdings denken, daß der Pfarrer dem Ungeweihten das Abendmahl versagen und ihn abweisen würde mitten im Heiligthum und in der heiligen Handlung selber! Dieses aber scheint sich nicht so ganz zu ziemen; denn der Heiland ladet ja Alle zu Seiner heiligen Tafel ein, die Seine Erscheinung lieb haben und von Herzen Buße thun. Und wer ist ein gültiger Richter, daß er wissen und sagen könnte, sowol wer wirklich zum Unkraut gehöre, als wer von Herzen Buße gethan *)? Darum hat auch nicht umsonst unser HErr gesagt: wer bist du, der du den Andern richtest? ziehe zuvor den Balken aus deinem Auge, ehe du den Splitter aus dem Auge deines Bruders zu ziehen dir anmaßen willst!

Und so ist denn offenbar, daß es nicht so leicht möglich wäre, in der That und Wahrheit Einen aus der Gemeinschaft der Kirche hinauszuwerfen, wenn man nicht anderes, größeres Unrecht begehen will. Damit erhellet denn auch zugleich, daß jenes Gleichniß allerdings auf die Kirche zu deuten ist.

Und das ist so nach aller Weisheit Gottes geordnet, denn einerseits will Er uns damit auf die Probe setzen, weil es an dem Starken ist die Schwachen zu tragen, anderseits soll eben dadurch der Irrende Anlaß bekommen, recht oft und dringend gemahnt zu werden, und zwar von der kirchlichen Behörde aus. Indessen gibt es auch Fälle, wo man den Verstockten nur mit Strenge und einiger (nicht physischer) Gewalt zum Bewußtsein bringen kann. Wie, wenn alles Mahnen und Warnen nicht hilft? Wir sollen verzeihen nicht nur sieben Mal, sondern siebenzig Mal sieben Mal. Darum eben müßte auch bei der augenblicklichen Ausschließung unsere Liebe immer bereit sein, dem Reuenden zu verzeihen und ihn wieder aufzunehmen. Und scheint das Uebel nicht mehr geheilt werden zu können, scheint es, daß an Einem verzweifelt werden müsse, so muß sich das nothwendig in seinem ganzen Leben offenbaren. Der Verfall seines bürgerlichen Lebens wird daher berechtigen und nöthigen, Mittel der Gewalt gegen ihn in Anwendung zu bringen, nämlich so weit daß man ihm die Macht entzieht, die jeder freie Mensch besitzt, und ihn unter genaue Aufsicht stellt oder gar der Freiheit beraubt. Dann kann und muß alles Ernstes an seiner Seele gearbeitet werden.

---

*) Wiefern etwa — davon später.

Daß es Fleisch und Blut angenehm sein mag, nur mit Solchen zu verkehren oder in Gemeinschaft zu leben, von denen man weiß, daß sie in gleicher Gesinnung stehn und uns herzlich lieb haben, das ist klar. Ungleich schwerer ist die Aufgabe, gegen Alle Liebe zu beweisen, und sich zu Allen zu erniedrigen, wie tief sie auch gefallen seien, und sollten es selbst unsere erklärtesten Feinde oder Gegner sein. Da gilt es, daß wir das Kreuz auf uns nehmen, welches der HErr beschlossen hat uns aufzulegen, und es in heiliger Nachfolge Christi tragen mit aller Geduld. Was hindert dann, daß diejenigen, welche ein Bedürfniß haben, noch außer dem gesetzlich und ordentlich bestehenden Gottesdienste zusammenkommen, und ihre Gedanken und Empfindungen einander mittheilen in Rede und Gesang und Flehen? Da mögen sich denn jedes Mal diejenigen zusammenfinden, welche einen besondern Zug des Herzens zu einander fühlen, oder durch die Ordnung des Lebens an einander gewiesen sind.

Aber, höre ich fragen, mit dem Allem ist uns noch Eines nicht beantwortet oder erklärt: was doch so deutlich in der Schrift geschrieben und als unumstößliche Thatsache da steht, das ist das Wort des HErrn und das Beispiel des Apostels Paulus.

Unser Heiland sagt nämlich, daß Er dem Petrus und den Aposteln die Macht ertheile, das Himmelreich auf- und zuzuschließen; und Er scheint damit sagen zu wollen, daß sie das Recht haben sollten, neue Mitglieder in die Gemeinde der Gläubigen aufzunehmen, oder aber dieselben auszuschließen. (Matth. XVI, 19. XVIII, 18. vgl. Joh. XX, 22. 23.) Es ist aber damit nicht nothwendig gesagt, daß solche, die einmal aufgenommen waren, wieder ausgeschlossen werden sollen und dürfen. Selbst das Wort in Matth. XVIII, 15—17: „Sündiget dein Bruder an dir, so gehe hin, und strafe ihn zwischen dir und ihm alleine u. s. f.," schließt

werfen unserer Gemeinschaft Dinge vor, die nicht in der Wahrheit gegründet sind, oder nehmen von Dingen Anlaß und Grund der Trennung, die es wahrlich nicht sein können. Und was? Sie sagen, es sei uns kein rechter Ernst mit dem Reiche Gottes unsers Erlösers; denn wir dulden alle Schlechten und Gottlosen unter uns, und lassen sie sogar am heil. Abendmahl Theil nehmen, und üben gar keine Kirchenzucht aus — auch werden Prediger geduldet, die nicht das reine Evangelium, nicht den Glauben an Christum als der Sünder Heiland und als den Gottessohn verkündigen, sondern allerlei Lehren predigen, die nichts denn Menschensatzung und verborgener Unglaube sind.

Was das Letzte anbetrifft, so haben sie da am meisten Schein für sich; denn das muß allerdings von jedem Diener der Kirche gefordert werden, daß er eben ein Diener der Kirche, und nicht ein Herr der Kirche sei, welcher schalten und walten könne, wie es ihm gefällt. Sie haben ein Recht zu fordern, daß die Kanzel nicht soll der Tummel- und Taumelplatz menschlicher Einfälle und Leidenschaften sein, welche nichts als Unordnung anrichten und die Gewissen verwirren. Aber wer will alle Freiheit und Verschiedenheit vernichten, um eine völlige Gleichheit und Einheit hervorzubringen? So lange in der Erforschung und Auslegung der Bibel fortgefahren werden muß, so lange wird es verschiedene Ansicht geben können; aber darin sollen Alle zusammenstimmen, welche Verkündiger des Evangeliums sein wollen, was den Grund und Hauptinhalt desselben ausmacht, einerseits daß wir Menschen alle Sünder sind und der Erlösung bedürfen, anderseits daß diese Erlösung uns in Christo Jesu erschienen sei, als eine Offenbarung der Gnade, die im Glauben angenommen werden muß, einem Glauben, der sich in den Werken der Liebe und des Friedens beweist, denn wer in Christo ist und Seinen Geist hat, der ist eine neue Kreatur.

Das muß die Grundlage unserer Gemeinschaft sein, aber hierüber kann es nun gar mancherlei verschiedene Ansichten geben, von denen die einen der Wahrheit näher, die andern aber ferner sind. Wir werden immer diejenige für die richtigste ansehen müssen, welche am meisten dem Geist des ganzen Evangeliums entspricht, und am wirksamsten sich in der Heiligung des Menschen beweiset; denn nur die Wahrheit hat diese Kraft und diese Macht über das Menschenherz. Man kann wol christliche Worte haben, aber es sind vielleicht Worte ohne Geist, Bruchstücke aus dem Ganzen des Christenthums — diese bleiben todt und lassen den Menschen in seinem alten Zustand ruhig liegen. Nur wer den Kern gefunden und sich angeeignet hat, der hat damit das Arzneimittel gefunden, welches ihn wieder gesund machen kann. Er ist freilich bitter, und schmeckt dem natürlichen Menschen, welcher nur das Süße liebet, unangenehm. Dieser wirft ihn daher nicht selten von sich, und gibt sich mit der Schale zufrieden, die er auf seine Weise sich zubereitet, so daß es ihm schmeckt und wohlgefällt, aber auch kein Haar groß an ihm ändert. Das thun alle die, welche nur den Buchstaben nehmen ohne den Geist, oder den äußern Schein ohne den Buchstaben und ohne den Geist, so daß weder das Wort des Herrn noch das Herz des Menschen eine rechte Achtung finden kann.

Man würde aber das Unmögliche fordern und einem Prediger schwer Unrecht thun, wenn man von ihm fordern wollte, daß er von Anfang an das Evangelium gerade in der Weise und mit der Kraft verkündige, die erst möglich ist, wenn lange Jahre Nachdenken und Erfahrung hinter ihm liegen. Mit voller Wahrheit und daher mit Lebendigkeit kann Einer nur von dem reden, was er selbst in seinem eignen Herz und Gemüth erlebt hat. Will man, indem man dieses Naturgesetz, an das ein Jeder gebunden ist, nicht beachtet, der göttlichen Ordnung zuwider, von Einem ein gewisses äußeres Bekenntniß fordern, das ihn nach allen Seiten hin einschränkt und bindet, so macht man entweder einen Heuchler aus ihm oder treibt ihn nothwendig von einem Berufe ab, zu dem ihn Gott mit mancherlei Gaben ausgerüstet hatte. So lange daher Einer nicht geradezu vom Evangelium abgeht und bloße Moral predigt, und so lange er wenigstens auf Jesum hinweist, von dem das Heil für den Menschen und die Menschheit gekommen sei, so lange werden wir uns zufrieden geben müssen und können. Und damit lassen wir ihm für seine Gedanken Spielraum genug, denn die Vermittelung, welche wir an Christo haben, kann auf mehr als Eine Weise gedacht werden. Je mehr Einer in der Erkenntniß der Wahrheit, in der Kenntniß des Menschenlebens und der göttlichen Offenbarung, fortschreitet, desto mehr wird er die Vermittelung Christi auf diejenige Weise fassen, welche allerdings die reinste und allein richtige ist. Man vertraue nur dem heiligen Geiste, welcher in der Gemeinde lebt und wirksam ist. Statt in Leidenschaft und Unwillen gegen Irrende oder Schwache zu entbrennen, rege man vielmehr die schlummernden Lebenskräfte an, durch Gebet, Ermahnung und Beispiel. Es braucht Geduld, denn ein jeder Mensch hat seine Wege, doch der wahren Liebe widersteht auf die Länge kein Menschenherz; aller Anfang aber ist schwer.

Daß wir in unserer Kirchengemeinschaft Menschen von allerlei Art und Weise dulden *), hat seinen nächsten und einfachsten Grund in dem, daß wir unserm HErrn und Erlöser folgen sollen und nicht wollen weiser sein als Er, da Er im Gleichniß vom Unkraut unter dem Weizen deutlich genug sagt, was mit denen zu thun sei, die man für Unkraut anzusehen pflegt. Wir sollen sie stehen lassen bis zum Tag der Ernte, da dann der HErr selbst über sie Gericht

*) Wie weit dieser Grundsatz gehe — davon später.

halten wird. Man könnte aber vielleicht denken, daß das ja noch kein Ausrotten sei, wenn man sie aus der kirchlichen Verbindung stößt, denn da bleibe immer noch das Leben und der allgemeine Verkehr der Menschen übrig, und somit Gelegenheit für einen Jeden, der Wahrheit sein Ohr zu leihen und Buße zu thun; nur zur eigentlichen Kirchengemeinschaft könne er nicht gerechnet werden, weil das ja nicht eine Gemeinschaft sei, der man nur äußerlich angehören müsse, um genug gethan zu haben, sondern bei welcher es vielmehr allein nur darauf ankomme, daß Einer lebendig und eifrig sei — nur Wenige, aber Rechte, sei besser als Viele und Schlechte.

So könnten Viele zu denken geneigt sein; aber so wahr dieses an und für sich auch sein mag, so vergessen sie doch noch Anderes, was dazu gehört. Gesetzt, es werde Einer aus der Gemeinschaft ausgeschlossen; kann er dann gehindert werden, in die Kirche zu gehen und die Predigt anzuhören? Es dürfte weder leicht möglich noch auch räthlich sein. Ja, kann er gehindert werden zum Tisch des HErrn zu gehn? Man wird vielleicht denken: ohne alle Schwierigkeit. Aber läßt es sich denken, ohne daß es ein Aergerniß verursachen würde? Selbst wenn man ein jedes Mitglied, welches im Sinne hat zur heil. Kommunion zu gehen, zwingen wollte, sich vorher bei'm Pfarrer anzumelden, würde denn damit einem Einzelnen nothwendig der Riegel gestoßen sein, daß er zum Abendmahl käme? Freilich ließe sich allerdings denken, daß der Pfarrer dem Ungeweihten das Abendmahl versagen und ihn abweisen würde mitten im Heiligthum und in der heiligen Handlung selber! Dieses aber scheint sich nicht so ganz zu ziemen; denn der Heiland ladet ja Alle zu Seiner heiligen Tafel ein, die Seine Erscheinung lieb haben und von Herzen Buße thun. Und wer ist ein gültiger Richter, daß er wissen und sagen könnte, sowol wer wirklich zum Unkraut gehöre, als wer von Herzen Buße gethan *)? Darum hat auch nicht umsonst unser HErr gesagt: wer bist du, der du den Andern richtest? ziehe zuvor den Balken aus deinem Auge, ehe du den Splitter aus dem Auge deines Bruders zu ziehen dir anmaßen willst!

Und so ist denn offenbar, daß es nicht so leicht möglich wäre, in der That und Wahrheit Einen aus der Gemeinschaft der Kirche hinauszuwerfen, wenn man nicht anderes, größeres Unrecht begehen will. Damit erhellet denn auch zugleich, daß jenes Gleichniß allerdings auf die Kirche zu deuten ist.

Und das ist so nach aller Weisheit Gottes geordnet, denn einerseits will Er uns damit auf die Probe setzen, weil es an dem Starken ist die Schwachen zu tragen, anderseits soll eben dadurch der Irrende Anlaß bekommen, recht oft und dringend gemahnt zu werden, und zwar von der kirchlichen Behörde aus. Indessen gibt es auch Fälle, wo man den Verstockten nur mit Strenge und einiger (nicht physischer) Gewalt zum Bewußtsein bringen kann. Wie, wenn alles Mahnen und Warnen nicht hilft? Wir sollen verzeihen nicht nur sieben Mal, sondern siebenzig Mal sieben Mal. Darum eben müßte auch bei der augenblicklichen Ausschließung unsere Liebe immer bereit sein, dem Reuenden zu verzeihen und ihn wieder aufzunehmen. Und scheint das Uebel nicht mehr geheilt werden zu können, scheint es, daß an Einem verzweifelt werden müsse, so muß sich das nothwendig in seinem ganzen Leben offenbaren. Der Verfall seines bürgerlichen Lebens wird daher berechtigen und nöthigen, Mittel der Gewalt gegen ihn in Anwendung zu bringen, nämlich so weit daß man ihm die Macht entzieht, die jeder freie Mensch besitzt, und ihn unter genaue Aufsicht stellt oder gar der Freiheit beraubt. Dann kann und muß alles Ernstes an seiner Seele gearbeitet werden.

---

*) Wiefern etwa — davon später.

Daß es Fleisch und Blut angenehm sein mag, nur mit Solchen zu verkehren oder in Gemeinschaft zu leben, von denen man weiß, daß sie in gleicher Gesinnung stehn und uns herzlich lieb haben, das ist klar. Ungleich schwerer ist die Aufgabe, gegen Alle Liebe zu beweisen, und sich zu Allen zu erniedrigen, wie tief sie auch gefallen seien, und sollten es selbst unsere erklärtesten Feinde oder Gegner sein. Da gilt es, daß wir das Kreuz auf uns nehmen, welches der HErr beschlossen hat uns aufzulegen, und es in heiliger Nachfolge Christi tragen mit aller Geduld. Was hindert dann, daß diejenigen, welche ein Bedürfniß haben, noch außer dem gesetzlich und ordentlich bestehenden Gottesdienste zusammenkommen, und ihre Gedanken und Empfindungen einander mittheilen in Rede und Gesang und Flehen? Da mögen sich denn jedes Mal diejenigen zusammenfinden, welche einen besondern Zug des Herzens zu einander fühlen, oder durch die Ordnung des Lebens an einander gewiesen sind.

Aber, höre ich fragen, mit dem Allem ist uns noch Eines nicht beantwortet oder erklärt: was doch so deutlich in der Schrift geschrieben und als unumstößliche Thatsache da steht, das ist das Wort des HErrn und das Beispiel des Apostels Paulus.

Unser Heiland sagt nämlich, daß Er dem Petrus und den Aposteln die Macht ertheile, das Himmelreich auf- und zuzuschließen; und Er scheint damit sagen zu wollen, daß sie das Recht haben sollten, neue Mitglieder in die Gemeinde der Gläubigen aufzunehmen, oder aber dieselben auszuschließen. (Matth. XVI, 19. XVIII, 18. vgl. Joh. XX, 22. 23.) Es ist aber damit nicht nothwendig gesagt, daß solche, die einmal aufgenommen waren, wieder ausgeschlossen werden sollen und dürfen. Selbst das Wort in Matth. XVIII, 15—17: „Sündiget dein Bruder an dir, so gehe hin, und strafe ihn zwischen dir und ihm alleine u. s. f.," schließt dieses nicht nothwendig in sich, denn ihn für einen Heiden und Zöllner halten, wenn er auch der Gemeinde kein Gehör mehr geben will, heißt nichts anderes als ihn ansehen als Einen, welcher sich selbst abtrennt und keine Gemeinschaft des Glaubens mehr anerkennt, ähnlich wie der Apostel auch die Ehescheidung von einem Ungläubigen zugibt 1. Kor. VII, 15: „So der Ungläubige sich scheidet, so laß ihn sich scheiden," wo es also sein eigner Wille ist, nämlich dessen, der sich trennt, denn zu einer sittlichen Gemeinschaft kann kein Mensch mit Gewalt gezwungen werden. Und somit liegt in allen diesen Worten nichts anderes als die Erklärung des HErrn, daß Er den Petrus und seine Gefährten für die wahren Nachfolger und für die Fortpflanzer der neuen Gemeinschaft in Gott, also für seine echten Apostel ansehe und angesehen wissen wolle. Denn jenes Wort im Evang. Johannis (XX), das von Sündenvergebung spricht, kann und darf nicht so verstanden werden, wie es die römische Kirche versteht, daß es nämlich ein Vergeben dessen bezeichne, was im eigentlichen Sinne des Wortes Sünde heißt; weil dazu göttliche Allwissenheit und göttliche Allmacht nöthig wäre, die kein Mensch auf Erden besitzt und auch Keinem übertragen werden konnte oder kann. Hingegen bezeichnet der Ausdruck Sünde wol auch eine äußere That als Abfall von Gott oder ein Vergehen, welches das wirkliche Zeichen und Zeugniß der Sünde ist, die in der Tiefe des Herzens vor sich ging, in dem Sinne, wie auch die die Zöllner als Sünder gelten mußten. Somit kömmt das Wort auf das zurück, daß die Apostel die Vollmacht haben sollten, als eigentliche Stellvertreter Christi auf Erden und Leiter der Gemeinde des HErrn, in die Gemeinschaft aufzunehmen oder aber nicht aufzunehmen, wen sie dazu für tüchtig und würdig erkannten. Und so mußte es sein, sobald das unsichtbare Gottesreich unter den Menschen eine sichtbare Gestalt annehmen sollte, wie das ja auch wirklich nöthig war, weil der Geist des HErrn überall der äußern Mittel bedarf, durch die Er sich Andern mittheilen und auf sie übergehen kann. Und so ist auch klar, wie das ein Sündenvergeben heißen konnte, weil die eigentliche und wahre Sündenvergebung nicht anders erlangt werden kann als dadurch daß man mit dem Geiste Christi in Berührung tritt, und dieser Geist eben überall nur da sich findet, wo eine Gemeinde von Gläubigen ist, die in mittelbarer oder unmittelbarer Abkunft von Christo oder seinen Aposteln steht, sei sie nun groß oder klein, denn wo zwei oder drei in Seinem Namen versammelt sind, da will Er mitten unter ihnen sein.

Das Andere, auf welches man sich zu berufen pflegt, um die Nothwendigkeit der Ausschließung (Exkommunikation) zu begründen, ist die Thatsache, welche uns erzählt wird 1. Kor. V, wo von der Ausstoßung eines Blutschänders die Rede ist. Daß Blutschande zu den allergröbsten Vergehen gerechnet werden muß, braucht nicht erst bewiesen zu werden, denn dawider empört sich nicht allein der ganze Christensinn, sondern schon das natürliche Ehr- und Schamgefühl. Wenn wir nun dazu nehmen, wie in jener Zeit, wo die Christengemeinde erst anfing sich zu bilden, mitten in einer Welt voll Widersacher, es besonders nöthig erschien, sich gegen diese Feinde zu verwahren und ihnen keinen gegründeten Anlaß, auch nicht einmal einen Schein zu bieten, den sie ergreifen konnten, um der jungen Kirche einen bösen Streich zu versetzen; so begreift man es, daß ganz vorzügliche Strenge vonnöthen war. Aber das Urtheil, welches über den groben Sünder von der Gemeinde und von dem Apostel ausgesprochen wurde, reichte hin, um jeden Verdacht des Vorschubs oder der Nachsicht von der Kirche abzuweisen; und so konnte denn auch hier der wahre Geist des HErrn, welcher nicht den Tod des Sünders will, sondern nur daß er sich bekehre und lebe, in Wirksamkeit treten, denn 2. Kor. II wird nun gesagt, daß dem Verirrten vergeben werden könne und solle, „auf daß wir nicht übervortheilet werden vom Satan" (Vs. 11). Und das mußte besonders berücksichtigt werden; denn was wurde dadurch bewirkt, daß man Einen aus der Gemeinde ausschloß? Nichts anderes als daß man ihn nöthigte, sich einer andern Gemeinschaft anzuschließen, und das war die Welt, denn eine andere gab es nicht, und ohne Gemeinschaft leben kann der Mensch nicht. Was wurde aber dadurch anderes bewirkt als daß ein solcher nun völlig zu Grunde ging! Und das konnte doch unmöglich der Wunsch und Wille des Apostels sein. Es muß somit als Grundsatz fest stehen, daß Keiner von der Gemeinschaft gänzlich und für immer ausgeschlossen werde, weil man an Keinem verzweifeln soll, und Jeder nur in der Gemeinschaft der Gläubigen wieder zum Glauben gelangen kann. Wer an einem Andern verzweifelt, gibt damit seinen eignen Glauben auf. Anders scheint es sich zu verhalten mit der Verweigerung des Abendmahls auf einige Zeit, so weit sie sich ausführen läßt ohne Aergerniß.

Und so ist denn offenbar, daß wir auf keine Weise den Separatismus zu beschönigen oder zu rechtfertigen vermögen, sondern vielmehr sagen müssen, daß in ihm die Liebe nicht ist, weil er nicht in der Wahrheit steht. Und so hat sichs denn auch stets in der Geschichte gezeigt, daß Sekten auf die Dauer nicht bestehen können, sondern zurückfallen in die Gesammtheit, aus der sie sich ausgeschieden hatten, wofern man sie nicht mit Gewalt verfolgt.

Noch viel weniger wird sich die Parthei behaupten lassen, welche man die Neutäufer nennt. Schon von den Wiedertäufern ist nicht zu begreifen, wie der Staat sie in seiner Mitte dulden kann, nicht wegen der Kirche, sondern um des Staates willen, weil, wer nicht in allen Stücken sich den Gesetzen des Staats unterwirft, nicht verdient dieses Staates Bürger zu heißen. Entweder nämlich stehen die Wiedertäufer im Recht oder sie stehen im Unrecht. Stehen sie im Recht, so soll der ganze Staat das zum Gesetz und zur Ordnung machen, was eben auch der Grund ihrer Trennung ist; stehen sie im Unrecht, so sollen sie, und wenn sie sonst auch die besten Leute wären, nicht länger sich der gemeinsamen Ordnung widersetzen, denn das ist Willkür. Wie aber mag ein Staat bestehen, ohne daß seine Bürger die Waffen ergreifen im Falle der Noth *)? Freilich wäre es besser, wenn alle Menschen und alle Völker der Erde mit einander im Frieden lebten, und alle ihre Zwistigkeiten ausgleichen würden ohne Gewalt — wir hoffen auch, es komme einst (vielleicht nach Jahrhunderten) eine Zeit, wo dieses als das Wort des HErrn in Erfüllung geht, so gewiß als das göttliche Reich über die ganze Erde sich ausbreiten wird — aber einsweilen ist dem leider noch nicht also, sondern es herrscht Streit auf Erden, und wo Einer angefallen wird, da ist die Nothwehr gegründet **). Darum müssen wir die Meinung der Wiedertäufer zwar für gut gemeint erklären, aber für eine solche, die einsweilen nicht erfüllbar ist, und so lange nicht wird erfüllt werden können, als das Böse nicht in jedem Menschenherzen, wenn nicht ganz getilgt, doch wird überwunden und gebunden sein. Oder hat unser Heiland den Stand der Krieger ab und weg erklärt? Der Krieg ist ein Uebel, und allem Uebel soll gewehrt werden, wie man einer Krankheit wehrt. Wo

*) Wenn Rußland bei fünf Millionen Sektirer in seinem Gebiete duldet, obgleich sie das Oberhaupt des Staates für den Widerchrist erklären, und sich also fortwährend in einem Zustand stiller Empörung befinden, so mag dies hingehen um der Größe des Staates willen, welcher eine solche Schwärmerei nicht zu achten hat, da er Mittel genug besitzt, sie im Nothfall zur Ruhe zu weisen.

**) Röm. XII, 18: ist es möglich, so viel an euch ist, so habt mit allen Menschen Frieden.

man sich dem Feinde durch Flucht entziehen kann, da mag es geschehen, nämlich da, wo Einzelne für sich selber Einzelnen gegenüber stehn, nicht aber da, wo es die Vertheidigung Anderer oder gar des Vaterlandes gilt — da soll Jeder sein Leben einsetzen, wenn es Gott so beschlossen hat.

Was die Neutäufer anbelangt, so richten die sich am meisten selber dadurch, daß ihr Mund voll Schmähung und Schimpf ist über diejenigen, von welchen sie ausgegangen sind, über die Kirche. Mag es auch mit ihrer sonstigen Gerechtigkeit und Zucht nicht so schlimm stehen, wie man behaupten will, so reicht das hin, was amtlich erwiesen ist, daß ihr Mund von Lieblosigkeit und Schande überströmt, denn wahre Christen lieben ihre Feinde, und hassen sie nicht; Schmähreden aber gehen nicht aus der Liebe, sondern aus dem Haß hervor. Sollte übrigens die Gesammtheit der Gläubigen, welche Glieder der Kirche sind, ihre Feinde sein? Wir werden, so lange wir in der Wahrheit bestehn, nie den Menschen hassen, sondern nur das Böse an ihm, aus Liebe zum Menschen, die sich darin beweist, daß sie in aller Demuth und Geduld sich seiner annimmt, und durch das Evangelium zur Erkenntniß dessen zu bringen sucht, was unser Aller Heil und Leben ist.

Und so bleibt als Letztes, was wir noch zu betrachten haben, das Sakrament.

Es ist bewunderungswürdig, mit welcher Richtigkeit von den seligen Reformatoren das, was göttliche Wahrheit ist und bleiben muß, erkannt wurde. Wir wollen zwar nicht unbillig sein und verkennen, was für ein schöner Sinn die katholische Kirche geleitet haben mag, als sie nach und nach neben unsern zwei Sakramenten noch fünf andere (die der Firmelung, der Beichte, der Ehe, der Priesterweihe und der letzten Oelung) erhob. Wir wollen die Wahrheit ehren, unter welcher Hülle sie auch verborgen sei; aber über dem Herzen steht der forschende Verstand, welcher

Wache hält. Dieser weist uns für das Sakrament auf einen viel engern Begriff und Kreis zurück; denn Sakrament der Kirche kann nur das sein, was zweierlei Merkmale an sich hat, einerseits daß es von J. Christo selbst gestiftet und eingesetzt worden sei, anderseits daß es sich unmittelbar auf alle Glieder der Kirche beziehe, denn das Sakrament ist das äußere und wesentliche Zeichen, daß ein Mensch ein Glied der christlichen Kirche sei. Wer keinen Theil mehr nimmt am Sakramente, der hat sich von der Kirche los erklärt. Es mag Einer sonst auch noch so ausgezeichnete Eigenschaften des Geistes oder des Herzens besitzen, wir werden ihn achten und schätzen, aber ein Glied der Kirche und ein Christ ist er nicht. Es mag auch sogar Einer der Predigt in der Kirche beiwohnen — denn der Zugang stehet Jedermann offen — wenn er keinen Theil am Sakramente nimmt, so gehört er nicht ganz zu uns. Das Sakrament ist eine Handlung, welche für den Menschen die höchste und heiligste ist auf Erden, denn in ihr und durch sie wird erst alles Andere lebendig und fromm und gut und wahr. Im Sakramente stellt sich der Gläubige in seiner doppelten Verbindung dar, in welcher er steht, mit J. Christo als dem Erlöser und HErrn, und mit den Gläubigen als den Miterlösten und Brüdern. Die letztere Verbindung faßt alle besondern Verbindungen des zeitlichen Lebens in sich, die zwischen den Ehegatten, zwischen den Eltern und Kindern, zwischen Geschwistern, zwischen Herren und Dienstboten, zwischen Obrigkeit und Volk u. s. f.; die erstere Verbindung geht über die Schranken der Zeit hinaus, und stellt den Menschen in die Ewigkeit hinein. Darum wird mit Recht das Sakrament ein Geheimniß (Mysterium) genannt, denn es begreift eine ganze Welt in sich. Und darum auch hat mit Recht ein Jeder eine so heilige Scheu vor dem Sakramente, denn sein Leben hängt daran. Oder könnte es für uns noch etwas geben außer

Christus und den Gläubigen? Ist nicht Christus der HErr der Welt? Sollen nicht alle Seelen sein eigen werden, und alle Zungen bekennen, daß Er der HErr sei?

Wir Protestanten haben also zwei Sakramente, aber sie sind eigentlich doch nur eins; denn die Bedeutung beider ist die selbige, nur daß die Taufe den Anfang bezeichnet, und das Abendmahl das Ende. Was beide bedeuten, ist die Einverleibung des Menschen mit der Gemeinde J. Christi, als der Darstellung des Reiches Gottes auf Erden. Der Unterschied ist, daß die heil. Taufe nur die Hoffnung ausdrückt, das heil. Abendmahl aber die Erfüllung. Es ist eine schöne, nicht genug anzuerkennende Ordnung unserer Kirche — diese Kindertaufe, und zwar gerade so, wie sie bei uns Reformirten geschieht.

Wir haben nicht den Irrthum der Wiedertäufer, welche die Kinder nicht taufen wollen, bis sie zur Erkenntniß gekommen sind. Sie berufen sich freilich dafür auf das Wort des HErrn: „Gehet hin in alle Welt, belehret (machet zu Jüngern) alle Völker, und taufet sie im Namen Gottes des Vaters, des Sohnes und des heil. Geistes!“ Man sieht auch hieraus, daß sie stets dem Buchstaben der Schrift nachzugehen pflegen. Sie haben aber auch noch etwas für sich, was besonders den Gleichgültigen unserer Zeit, die im Gewande der Aufklärung die Freiheit des Glaubens und Gewissens zu vertheidigen vorgeben und wirklich scheinen, ganz erwünscht sein dürfte: nämlich, daß man, wenn man ein unmündiges Kind taufe, folglich in die oder die Kirche aufnehme, damit über das Kind und sein inneres und äußeres Leben und Schicksal entscheide, ohne daß es sich widersetzen könne — man übe also einen Zwang aus; viel schöner, meinen sie, wäre es, wenn man wartete, bis das Kind erwachsen und reif sei, selbst zu urtheilen, ob es überhaupt einer frommen Gemeinschaft angehören wolle und welcher. Und wenn man dawider einwenden wollte, daß ja demungeachtet der Erwachsene über sich frei entscheiden, und die Fesseln abwerfen könne, die man ihm angelegt, da er ein Kind war; so könnten sie erwidern, daß es schon viel schwerer halte für den Menschen wieder los zu kommen, sobald er einmal in ein Joch gespannt oder in eine gewisse Denk- und Lebensweise eingewöhnt sei, sowol weil der Mensch durch die Erziehung leicht in eine gewisse Anschauungsweise hineingeführt wird, die ihm bis an seinen Tod eigen bleibt — man kennt ja jenen Aberglauben, man kennt jene Eitelkeit, man kennt den Weltsinn, wie er dem Menschen in der Jugend eingepflanzt wurde! — als auch weil man in der Regel nicht gerne Aufsehen macht, namentlich um des Glaubens willen, was doch immer der Fall ist, wenn Jemand von einer Kirche zur andern übertritt. Ganz anders verhielte es sich, wenn es Ordnung und Sitte wäre, daß ein Jeder sich erst im Alter der Mündigkeit entschiede, welcher Glaubensweise er folgen wolle als der ihm zusagenden, sowie er etwa dann auch seinen Beruf wählt, zu dem er am meisten Geschick und Neigung in sich fühlt. Wer muß nicht bekennen, daß dies sehr freisinnig klingt; denn da wäre nun auch aller und jeder Zwang beseitiget, und der Mensch seinem eigenen Gutfinden überlassen. Was wollte man mehr?

Allerdings bliebe da nichts mehr zu fordern und zu wünschen übrig! Man hätte den Menschen da, wo ihn heut zu Tage Viele so gerne haben möchten, nämlich daß sich Einer um Andere nichts mehr zu bekümmern hätte, Jeder für sich wäre, und Andere kein Recht und keinen Anspruch mehr auf ihn hätten als höchstens nur, wo es die äußerste Noth, nämlich die Selbsterhaltung der Einzelnen und Aller, forderte!

Das ist offenbar die Uebertreibung der Freiheit und Unabhängigkeit, die zu ihrem eignen Gegentheile wird: Statt der Ordnung und des Zusammenhangs wird überall Unordnung und Widerspruch sich erheben. Warum? Weil ein Jeder das Seine sucht und nur seinem eignen Kopf folgen will. Dieses ist die Selbstsucht, welche die Mutter alles Bösen und alles Uebels ist. Man kann Alles übertreiben, sowol die Abhängigkeit als die Unabhängigkeit, sowol die Freiheit als den Gehorsam. Hüte man sich vor Uebertreibung, denn sie erzeugt eitel Verderben. Was überall Noth thut, das ist Zusammenhang und Eintracht, denn nur in dieser liegt Kraft zu allen guten Werken, wie es Gott gefällt. Darum eben ist der Heiland auf Erden erschienen, daß Er Gemeinschaft stiftete unter den entzweiten und zerfallenen Menschenkindern, mittels der Erlösung von dem Joch der Sünde, welche Er uns zuwege gebracht hat durch sein Leiden und Sterben und Auferstehen, aus welchem der Geist hervorging, welcher der Grund des neuen Lebens ist, als Kraft der Wahrheit, die sich in der Liebe offenbart, jener Liebe, welche überall Gemeinschaft stiftet und Zusammenhang, zum Heil und Segen Aller. Es muß ein Zusammenhang und ein Gehorsam sein, denn sonst wäre Unordnung. Ja, wenn die Menschen Engel wären, dann würde sich Alles ohne Gesetz und ohne äußere Formen machen — es geschähe jedes Mal, was eben das Nöthigste wäre. Aber das sind wir nicht, so lange wir auf Erden wohnen, sondern mit mancherlei Sünde und Fehler behaftet, und überall der Formen bedürftig, die des Geistes Wegweiser und Werkzeuge sind.

Wie schön ist es daher, wenn der Mensch von seiner ersten Jugend an als Mitglied der christlichen Gemeinde und als Genosse des HErrn angesehen wird, und die Eltern deshalb ihren Willen zu erkennen geben. So oft Eltern ein Kind zur Taufe bringen, so sprechen sie damit ihr eigenes Glaubensbekenntniß aus. Schon das ist gut. Und was ist natürlicher, als daß die Eltern, die ja mit dem Kinde so eng verbunden sind, und für dessen leibliches und geistiges Wohl zu sorgen haben, wünschen, daß ihr Kind der gleichen

Segnung theilhaft werde, welche sie selbst genießen? Ist denn das ein Unrecht und eine Gewaltthat, wenn die Eltern ihre Kinder den Weg weisen, von dem sie die Ueberzeugung haben, daß er der richtige sei? Ist das Willkür und Despotismus, wenn Kinder dem Ziele zugeführt werden, welches ja das gemeinsame Ziel aller Menschen und das wahre Heil der Welt ist? Wie ist es möglich, daß ein Kind aufwachse zur Ehre Gottes seines Schöpfers, ohne daß Menschen sich seiner annehmen, und es leiten und erziehen? Wer entscheidet nun über die Art und Weise dieser Leitung billiger als die Eltern, unter der Aufsicht der Obrigkeit? Freilich wird jede Erziehung, die von Menschen geleitet wird, eine mehr oder weniger unvollkommene sein; aber eine unvollkommene muß doch immer für besser gelten als gar keine. Und so ist denn offenbar jener Vorwurf des Zwangs ein bloßer Schein, oder wenigstens ohne allen festen Grund, so gewiß als man die Jugend nicht sich ihr selbst überlassen darf. Wer hindert dann nachher in der That den Menschen, wenn er mündig geworden ist, sich auszusprechen und nach seinem Gewissen zu handeln? Wenigstens in unserm Lande, unter der Staatsverfassung, die wir haben, soll kein Mensch sich über Glaubens- oder gar Gewissenszwang beklagen dürfen! Darum könnten wir auch nie eine Zwangstaufe billigen, denn nur darüber haben Staat und Kirche ein Recht, daß die Eltern ihre Kinder nach Vermögen und Bedürfniß unterrichten lassen und erziehen. Dieses kann gehandhabt werden, auch wenn keine Taufe vorausgegangen ist — was wir freilich immer bedauern müßten; denn nur Schwärmerei oder ein irregeleitetes Gewissen verläßt diese schöne Ordnung der Kirche. Aber mit Gewalt die Eltern dazu zwingen widerstreitet dem Geist der Kirche.

Ebensowenig dürfen Nichtgetaufte in die Verzeichnisse der Getauften eingetragen werden, als ob man damit das unverlierbare Recht der Kirche aussprechen wolle, wie etwa die katholische Kirche ihre Bischöfe in partibus beibehält! Die Bürgerregister müssen den Kindern ihre bürgerlichen Rechte sichern. Das reicht hin, besonders wenn diese Register jährlich von Staatswegen untersucht werden.

Eine Frage bleibt aber noch, ob man denn wirklich auch ein Recht besitze, von dem Buchstaben der Vorschrift unsers Heilands abzugehen oder nicht?

Meine Ansicht ist gegenwärtig diese. Als unser HErr seinen Jüngern den Befehl gab, der Welt das Evangelium zu verkündigen und eine große Jüngerschaft zu stiften, durch Seine Kraft, mit Seinem Geist, in Seinem Namen; da mußte sowol Er als ein jeder seiner Gesandten sich an die Mündigen und Erwachsenen wenden, denn nur sie hatten die Macht und Freiheit über sich zu entscheiden, nicht die Kinder, welche überall unter dem Willen ihrer Eltern stehn.

Und da war es denn auch ganz natürlich, daß man zuerst das Wort verkündigte, ehe die Aufnahme in die neue Gemeinschaft (durch die Taufe) Statt finden konnte, denn ohne Erkenntniß war es unmöglich, daß eine Willensbereitheit in den Menschen entstand. Anders verhält es sich heut zu Tage unter uns: da besteht bereits eine Gemeinde des HErrn, und ihre Fortpflanzung geschieht nicht durch Missionarien oder Sendboten, wie unter Juden und Heiden, sondern durch die geordneten Lehrer der Jugend und des Volkes; aller Unterricht, soweit er das Herz angeht, ist christlich oder sollte wenigstens christlich sein, und so ist es denn auch von einem Jeden zu erwarten, daß er ein Christ werde, wenn er nicht an Geist oder Seele krank ist. Das Christwerden ist bei uns nicht dem Zufall überlassen, sondern nothwendig geordnet, wie es recht ist.

Gut! — höre ich sagen — aber damit ist doch noch nicht gerechtfertigt, warum man nicht mit der Taufe wartet, bis die Menschen mündig sind, wie es nach der Vorschrift des HErrn geschehen sollte.

4 *

Hierauf erwiedere ich erstens: daß schon in den ersten Zeiten der Kirche von den Aposteln selbst ganze Familien getauft wurden, worunter ohne allen Zweifel auch Kinder von allen Altern sich befinden mochten *);

zweitens, daß nirgends in der heil. Schrift die Kindertaufe verboten ist;

drittens, daß die Kindertaufe der christlichen Kirche an den Platz der Beschneidung bei den Israeliten trat, welche acht Tage nach der Geburt, also in frühstem Kindesalter des Menschen Statt fand;

viertens, daß die Taufe, wie die Beschneidung, weiter nichts ist als ein heiliges Zeichen (Symbol), das an dem Menschen selber nichts verändert, weder zum Guten noch zum Bösen, sondern seine Bedeutung vielmehr für die Eltern und die ganze Gemeinde hat — daher denn auch die Taufe auf diejenige Zeit des Lebens gesetzt werden kann, für welche sie am meisten Sinn und Bedeutung hat. Was sollte die Taufe noch, wenn die Kinder unterwiesen sind? Da empfangen sie ja das heilige Abendmahl. Wozu denn Taufe und Abendmahl zusammenfallen lassen? Wo das eine, da ist das andere nicht mehr nöthig, denn beide haben ja denselben Zweck und Sinn, und zwar so, daß der Jüngling, indem er das erste Abendmahl empfängt, damit vor der Gemeinde sein Glaubensbekenntniß ablegt, und darin also auch erklärt, daß das Gelübde, welches seine Eltern bei der Taufe ausgesprochen haben, nun an ihm erfüllt und somit ihre unmittelbarste Aufgabe vollendet sei. Schon diese Bedeutung zeigt, daß beide Sakramente der Zeit nach müssen weit auseinander gehalten werden, aber auch wenn man bedenkt, daß sie so ganz und gar nur einerlei Bedeutung haben, da wir ja in der Taufe auf Christi Tod getauft

*) Daß die Kinder von religiöser Berührung nicht ausgeschlossen wurden, dürfte auch aus Apost.-Gesch. XXI, 5 erhellen.

und auf die Wiedergeburt des geistigen Menschen eingeweihet werden, im Abendmahl aber mit unserm Herrn und Erlöser wie mit der ganzen Christengemeinde in die innigste und reinste Verbindung treten. Wie wäre denn da im Sinn noch ein wesentlicher Unterschied?

Fünftens, daß in allen Dingen, namentlich was die Bibel und das geistliche Leben anbetrifft, nicht allein der Buchstabe des einzelnen Wortes, sondern vielmehr noch der Geist des Ganzen muß in Betrachtung gezogen werden, also das, was der Sinn und Inhalt des ganzen Evangeliums und der Zweck des Christenthums ist. Die Kirche, die unser Heiland gegründet hat, ist ein Mittel des Heils, und so Alles, was zu dieser Kirche als Form gehört. Die Mittel aber müssen so eingerichtet werden, daß sie zum Zwecke führen. So ist auch die Taufe ein Mittel des Heils; aber es führt nur dann zum Zwecke, wenn es zunächst auf die Eltern bezogen und von ihnen zur Richtschnur ihres Verhaltens gegen die Kinder genommen wird. In den Jahren der Mündigkeit beweist der Christ seine Mitgliedschaft der Kirche nicht dadurch, daß er sich auf sein Getauftsein beruft, sondern dadurch daß er ununterbrochen am heiligen Abendmahle Theil nimmt. Mag Einer immerhin getauft sein, sobald er vom Abendmahl läßt, so erkennen wir daran, daß er abgestorben oder abgefallen ist.

Auf diese Gründe gestützt darf denn wol die Kirche die Taufe an den neugebornen Kindern vollziehen lassen, ohne gegen die Vorschrift und den Willen des HErrn sich zu vergehen. Kein Wunder denn, daß wir schon in der Mitte des dritten Jahrhunderts christlicher Zeitrechnung die Kindertaufen allgemein eingeführt finden. Mag auch ein Irrthum mit zu dieser Einführung beigetragen haben; im Irrthum selber liegt eine Wahrheit verborgen, das ist das lebendige Gefühl christlicher Frömmigkeit, aus welchem sich früher und später so viel Schönes erzeugt hat, in heiliger Sitte und heiliger Kunst.

Unsere reformirte Kirche hat aber in Betreff der Taufe nicht nur den Vorzug vor den Wiedertäufern, sondern auch vor den Katholiken und selbst vor den Lutheranern.

Die Katholiken nehmen bekanntlich allerlei sonderbare Dinge mit dem Täufling vor, die wir, so bedeutungsvoll sie auch sein mögen, doch nicht billigen können, theils weil es von unserm HErrn nicht vorgeschrieben ist, theils weil dergleichen vom ungebildeten Menschen gewöhnlich abergläubisch aufgefaßt wird, aller Aberglauben aber den Menschen entehrt und in Schaden bringt. Ich meine das Teufelaustreiben, das Bekreuzen, das Bestreichen mit Speichel, das Salz in den Mund legen. Woher aber dieses? Weil die Katholiken meinen, daß das Sakrament an und für sich in dem Menschen etwas bewirke, während wir Protestanten glauben, daß erst die Gesinnung etwas wirke, nämlich der lebendige Glaube an Christum als den Heiland der Welt. Daher hat denn auch die katholische Kirche die Meinung, daß ein ungetaufter Mensch als solcher nothwendig verdammt sei, und sie gibt auch den Hebammen die Vollmacht, neugeborne Kinder sogleich zu taufen, wenn die Wahrscheinlichkeit da ist, daß sie die Kirchentaufe nicht erleben werden. Diese sogenannte Nothtaufe kömmt auch noch bei den Lutheranern und überhaupt in der deutschen Kirche vor, wird aber heute von den meisten, auch zweifellos rechtgläubigen Lehrern, wie von der reformirten Kirche mit Recht verworfen.

Nirgends in der heil. Schrift wird der Taufe die Kraft zugeschrieben, den Menschen selig zu machen oder aber zu verdammen. Wenn unser Heiland sagt: „Wer da glaubt und getauft wird, der wird selig werden; wer aber nicht glaubt, der wird verdammt werden!“; so erhellet deutlich, daß das Verdammtwerden abhängt vom Nichtglauben, nicht aber vom Nichtgetauftsein. Dagegen das Seligwerden scheint Er nicht allein vom Glauben, sondern (in zweiter Linie) auch vom Getauftsein abhangen zu lassen; wenn man aber bedenkt, daß die Verdammniß das Gegentheil ist von der Seligkeit, und jenes durch das Nichtglauben bedingt ist, so ist offenbar, daß die Seligkeit auch nur durch das Gegentheil, nämlich das Glauben bedingt sein kann. Was thut denn aber die Taufe noch? Sie hilft zum Glauben, sofern sie eben den Eltern auf's allerheiligste auf's Gewissen bindet, daß sie ihre Kinder Gott zuführen sollen, und nicht der Welt. Und so ist denn offenbar, daß unser HErr die Taufe für nichts anderes angesehen wissen wollte als eben für ein Sinnbild, in welchem Sinne Er selbst sich von Johannes taufen ließ, wie es anders durchaus nicht möglich gewesen wäre.

So lehrt unser helvetisches Glaubensbekentniß, welches bald nach der Reformation (den 1. März 1566) abgefaßt wurde, ganz wahr und recht, daß die Taufe (überhaupt das Sakrament) eine äußere Versicherung und sichtbare Besiegelung der Gnadengaben sei, die wirkliche Mittheilung derselben aber, nämlich die Wiedergeburt und Erneuerung, geschehe (nicht durch das Sakrament, sondern) durch die heil. Schrift.

Eben so richtig wird beigefügt, daß wir durch das Sinnbild der Taufe (ebenfalls äußeres Zeichen) von allen andern Religionsweisen und Völkern abgetrennt und Gott zu seinem Eigenthum geweihet werden.

Und unser berühmter Bernersynodus (vom J. 1532) sagt, indem er aus der Lebendigkeit des Glaubens heraus die Sakramente nicht für bloße Zeichen (nämlich andere als die Zeichen und Sinnbilder der Welt) angesehen wissen will, in seiner urkräftigen Einfalt treffend: „Wir touffen unser Kind also, daß wir sy durch unser touffen zur Gemein Gottes von ussen annemmen, guter Hoffnung der Herr werde nach syner ewigen Güte hienach syn Ampt by inen ouch ußrichten, und sy mit dem heil. Geist warhaftig touffen.“

Wir sehen also, daß unsere Kirche weder behauptet, ohne die Taufe könne der heilige Geist nicht mitgetheilt werden, noch auch, daß mit der Taufe die Mittheilung des h. Geistes nothwendig verbunden sei; denn mit dem erstern widerspräche sie offenbaren Thatsachen aus der Zeit der ersten Kirche, wo erzählt wird, daß der h. Geist Einigen sei zu Theil geworden, ehe denn sie die Taufe empfangen hatten, und letztere stimmte weder mit der gewöhnlichen Erfahrung noch auch mit der Lehre des Evangeliums überein, denn die Mittheilung des h. Geistes hängt nicht von irgend einer Handlung der Menschen ab, sondern ist das Werk der freien Gnade Gottes, wie denn ja der Geist wehet, wo er will. Ohne den Geist aber ist keine Seele erlöst und versöhnt, denn nur wer den Geist hat, steht in der Kindschaft Gottes.

Darum drückt die Taufe das heilige Gelübde von Seite der Eltern aus und die Anwartschaft auf die göttliche Gnadenmittheilung von Seite des Kindes.

Um diejenigen Kinder also, welche vor der Taufe dahingenommen werden, sollen wir nicht bekümmert sein, so wenig als wir uns um die bekümmern können, welche schon in Mutterleib gestorben sind; denn sie sind ja alle in Gottes Hand, und ohne andere Sünde als die der Erbschaft, für die aber als solche keinerlei Zurechnung gilt.

Darum ist es zwar ein Beweis von einem frommen Sinne, wenn Eltern eilen ihre Kinder zur heil. Taufe zu bringen; aber irrthümlich ist dieser fromme Sinn, wenn ihm der Glaube zu Grunde liegt, daß damit des Kindes Seligkeit bereits gewonnen werde, denn das wäre römisch. Wenn dem also wäre, dann wäre es freilich leicht den Himmel zu erlangen; aber so hat es unser Heiland nicht gemeint, als er die Kinder zu sich rief und über sie die schöne Verheißung aussprach, daß ihrer das Himmelreich sei. Vielmehr haben wir die heil. Taufe so zu fassen, daß die Eltern ihr Kind damit in das Verzeichniß des himmlischen Bürgerreichs eintragen lassen, und also zu erkennen geben, daß das ihr Wunsch und Wille sei, soweit es von Menschen abhangen könne, daß ihr Kind dereinst die himmlische Bürgerschaft oder die göttliche Kindschaft auch (wie sie) empfangen möge, und daß sie hiezu das Ihrige beitragen wollen, so gewiß als der heil. Geist auch ihnen zu Theil geworden sei.

Auf diese Weise bekömmt die Sache offenbar ein ganz anderes Ansehen: die Eltern sprechen nämlich damit ihre eigne heiligste Gesinnung und Verpflichtung aus. Wird das gewöhnlich so angesehen? Dieses aber muß allen Eltern zu Gemüth geführt werden. Dann werden sie erstlich nicht mehr so eilen, und zweitens mit einer andern, ernstern Gesinnung zur Taufe kommen, als es leider gewöhnlich geschieht. Hier wird es namentlich recht fühlbar, wie tief der Katholizismus, nämlich das Heidenthum, noch in unserer evangelischen Kirche wurzelt. Daher denn auch kein Wunder, wenn das Christenthum bei uns keine bessern Früchte trägt.

Mit dieser Auffassung wird vorerst das gewonnen, daß die Eltern nicht mehr so sehr mit der Taufe eilen, indem sie meinen, sie müssen sogleich den achten Tag nach der Geburt das Kind zur Taufe tragen lassen. Wer weiß, wie vielen Kindern dadurch ein früher Tod ist zugezogen worden! Derjenigen, welche, indem sie Stunden weit hergebracht werden mußten, des Winters aus Vorsicht nur zu sehr eingehüllt wurden und so erstickten, will ich nicht einmal gedenken. Oder sollte ein Kindesleben nicht zu schätzen sein? Freilich gibt es Eltern, welchen blutwenig daran zu liegen scheint, ob ihr Kindlein erhalten werde oder nicht, wenn sie nur nach herkömmlicher Sitte gegen Gott und vor den Menschen ihre Schuldigkeit gethan haben, an dem Andern liegt ihnen wenig. So roh sind leider noch Viele im Volk!

Es wird ferner das gewonnen, daß auf diese Weise, indem man die Taufe einige Wochen (und im Nothfall selbst einen Monat und länger) aufschiebt, die Mutter des Kindes dann auch Theil nehmen kann an der heiligen Feier. Und wahrlich, wem gebührte billiger Weise ein näherer Antheil daran als eben ihr, die das Kindlein mit Schmerzen und mit Gefahr des eignen Lebens zur Welt geboren, und die es auch fürder nähren und pflegen soll, und welcher später der größte Theil der Sorge der Erziehung auffällt! Wie schön, wie rührend, wenn nun diese Mutter selbst im Hause Gottes mit erscheint, und durch ihre Gegenwart bezeugt, daß das so ihr Wille sei, und wenn sie durch ihr frommes Gebet auf sich und das theure Kind und die ganze Familie den göttlichen Segen herabfleht! Was für eine schönere Feier könnte es noch geben als so ein Tauffest? Namentlich sollte es dann Sitte werden, daß die Mutter selbst dem Priester *) ihr Kindlein zur Taufe böte, abgenommen würde von dem Vater — die Zeugen hätten weiter nichts als eben Zeugen, und im Nothfall Gehülfen zu sein.

Das Dritte und Letzte aber, welches mit dieser Auffassung gewonnen wird, und was wir als die Hauptsache ansehen müssen, ist das: daß auf diese Weise das Wesen der heil. Taufe erst in seiner rechten Kraft und Bedeutung erscheint.

In der Taufe nämlich wird das Kind ganz eigentlich emanzipirt, d. h. von der unbedingten Gewalt und Herr-

*) Man stosse sich nicht an diesem Namen; aber die Taufhandlung ist eine wirklich priesterliche, an welcher die Idee des Opfers hängt.

schaft der Eltern los und frei erklärt, und der Macht und Gewalt des Weltheilandes übergeben *). Es soll von nun an Sein eigen sein, und somit soll auch nur Sein Wille an ihm vollzogen werden. Damit ist menschlicher, elterlicher, obrigkeitlicher Willkür ein Ziel gesetzt. Die einzige Frage ist denn noch: was haben wir als den wahren Heilandswillen anzusehen? Und den vermag nur derjenige uns zu sagen, welcher einerseits die Wissenschaft von den göttlichen Dingen hat, anderseits die göttliche Liebe. Unser Taufgebot sagt es übrigens schon deutlich genug: „das Kind soll Christo seinem Erlöser und HErrn zugeführt werden;" folglich soll alle Erziehung desselben so sein, daß das Ende derselben die vollkommene Unterwerfung seines Willens unter den Willen Gottes seines HErrn, oder die gänzliche Vereinigung seines Sinnes und Herzens mit Christo dem Erlöser ist.

Damit ist nun offenbar aller Schulbildung und aller Hauszucht Ziel und Maß und Art gewiesen; und die Kirche hat das höchste Recht über die Kinder ihrer Gläubigen **).

*) Aehnlich lautet die Formel, welche in den ersten Zeiten der Kirche (nach den apostolischen Konstitutionen B. VII C. 41) der Täufling sprechen mußte: „Ich breche alle Gemeinschaft ab mit dem Satan, und seinen Werken, und seinen Aufzügen, und den verschiedenen Weisen ihm zu dienen, und seinen Boten, und seinen Ränken, und Allen, die unter ihm stehen." Dieses war der erste und verneinende Theil des Taufbekenntnisses, welches auf das Heidenthum deutet; der bejahende Theil spricht den Glauben an Vater, Sohn und Geist aus — unter dem zweiten fehlt aber der Artikel von der sogenannten Höllenfahrt — statt dessen sind andere Bestimmungen dabei.

**) Damit scheint denn auch entschieden zu sein, ob ein Pfarrer über seine Katechumenen ein besonderes Recht besitze, das sich nicht allein auf die Unterweisung, sondern auch auf ihren ganzen Lebenswandel bezieht — wie z. B. ob dieselben des Sonntags in die Wirthshäuser gehen dürfen u. dgl.

Das muß allen Eltern recht in's Klare gesetzt und an's Herz gelegt werden, auf daß sie wissen, wie ernst und wichtig und folgenreich die Taufhandlung sei. Wer sieht nicht, wie eben dadurch die ganze Tiefe und Heiligkeit der Kindertaufe an's Licht kömmt! Während das Kind noch hülflos und rechtlos in den Händen seiner Eltern da liegt, die leider oft noch roh genug sind, und während es höchstens gegen die gewaltsame Vernichtung seines Lebens von der weltlichen Obrigkeit geschützt wird, da hält die Kirche, als die heilige Mutter, die segnende Hand über dem Unmündigen, und wahret seine Rechte von den ersten Tagen seines Daseins an, wie ein Schutzengel, dem nur das Schwert des Cherubs fehlt.

So bekömmt die Willkür und Barbarei gewissenloser Eltern ein Ende, und jede vernünftige Schulordnung hiemit die rechtlichste Unterlage und die kräftigste Stütze. Und hieraus erhellet zugleich, wie eng der Zusammenhang von Staat und Kirche sei, wo es die Erziehung der Jugend gilt.

Die reformirte Kirche hat aber auch noch das vor der lutherischen und katholischen voraus, daß sie keinerlei Haustaufen zugibt, also diese heilige Handlung nicht für eine Privatsache, sondern für eine öffentliche Angelegenheit erklärt.

So ermahnt unser Bernersynodus (von übung des Touffs, C. 21), daß der Touffer syn Volk gewenne, zum Touf ihre Kind am Sonntag zu bringen, so die Gemein zugegen ist. So ist es ein Sakrament der Kilchen oder der Gemein, welche zwei Wörtlin wir für ein Ding, für das glöubig Völklin nennen. Darum soll es nit ohn die Kilchen zugegen gehändelt werden, denn so die Kilch nit zugegen ist, so ist der Touf nit ein Sakrament der Kilchen, sondern ein gemein Kinderbaden." Wahrer und

und treffender hätte man sich nicht aussprechen können, als mit diesen Worten geschieht.

Das Kind wird mit der Taufe eben Christo und seiner Gemeinde einverleibet (äußerlich), wie denn auch die nachfolgende geistliche Einverleibung nur als eine beidseitige angesehen werden darf; denn Niemand kann Christo angehören ohne der Gemeinde, so daß man vielmehr eben daran erkennt, ob Einer Christo wirklich angehöre, wenn er auch der Gemeinde angehört, denn „daran wird man erkennen, daß ihr meine wahren Jünger seid, so ihr Liebe habet unter einander." Vgl. 1. Joh. I, 5—7. Und so soll denn jede wahre Christentaufe eine öffentliche sein, d. h. eine solche, die nicht nur (wie bei uns leider in den Städten) in der Kirche, nämlich zum Nachmittagsgottesdienste oder gar nur für sich allein geschieht, sondern die vielmehr (wie auf dem Lande) feierlich vor versammelter Gemeine bei'm Morgengottesdienste vollzogen wird.

Das hat nicht nur einen christlich-dogmatischen, sondern auch noch einen kirchlich-politischen Grund, welcher darin besteht, daß die ganze Gemeine Zeuge sein soll des Gelübdes, welches die Eltern und mit ihnen die Taufpathen auf sich genommen haben. Aber nicht nur Zeuge soll die Gemeinde sein, sondern sie steht selber mit für den Täufling ein, und nimmt an dem Gelübde Theil, daß auch sie das Ihrige dazu beitragen wolle, auf daß der Wille des HErrn an diesem Kinde in Erfüllung gehe, wie denn ja wirklich jeder Mensch nur in der Gemeinschaft mit Andern und Allen zu seiner Bestimmung gelangen kann.

Was könnte es denn also auch von dieser Seite Schöneres und Feierlicheres geben als so ein in frommem Glauben und herzlicher Liebe gefeiertes Tauffest?

Daß es rathsam wäre, nur dann und wann die Taufe zu ertheilen, wie etwa in der katholischen Kirche nur von Zeit zu Zeit die Firmung (durch den Bischof) ertheilt wird, um das Fest dadurch feierlicher zu machen, zweifele ich sehr; denn das einzelne Kind träte dann doch gar zu sehr in den Hintergrund und verschwände in der Menge, während gerade das Bewußtsein, dieses und dieses Kind wird jetzt getauft, etwas besonders Bedeutsames hat.

Hingegen schiene mir zweckmäßig, was auch wirklich von einzelnen Pfarrern beobachtet wird, wenn mehrere Kinder zur Taufe gehalten werden, zwar jedes einzelne für sich zu taufen, aber den Segen nicht so über jedes einzeln, sondern über alle zusammen zu sprechen, weil die Wiederholung ermüdend und geisttödtend ist, eine Abänderung und Variation aber mancherlei ungehörige Gedanken hervorrufen kann, während doch ja der Segen nur Einer ist, sowie er allen zusammen gehört, und auch nicht anders als in Gemeinschaft genossen werden kann, denn im Reiche Gottes ist Alles gemein.

Daß der Pfarrer den Täufling auf seinen Arm nehme, scheint mir nicht nothwendig, vielmehr oft gefährlich zu sein — daher dieses wol mit Recht von einigen Pfarrern unterlassen wird.

Was wir nach der Taufe zu betrachten haben, das ist das heil. Abendmahl.

In diesem ist, ich möchte sagen, das ganze Christenthum, die Glaubenslehre und die Sittenlehre, zusammengefaßt *). Wer daher am heil. Abendmahle Theil nimmt, spricht damit aus, er glaube an das in J. Christo ihm und allen bußfertigen Sündern erschienene Heil, er glaube an Gott, der ihm Vater geworden durch den Sohn, und der ihm das Zeichen der Kindschaft gegeben in dem Geist, welcher allen Gläubigen mitgetheilt wird, nachdem sie wahrhaft Buße gethan.

*) So der Bernersynodus: „das Nachtmal des Herrn ist der ganz Handel der Gläubigen."

Der Bernersynodus betrachtet das Abendmahl nicht blos als ein Gedächtniß- oder Erinnerungsmahl, sondern als ein Sakrament der „Gemeinschaft und Vereinigung.“ Der Unterschied liegt wesentlich darin: daß jenes blos eine Sache des Verstandes, dieses aber eine Sache des Gemüthes ist. Im erstern Sinne könnte auch der Mahomedaner das Abendmahl mitfeiern, denn Christus hat für ihn auch einigen Werth, und zwar noch einen recht hohen, — er ist ihm ein Prophet — aber was wäre das für eine Feier! So feiert auch die Welt etwa ihre Gedächtnißfeste; aber kömmt dabei viel anderes zum Vorschein als daß sie sich einen fröhlichen Tag macht? Freilich, werden Manche denken, damit ist schon viel gewonnen; denn wenn sich der Mensch freuen kann, ist er schon für das Gute geöffnet.

Hiegegen muß ich mir erlauben einigen Zweifel auszusprechen; denn die Erfahrung lehrt, daß viel Volksfreude verderbliche Folgen hat. Die Freude an sich ist also weder zu loben noch zu tadeln, weil sie sowol eine gottlose sein kann als eine gottgefällige.

Mit dem Abendmahl aber wollen wir etwas im höchsten Sinne Gottgefälliges haben. Es soll einem Jeden eine lebendige Mahnung an seine eigne Sünde sein — das ist, was den dem Menschen angebornen Hochmuth dämpft — es soll aber auch eine lebendige Erinnerung der göttlichen Gnade sein — und das ist, was die niedergebeugte Seele aufrichtet, und allen unsern Gedanken die heilbringende Richtung gibt, nämlich auf Christum als das Haupt des Leibes, dessen Glieder wir sind, so viele ihn nämlich einen HErrn heißen. Es liegt also in dieser Ansicht vom heil. Abendmahle das, daß der Feiernde sich mit dem Gefeierten in eine lebendige Beziehung setzt, oder das Mahl selbst auf sein eigenes inneres Leben bezieht.

Schon hieraus erhellet, daß für jedes Glied der Kirche, welches mit ernster Vorbereitung, d. h. mit aufrichtigem

Schuldbewußtsein und sehnlichem Verlangen nach Gnade das heil. Abendmahl empfängt, dieses eine tiefe und nachhaltige Wirkung ausüben muß auf Herz und Gemüth. Das ist der Segen, welcher darin liegt. Dessen will ich nicht einmal gedenken, was noch Anregendes liegt im Bewußtsein, ja im Anblick der großen brüderlichen Gemeinschaft, in welcher die Gläubigen mit einander stehn, und im Gesang, Gebet und Worte Gottes, welches die Feier zu begleiten pflegt.

In dem Gesagten liegt offenbar, daß, wer ohne die innere ernste Heiligung zum Abendmahl nahet und es weltlich genießt, damit des Heiligsten spottet, was die Menschen haben, und die Mitfeiernden täuscht, vielleicht gar in ihrer Andacht stört, und sein Herz verhärtet und sich nichts als Verderben bereitet.

Es gibt Leute, die nichts glauben, als nur was sie vor Augen sehen und mit Händen greifen können; aber der Ewige läßt Seiner nicht spotten — Fluch und Segen stehn in Seiner Hand. Wer Augen hat zum Sehen, der erkennet sie beide.

Was nun die Art und Weise der Feier des Abendmahls anbetrifft, so wie sie unter uns Reformirten üblich ist, so müssen wir sie wol ohne alle Vorliebe für die zweckmäßigste halten, wie sie nur irgend gefeiert werden kann.

Vorerst ist es recht, daß wir das Abendmahl in beiden Gestalten feiern, mit Brod und Wein, wie es unser HErr verordnet hat, und nicht, wie die Katholiken thun, blos mit Brod; denn wir haben weder Grund noch Recht, etwas davon zu thun, sonst stellet es uns kein Mahl mehr dar, sondern es ist dann eben nur ein Essen.

Aberglauben auf der einen Seite und Ueberglauben auf der andern Seite haben die Katholiken dahin gebracht, das Abendmahl so zu entstellen. Ueberglaube ist es, daß sie meinen, Brod und Wein werde durch die Weihe des Priesters in den wirklichen Leib und in das wirkliche Blut Christi umgewandelt, so daß es nur sichtbar noch Brod und Wein, unsichtbar aber Leib und Blut sei. Aberglaube war es daher, daß sie meinten, wenn ein Tropfen des geweihten Weines verschüttet werde, so werde damit das Blut Christi selbst verschüttet, somit das Heiligste entweiht. Ueberglaube war es, daß sie, die Geschichte, d. h. die wirkliche Einsetzung des Abendmahls, wie sie geschah, bei Seite setzend, einzig und allein noch die Bedeutung der einzelnen Theile festhielten, und nun erklärten, daß, da im Leibe ja auch das Blut enthalten sei, folglich eben auch mit Fug und Recht das Brod allein genossen werden könne, indem in ihm beides enthalten sei.

Die Protestanten haben daher wohl daran gethan, das Abendmahl in beiden Gestalten wieder herzustellen.

Ob es weißer Wein sei oder aber rother, wie hie und da Sitte ist, daran kann wenig liegen. Nur muß es, wo immer möglich, Wein sein, und nicht ein anderes, von Menschen verfertigtes Getränke, wie Einige thun; denn die Frucht des Weinstocks hat, wie der Weinstock selber, einen biblisch geheiligten Sinn.

Eben so gleichgültig mag es sein, ob die Gefäße, in welchen der Wein dargeboten wird, von Gold oder Silber oder anderm Erze seien, oder aber, wie in Zürich geschieht, von Holz. Man unterstützt das Letztere mit der Einfachheit und Niedrigkeit, welche, wie sie überhaupt der Charakter des Christenthums sei, so besonders bei'm heil. Abendmahle recht und ganz hervortreten solle. Wir glauben aber, daß es hier vor Allem auf Reinlichkeit ankomme, welche uns bei metallenen Gefäßen eher möglich scheint als bei hölzernen. Sodann hat der wahre Geist des Christenthums weder Gold noch Silber noch ein anderes Metall je an und für sich für böse und verwerflich oder aber für gut erklärt, sondern die Gesinnung ist's, welche Alles heiliget. Und daher kommt es eben endlich vor Allem und wesentlich darauf an, daß Einer mit der rechten frommen Gesinnung feiere, so wird das Gefäß, sei es nun ehern oder hölzern, geheiligt sein. Was vermieden werden muß, ist nur der eigentliche Prunk. Wer wollte aber an unsern einfachen Bechern Anstoß nehmen?

Anders verhält es sich mit der Gestalt des Brodes.

Bei den Katholiken und bei den Lutheranern sind Oblaten (kleine in runden Formen gebackene Brodscheibchen) üblich; diese werden den Kommunikanten in den Mund gelegt. Wir Reformirte dagegen stellen einen großen in viereckiger Form gebackenen Laib ungesäuerten weißen Brodes auf den Abendmahlstisch — die Krume ist abgelöst, und der ganze Laib in schmale Stengelchen zerschnitten, der Bequemlichkeit wegen, weil es zuviel Umstände gäbe, den Laib erst vor den Augen der Gemeinde zu zerschneiden, sei es theilweise oder ganz. So wird nun Stengel um Stengel abgehoben, und dem Kommunikanten ein kleines Stücklein in Würfelsgröße abgebrochen und mitgetheilt. Dieser Laib ist das Sinnbild der Gesammtheit der Gemeinde — das Bild der Einheit und Zusammengehörigkeit Aller. Der Einzelne, indem er so ein Stücklein dieses Ganzen empfängt und ißt, erklärt damit feierlich, daß er ebenso ein wahres und lebendiges Glied der Gemeinde J. Christi sei, sowie sie Alle auch des gleichen Weines theilhaft werden.

Ferner müssen wir es ebenso für schön und richtig halten, daß nicht der Priester (Pfarrer) das Abendmahl herumbietet, indem die Kommunikanten in ihren Stühlen sitzen und warten — denn es soll nicht das Bild einer Speisung sein — sondern daß die Kommunikanten sich von ihren Sitzen erheben und in feierlichem, geräuschlosem Zuge, einer hinter dem andern, in stillem Gebet, zum Tische des HErrn sich hin begeben; denn darin liegt der tiefe Sinn, daß der Gläubige ein Verlangen habe, daß es sein herzlicher Wunsch und Wille sei, sowie nicht das Heilige sich zu den Menschen bewegen soll, sondern die Menschen, als die Geringen, sich dem Heiligen zu bewegen sollen. Und so, nachdem sie es empfangen haben, kehren sie gestärkt an ihren Ort zurück, den sie als Glieder der Gemeinde einzunehmen pflegen. Das Herumtragen des Heiligen mahnt an das Katholische. Und wie es sich geziemt, daß der Gläubige sich vor dem Heiligen beuge, so macht sich dieses Beugen nirgends besser als eben bei'm Hintreten zum Abendmahlstische.

Endlich möchte ich noch sagen: die ordnungsvollen Reihen der sich zum Tische des HErrn bewegenden Gemeinde stellen uns das Bild der vom Geist Christi bewegten Gemeinde dar, denn das Leben gibt sich überall als Bewegung kund.

Daß während der Feier von der Gemeinde gesungen und abwechselnd aus der Schrift gelesen wird, ist sehr passend. Nur möchte ich wünschen, daß der Gesang einen größern Raum einnähme, als gewöhnlich geschieht, und daß er namentlich für diese Feier von eigenen Sängerchören geleitet würde; weil es darauf ankömmt, daß er stark genug und daß er schön sei. Wo das eine oder das andere fehlt, da wirkt er das Gegentheil — er erhebt dann nicht, sondern ermüdet und stört, mißstimmt.

Auch die Ordnung unserer Kirche müssen wir billigen, daß die Abendmahlsfeier nicht zu häufig, wie in Deutschland, wiederkehrt, sondern nur viermal des Jahres, nämlich an den drei christlichen Hochfesten, zu denen dann später noch die Herbstkommunion vor dem Bettag kam — Verenafest genannt, nicht als ob es einer heil. Verena zu Ehren geschehe (dergleichen kennen wir Reformirte am allerwenigsten), sondern unsers Kalenders wegen — je an zwei auf einander folgenden Sonntagen, so daß dann die ganze Gemeinde daran Theil nimmt, und nicht blos nur ein kleines Häuflein von zwanzig oder dreißigen; denn es muß uns daran liegen, daß in der Abendmahlsfeier das

Bild der Gesammtheit recht lebendig zur Anschauung komme.

Vielleicht möchte es nicht unzweckmäßig sein, wenn bei jeder Abendmahlsfeier an den Kirchthüren eine Steuer für die Armen und Nothleidenden gesammelt würde, wie es wirklich hie und da unter uns geschieht. Wann sollen wir eher zur Mittheilung geneigt und aufgelegt sein, als nachdem wir selbst empfangen haben, nach dem Worte: „Wem viel vergeben ist, der liebet viel!"

Soviel über Wort und Sakrament, wie es in unserer Kirche verwaltet wird, als Kirchendienst.

Von der Seelsorge und vom Konfirmandenunterricht (Unterweisung zum heil. Abendmahle) will ich nur das bemerken, daß es gut ist, wenn die erstere recht fleißig geübt wird, und die Gemeindeglieder in ein lebendiges Verhältniß zu ihrem Pfarrer treten, welcher im reinsten und umfassendsten Sinne des Wortes der Hausfreund Aller sein soll, und wenn der letztere mit aller Gewissenhaftigkeit betrieben wird, so daß kein einziges Kind zum Abendmahl entlassen wird, das nicht ein aufrichtiges und heiliges Verlangen, folglich die nöthige Befähigung an Geist und Gemüth dazu hat. Das Uebrige, was diese beiden wichtigen Theile des Kirchendienstes in sich fassen, gehört nicht zum Zwecke dieses Büchleins, sondern für die Geistlichen allein.

Nun bleibt uns noch das Kirchenregiment, wie man es zu nennen pflegt, zu betrachten übrig, d. h. die Form und Verfassung, nach welcher unsere Kirche in Ordnung gehalten und regiert wird.

Hierüber ist freilich sehr Weniges zu sagen, desto mehr zu wünschen! Denn hier hört eigentlich die Kirche auf, und es ist nur noch der Staat, welcher handelnd erscheint.

So, was die Einweihung zum Amte oder die Aufnahme neuer Glieder in den Stand der Geistlichen betrifft.

Nachdem der Studierende seine Studien auf der Hochschule vollendet hat — es ist ihm dazu keine Zeit vorgeschrieben — so hat er sich (im Frühjahr) bei der obersten Erziehungsbehörde anzumelden und die ordentliche Endprüfung zu begehren. Die mündlichen theoretischen und die praktischen Prüfungen finden im August Statt. Sobald nun das Erziehungsdepartement dem Kandidaten sein Ansuchen gewährt hat, so wird dem Dekan der theologischen Fakultät davon Anzeige gemacht und die Vollmacht ertheilt, die nöthigen Einleitungen zu treffen. Der Kandidat bekömmt nun vier Aufgaben, aus dem Gebiet der christlichen Glaubens- oder Sittenlehre, der Kirchengeschichte, und der Auslegung des Alten und Neuen Testaments, zu deren Bearbeitung ihm zwei Monate Frist anberaumt werden. Auch hat er gleich zu Anfang eine Darstellung seines bisherigen Lebensverlaufes einzureichen, was zur Beurtheilung seiner Persönlichkeit sehr wesentlich beiträgt, denn da findet man unschwer die ganze Geistes- und Gemüthsart heraus. Auf dieses folgen die mündlichen Proben, welche länger als eine Woche dauern, und deren Beurtheilung einer eigens dazu ernannten ständigen „Prüfungskommission“ zukömmt, die aus den sechs theologischen Professoren und eben so viel Mitgliedern des geistlichen Standes besteht. Man wird es sonderbar finden, daß ich die theologischen Professoren von den Mitgliedern des geistlichen Standes unterscheide, als ob sie nicht auch zum geistlichen Stande gehörten! Es ist wahr, richtiger wäre der Gegensatz „Professoren und praktische Geistliche;“ aber dieses kann ich nicht sagen, weil gegenwärtig auch solche in dieser Kommission sich befinden, die keine praktische Theologen sind, sondern Lehrer an Gelehrtenschulen, aber Mitglieder des Ministeriums. Die Art und Weise will ich hier nicht beschreiben, denn es liegt dem Zwecke dieses Schriftchens fern.

Diese Kommission ist von der obersten Erziehungsbehörde bestellt.

Sind die Proben beendigt, so tritt die Kommission zusammen, beurtheilt dieselbe nach einer Art von angenommenem Tarif, und macht den Vorschlag an die Erziehungsbehörde. Gewöhnlich wohnen einzelne Mitglieder der Behörde dieser ernsten und feierlichen Handlung bei, um die Entwickelung der Gründe für die einzelnen Vorschläge selbst mit anzuhören, und dann desto richtiger urtheilen zu können.

Das Erziehungsdepartement besteht meistens aus weltlichen Mitgliedern, und unter diesen sogar ein Katholik! Nur ein Mitglied des geistlichen Standes als solches, nämlich ein Professor der Theologie, sitzt gegenwärtig in dieser wichtigen Behörde, in deren Händen die Verwaltung der Kirche liegt. Zufällig ist gegenwärtig noch eines der übrigen Mitglieder auch ein Geistlicher, der aber sonst dem Lehrstande angehörte, und jetzt in der obersten Staatsbehörde sitzt.

Diese Behörde bringt nun den Vorschlag der Prüfungskommission mit ihren eigenen, dieser unbekannten Bemerkungen und allfälligen Veränderungen (was jedoch meines Wissens noch nie geschehen ist) vor den Regierungsrath. Und dieser wählt die Kandidaten, und macht sie also zu Geistlichen.

Fragen wir weiter, wer nun über die Kandidaten verfüge, und sie als Gehülfen (Vikarien) hierhin und dorthin sende, oder auch abberufe, so ist es das Erziehungsdepartement.

Fragen wir, wer die Pfarrer und Helfer erwähle, so ist es der Regierungsrath, und zwar auf folgende Weise.

Sobald eine Pfarrstelle erledigt ist, so wird sie von der Kanzlei des Erziehungsdepartementes ausgeschrieben. Alle Anmeldungen geschehen schriftlich und werden dem Präsidenten des Erziehungsdepartementes eingesandt. Persönliche

Bewerbungen sind gesetzlich verboten. Nun frägt es sich, von welcher Art und Natur die Pfarre sei. Wir haben nämlich dreierlei Arten: die einen sind solche, für welche ein einzelner Privatmann (Patron) oder eine Gemeinde das Wahlrecht oder die Kollatur besitzt — der Regierung bleibt nur die Bestätigung oder Verwerfung (welches letztere sich jedoch nicht leicht ereignet); die andern sind solche, welche die Regierung vergibt, aber nach einem doppelten Gesetz: entweder ist es eine Rangpfarre oder es ist eine Kreditpfarre. Bei der Rangpfarre wird in der Regel der älteste in dem Rang, den ihm seine Aufnahme in das Ministerium anweist, gewählt — dies zum Trost derjenigen, welche, wie man ehemals sagte, keinen Kredit haben, d. h. nicht genug gute Freunde und Gönner (!) in der Regierung, um die Bewerbung wagen und auf einen Erfolg rechnen zu dürfen. Solche Kreditlose, meinte man, müßten dann auf ihren unangenehmen Pfarren warten bis zum Tode, wenn nicht etwa noch die Thüre des Rangs sich aufthäte, durch welche sie in eine bessere Lage gelangen könnten! Neben diesen finden sich sogenannte Kreditpfarren, welche nach freier Wahl vergeben werden, so daß die Regierung an kein Alter und keine Rücksicht, nicht einmal an den doppelten Vorschlag des Erziehungsdepartementes gebunden ist, sondern ihrem Gutdünken folgen kann. Man nannte sie ehemals Kreditpfarren, weil unter der Aristokratie der Kredit wirklich ein Kapital war. Wenn ein Geistlicher, wie man zu sagen pflegte, einen oder gar mehrere „Heilige im Himmel" hatte, so konnte er mit vollen Segeln in den Hafen einzulaufen sicher sein; denn es bestand damals unter den Regenten ein ziemlich genauer Zusammenhang, eine Art von Ueberlieferung der Regierungsgrundsätze, wie bei den Päpsten von Rom. Jedes Mitglied der Regierung hatte seinen Kredit, wie die Heiligen in der katholischen Kirche ihren Gnadenschatz haben, den sie verwalten und von dem sie den

Bittenden nach Gefallen spenden können. Ein Rathsherr nahm in dieser Hinsicht auf den andern Rücksicht, und half ihm unter der Bedingung, daß er dann seiner Zeit auch wieder helfe. So war ein geordneter Zusammenhang, auf den man mehr oder minder (!) zählen konnte. Den Kredit erwarb man durch Verdienst, sei es, daß Einer das Glück gehabt hatte Hofmeister des Kindes eines Rathsherrn zu sein, oder sich durch seine politische Gesinnung ausgezeichnet hatte, oder mit Rathsgliedern in nahen Verhältnissen der Freundschaft oder Verwandtschaft stand. Bei Oberamtssitzpfarren wurde begreiflicher Weise der Wunsch des jeweiligen Oberamtmanns berücksichtigt. Das war bisweilen ein rechter Kampf, wie wenn es um eine Krone ginge — wer einige Federn springen lassen konnte, ließ sie springen. Und so ging denn der Sieger mit einem gewissen Stolze aus seiner Schlacht hervor!

Doch — ich erzähle dieses nicht, um Jemanden zu verletzen oder um diese Sitte zu verspotten; vielmehr achte und ehre ich darin zweierlei: den Zusammenhang, welcher unter den Mitgliedern der Regierung sich kund gab, und durch den sie alle stark waren, und das Band des Interesses, welches die Geistlichen an die Regierung knüpfte.

Beides fehlt in unserer Zeit! Es ist zu wenig Zusammenhang und Einverständniß in der Regierung, zu wenig lebendiges Interesse an den Personen, welche der Regierung unmittelbar untergeordnet sind. Es ist weder das alte Prinzip der Väterlichkeit noch das neue der Brüderlichkeit wirksam. Unsere gegenwärtigen Regenten kommen mir vor wie die bestellten Uhrwächter, welche die Uhr regelmäßig aufzuziehen und vor Schaden zu bewahren haben, oder wie Schiffsleute, welche nur suchen, daß das Schiff auf keine Sandbank auffahre oder an keinen Felsen anpralle, aber die sich um's Schiffsvolk weiter so wenig kümmern, als ein Kapitän auf der Fahrt nach Amerika sich um die hunderte von Auswanderern bekümmert, welche sich ihm anvertraut haben nur um ihrer Zwecke willen, sowie er dabei seinen eigenen hat — und dieses Alles nur auf eine kurze Zeit!

Ich rede so freimüthig nicht zum Bösen, sondern zum Besten der Regierung, wie ich glaube, daß jeder wahre Freund des Volkes in einem freien Staate reden soll, mit aller Achtung, die den Einzelnen und der ganzen Behörde gebührt. Von sogenanntem Kredit kann heut zu Tage in Wahrheit keine Rede mehr sein. Daß nicht hie und da eine menschliche Neigung, für oder wider, sich geltend zu machen suche, wer könnte dieses nicht begreifen, der bedenkt, daß auch die neue Regierung aus Menschen, nicht aus Engeln besteht. Im Allgemeinen aber wird man bekennen müssen, daß bei allen Ernennungen möglichst das wahre Verdienst berücksichtigt worden ist, und daß auf die innere Kraft der Gründe gesehen wurde, welche ein Wahlkandidat vorbrachte, mochte er politische Gesinnung haben, welche er wollte, sofern er nur kein ausgesprochener Gegner und Widersacher der neuen Ordnung der Dinge war, der sich nämlich durch irgend auffallende Schritte, wie Verfassungsverwerfung oder andere noch schlimmere Handlungen, öffentliche Erklärungen u. dgl. selbst gezeichnet hatte. Zeugniß für diese meine Behauptung liefern noch die drei zu Ende Hornung (1837) getroffenen Pfarrwahlen — der eine der Gewählten, ein hoffnungsvoller junger Mann, ist sogar der Sohn eines bernischen Patriziers, welcher Mitglied der abgetretenen Regierung war, und er wurde einem entschieden politisch freisinnigen, um acht Jahre ältern Manne vorgezogen! Will man noch mehr Beweise, daß die Regierung keinen Unterschied macht? — Und so ist es recht.

Die Wahl selbst geht so vor, daß zwar die Namen aller Bewerber der Regierung vorgelegt werden, das Erziehungsdepartement aber aus der Zahl derselben einen doppelten

Vorschlag macht, welcher nur als Wegweisung dienen soll, aber ganz unmaßgeblich und unverbindlich ist.

In neuerer Zeit ist schon oft vorgekommen, daß die Regierung Rangpfarren für die nächste Erledigung in Kredit erkannt hat, aus dem Grunde, weil gewisse Rangpfarren, die besser gelegen sind, gewöhnlich nur ältere Männer bekommen, die nur wenige Jahre alle Pfarrverrichtungen selbst besorgen, und dann einen Gehülfen nehmen, wie es die Natur der Dinge mit sich bringt. So geschieht es dann, daß eine Gemeinde oft viele Jahre (selbst über zwanzig!!) nur Vikarien predigen hört — junge Männer, die vielleicht hier ihren sogenannten Lehrplätz machen, denen daher gewöhnlich die reifere Erfahrung und die rechte Kraft noch mangelt, und die einem öftern Wechsel ausgesetzt sind. Und das taugt wahrlich für eine Gemeinde schlecht. Sie ist jedenfalls immer besser versorgt durch einen guten Pfarrer als durch einen guten Vikarius.

So geht Alles unmittelbar vom Staat aus. Einzig die Kontrolle über seine Amtsführung wird von Amtsbrüdern, freilich im Namen des Staats geführt, an der jährlichen Visitation, welche in jeder Kirchgemeinde gehalten wird, zwischen Ostern und Pfingsten.

Die Bestrafung und Absetzung eines Pfarrers liegt ganz in der Willkür der Regierung. Es muß freilich mit einem Geistlichen bereits sehr weit gekommen sein, bis die Regierung zu solchen Maßregeln schreitet, und ich wäre geneigt zu sagen, daß sie oft eher zu nachsichtig sei als zu streng in dieser Hinsicht; aber nur wo Gesetze bestehn, da herrschet Ordnung, und nur wo die Willkür verschwindet, tritt die wahre Freiheit ein.

Ueber die Sitten jeder Kirchgemeinde wacht ein sogenanntes Sittengericht; aber seine Sache ist genau genommen nur, Paternitätsklagen einzuleiten, durch eine Art von Vorverhör, dessen Ergebniß dem Amtsgericht übermacht

Betrachtung vers[illegible]n und in ihrer ganzen Tiefe die Kraft und Herrlichkeit entwickeln?? So ferne sucht man das Göttliche, während es doch so nahe liegt! Für so vornehm hält man es, während es doch so niedrig ist! Für so verborgen erklärt man es, während es vor Aller Augen steht und wie mit Händen gegriffen werden kann! Kein Wunder dann, wenn es noch zweierlei Christenthum unter uns gibt, ein äußeres und ein inneres, d. h. eines für die Ungebildeten und eines für die (sich so nennenden) Gebildeten. Kein Wunder dann, daß soviel heidnische Denk- und Lebensweise unter uns sich festgesetzt hat, und eine Zügellosigkeit des Zweifels sich offenbaret, die, aller „Religion und Unsterblichkeitslehre und Tugend" Trotz bietet und den Krieg erklärt. Kein Wunder, daß, wie neuerlich ist behauptet worden *), „Viele die Erlösung nur als eine Anstalt zur Sündenvergebung betrachten, die man für den Nothfall bei der Hand hat, wenn man sich die Sündenlast wieder erleichtern will, und die man aus Klugheit noch zur rechten Zeit, d. h. vor dem Tode, benutzen muß, um sicher zu den Freuden des Himmels einzugehen."

Soviel was das Eine betrifft; aber so sehr ist auch das Andere wahr: daß der Staat die Kirche verweltlicht und beinahe vernichtet hat.

Harte Anklage! Wer beweiset sie? Hat er nicht vielmehr sie meistens in Schutz genommen und ihre Dienste gut bezahlt?

Nehmen wir das Letztere zuerst!

Daß der Staat die Geistlichen bestellt und besoldet, hat den Geistlichen in eine Abhängigkeit von der politischen Gewalt gebracht, wie sie nur Schlimmes stiften konnte.

---

*) Was uns Noth thut — ein Wort der Mahnung an alle Christen, von W. P., Mitglied der Neuen Kirche des Herrn, Leipz. 1836, S. 24. (Ein höchst wichtiges Schriftchen.)

Abschnitt III.

Was haben wir zu wünschen?

Bevor sich diese Frage beantworten läßt, ist zu erörtern: ob und wiefern in dem gegenwärtigen Zustand der Kirche, wie ich ihn jetzt geschildert habe, etwas Vollkommenes oder etwas Unvollkommenes, oder auch beiderlei zugleich enthalten sei. Wir haben dafür das, was bereits in der bisherigen Darstellung zum Vorschein kam, nur kurz zusammenzufassen und bestimmt auszusprechen.

Ein Vollkommenes können wir im Allgemeinen nennen einerseits die Freiheit, mit welcher das Bibelwort unter uns erforscht und behandelt werden darf, und anderseits die Form der Sakramente.

Und das ist allerdings ein unschätzbares Gut; denn man weiß, wie viel Mühe und Kampf es kostet, bis auch nur eine einzelne Sache so gestaltet ist, wie es der Idee der Kirche und den Fortschritten der Zeit angemessen ist. Daran scheinen auch Manche wirklich genug zu haben! Aber sie übersehen, was das Wesen einer Kirche ist. Eine Kirche ist nämlich nicht da, wo blos das Evangelium gepredigt und das Sakrament verwaltet wird, sondern sie ist eine Alles umfassende Lebensgemeinschaft, wirklich und wahrhaft eine Art von Staat, ohne doch dem wirklichen Staat im Wege zu stehen oder gar an dessen Platz zu treten, wie es die katholische Kirche thun will und gethan hat.

Wäre die Kirche blos das, was eben widerlegt wurde, so könnte sie nichts anderes sein als eine bloße Religionsanstalt, wie etwa auch in den heidnischen Staaten die Frömmigkeit gepflegt wurde, im Interesse des Staats und unter Leitung des Staats oder seiner Obrigkeit.

Das Mangelhafte, das in unserm Kirchenwesen jedem denkenden Freunde sich auf den ersten Blick herausstellt, ist vorerst überhaupt der gänzliche Mangel an einer bestimmten Form und Verfassung unserer reformirten bernischen Kirche, so daß dieselbe ganz und gar mit dem Staate vereinerleiet und vermischt ist, und schlechthin Alles von dem guten Willen der Regierung des Landes abhängt, welche sowol katholische als protestantische Mitglieder zählt. Wir haben unzweifelhafter Weise weiter nichts als eine christliche Religionsanstalt, deren Pfleger von den Einen, die sogenannte Aufgeklärte, aber doch nicht geradezu Gottlose sind, Lehrer der Religion, von den Andern, welche aus lauter angeblicher Lichtesliebe ganz eigentlich Freunde der Finsterniß sind, schlechthin Priester oder auch spottweise Pfaffen genannt zu werden pflegen.

Der andere wesentliche Mangel, welcher zu gutem Theil aus diesem ersten folgt, ist der Mangel an kirchlichem Bewußtsein oder an Kirchlichkeit.

Alles Andere ist diesen beiden Stücken untergeordnet und fließt aus ihnen her. Aber gegen diese meine ausgesprochene Rüge und Forderung wird sich — ich sehe es — ein ganzes Heer von Widersachern erheben!

Da gibt es Solche, welche mit Religion und Kirche längst abgerechnet haben. Das sind die Epikuräer unserer Zeit, welche dem Götzen der Wohllust opfern.

Da gibt es Solche, welche die Religion noch äußerlich mitzumachen pflegen, sei es um des Anstandes, sei es um des guten Beispiels, sei es um einer gewissen Götterfurcht willen (denn Gottesfurcht nennen wir es nicht, und doch ist es Furcht!); die aber das Wesen, nämlich den Geist der Religion, das Denken und Leben in derselben, also das eigentliche Joch oder die Last derselben (sie ist aber in Wahrheit eine leichte) auf den Geistlichen geworfen haben; der soll ihr wirklicher Priester sein, welcher es auf sich nimmt, für Andere zu beten und fromm zu sein. Sie suchen Ablaß, und sobald sie den erhalten haben, gehen sie wieder ihrem zeitlichen Gewerb, ihren Freuden und Beschäftigungen nach. Die haben zweierlei Kleid, ein Werktags- und ein Sonntagskleid; ja wol auch gar zwei Sonntagskleider, das eine für die Kirche und das andere für die Lustparthie.

Da gibt es Solche, welche alle Religion und Gottesfurcht in einen äußerlich rechtschaffenen Wandel setzen, und sagen, daß Einer nicht aus seinem Glauben, sondern aus seinen Werken gerichtet werde. Aber die Gerechtigkeit ihrer Werke hat ein enges Gebiet: Niemanden verläumden, Niemanden betrügen, Niemanden hassen, Jedermann helfen, und Jedermann seines Weges gehen lassen, sowie man selber wünscht, daß man gehen dürfe, ob nun in Zucht und Mäßigkeit oder nicht, das darf Niemanden kümmern.

Da gibt es auch Solche, welche zwar eine Frömmigkeit haben, und die auch kirchlich sind und es ernstlich meinen; aber alle ihre Frömmigkeit ist doch nur eine Privatfrömmigkeit, eine ganz aparte Christlichkeit. Sie wollen Alles für sich haben, und kümmern sich um Andere wenig oder nichts: sie beten für sich, sie denken für sich; sie wollen auch für sich die Seligkeit oder Unsterblichkeit haben, sowie sie ihren Stuhl in der Kirche haben, ganz für sich.

Das sind die Gegner unserer Kirchengemeinschaft, die ich leicht noch genauer bezeichnen und greller malen könnte; aber es ist genug daran, um zu zeigen, was übel und schlimm ist.

Was man mir aber nun bestreiten wird, ist zweierlei: erstlich, daß die Unkirchlichkeit aus der Weltlichkeit folge, und dann, daß eine solche Kirchlichkeit, wie ich sie meine, wirklich vonnöthen sei.

Was das Erstere anbelangt, so wird man sagen, alles Schlimme, alles Schwache und Kranke unter uns rühre aus dem Mangel an Geist und Lebensfülle her — man solle jenen erwecken und diese bringen, so werde Alles in Ordnung sein.

Gut! Auch ich bin damit einverstanden; aber ich kann dabei nicht stehen bleiben, sondern muß weiter fragen: erstens, woher kömmt der Geist? d. h. wodurch wird der Geist erweckt? und zweitens, was hemmt und tödtet den Geist, wann und wo er kommen oder erwachen wollte?

Die Antwort auf die erstere Frage läßt einen religiösen und einen sittlichen Standpunkt zu. Vom religiösen Standpunkte aus werden wir sagen müssen: „Es wird Alles von Gott gewirkt;" vom sittlichen Standpunkte aus aber werden wir sagen müssen: „Es wird Alles durch Menschen vermittelt, als Boten (Engel) Gottes." Und weiter ist das gewiß, was auch unser heidelbergischer Katechismus sagt (Fr. 21), daß der heil. Geist durch das Evangelium, d. h. durch das Wort, den Glauben in uns wirket; denn ohne das Wort ist nirgends heiliger Geist, aber das Wort kann ohne den Geist sein. Und so ist denn offenbar, daß Vieles und vielleicht das Meiste, wenn nicht gar Alles von den Geistlichen abhängt, als den Verkündigern des Wortes und die den Geist vermitteln sollen, wie die Apostel ihn vermittelt haben; denn hätten die Apostel nicht gelehrt und gewirkt, so hätte der Geist des HErrn sich nicht ausbreiten können, wenigstens wie die Ordnung Gottes in dieser Welt es zu fordern scheint. Da also liegt der Fehler, daß zwar das Wort verbreitet werden kann und worden ist, aber ohne den Geist. Und dieses ganze Geheimniß liegt im Glauben: wo dieser ist, da wird auch die Kraft des Geistes mit dem Worte ausströmen; wo er fehlt, da ist's eben nur ein klingendes Erz und eine tönende Schelle, die verhallt! Und dieser lebendigmachende Glaube ist nicht ein unbestimmtes, unendliches religiöses Gefühl, noch auch die Verehrung eines überweltlichen, uns fern waltenden Gottes, sondern es ist die innigste und völligste Einigung unseres Herzens und Geistes mit dem offenbar gewordenen Gotte, dem Gottmenschen Jesus Christ, dem, der dieser Welt ein Aergerniß ist, weil sie ihn nicht in ihr enges Maß hineinzubringen vermag, der aber der wahrhaftige und einige Gott und Mittler oder Heiland ist. Dieses ist das ewige Geheimniß, welches einen unerschöpflichen Quell des Lebens in sich schließt für jeden Geist und jedes Gemüth.

In der Zersplitterung und Zertheilung der Gottheit, daß man bald die eine, bald die andere Person anruft, liegt eine Ungewißheit und Getheiltheit der Seele verborgen, welche schwächend auf das Leben und Handeln einwirkt. Auch ich erkenne die göttliche Dreieinigkeit an, aber als eine Lehre, die der Wissenschaft angehört, und nicht dem Leben; denn, wie wir nicht drei Götter haben, sondern nur einen einzigen Gott, der in seinem Sein und Wesen nie zertheilt ist, so auch soll das Gemüth des Glaubenden Gott nur in seiner Einheit auffassen, und zwar wie Er selbst sich uns geoffenbaret hat, in J. Christ.

Sobald Christus erhoben ist zu seiner Würde, die ihm gebührt, sobald hat der Mensch einen Zielpunkt, auf den alle seine Gedanken gerichtet sein können — seine Seele wird von diesem Licht getroffen und erhellt — das Gemüth hat einen Gegenstand der Verehrung und Vereinigung, wie es ihn sucht und bedarf. Das Herz erwarmet an den Strahlen dieser Sonne, während jede andere Frömmigkeit und Gottesbetrachtung eine kalt verständige ist, und vor lauter Besonnenheit vor alle Besinnung hinauskömmt. Was soll all dieses Wissen von Gott und göttlichen Dingen für das Herz und das Leben? Warum denn die Christengemeinde wieder zurückführen in das Judenthum oder gar in das Heidenthum? unter das Gesetz oder in die Naturbetrachtung? Warum nicht die großen Thatsachen des Christenthums, mit denen unser Herz und Leben so innig verbunden ist, zur

Betrachtung verfü[illegible]n und in ihrer ganzen Tiefe die Kraft und Herrlichkeit entwickeln?? So ferne sucht man das Göttliche, während es doch so nahe liegt! Für so vornehm hält man es, während es doch so niedrig ist! Für so verborgen erklärt man es, während es vor Aller Augen steht und wie mit Händen gegriffen werden kann! Kein Wunder dann, wenn es noch zweierlei Christenthum unter uns gibt, ein äußeres und ein inneres, d. h. eines für die Ungebildeten und eines für die (sich so nennenden) Gebildeten. Kein Wunder dann, daß soviel heidnische Denk- und Lebensweise unter uns sich festgesetzt hat, und eine Zügellosigkeit des Zweifels sich offenbaret, die, aller „Religion und Unsterblichkeitslehre und Tugend" Trotz bietet und den Krieg erklärt. Kein Wunder, daß, wie neuerlich ist behauptet worden *), „Viele die Erlösung nur als eine Anstalt zur Sündenvergebung betrachten, die man für den Nothfall bei der Hand hat, wenn man sich die Sündenlast wieder erleichtern will, und die man aus Klugheit noch zur rechten Zeit, d. h. vor dem Tode, benutzen muß, um sicher zu den Freuden des Himmels einzugehen."

Soviel was das Eine betrifft; aber so sehr ist auch das Andere wahr: daß der Staat die Kirche verweltlicht und beinahe vernichtet hat.

Harte Anklage! Wer beweiset sie? Hat er nicht vielmehr sie meistens in Schutz genommen und ihre Dienste gut bezahlt?

Nehmen wir das Letztere zuerst!

Daß der Staat die Geistlichen bestellt und besoldet, hat den Geistlichen in eine Abhängigkeit von der politischen Gewalt gebracht, wie sie nur Schlimmes stiften konnte.

---

*) Was uns Noth thut — ein Wort der Mahnung an alle Christen, von W. P., Mitglied der Neuen Kirche des Herrn, Leipz. 1836, S. 24. (Ein höchst wichtiges Schriftchen.)

Die weltlichen Machthaber kamen am Ende auf den Gedanken, daß sie Macht haben nicht nur über die Person der Prediger, sofern dieselben aller menschlichen Ordnung unterthan sein sollen wie Jedermann, sondern eben so sehr auch über das Wort und über den Geist der Prediger! Stand doch einmal ein bernischer Oberamtmann im Begriff, einen Geistlichen wegen einer Auffahrtspredigt zu verklagen, weil er die Himmelfahrt nicht heidnisch, sondern christlich erklärte, als wobei nicht das Leibliche und Irdische, sondern vielmehr allein das Geistige und Himmlische als das wahrhaft Seiende in Betracht kommen könne, so daß Christus ein Herr sei Himmels und der Erde, nicht dem Leibe nach, sondern in und mit dem Geiste. Mit Mühe konnte ihm begreiflich gemacht werden, daß hierüber allerwenigstens Verschiedenheit der Ansicht möglich sei, nämlich für den, welcher der leiblichen Auffassung folgt; denn wer das Leibliche für das Geringere ansieht und das Geistige für die Hauptsache hält, kann nicht eine andere Ansicht neben sich behalten, die eben so gut denkbar sei.

Die Gunst oder Ungunst der Herren dieser Welt hat überall manche Geistliche moralisch fast zu Grunde gerichtet. Während der Geistliche der freieste Mensch und unabhängigste Mann sein sollte, den es nur irgend gibt — frei und unabhängig nicht durch die Menschen, sondern durch Gott seinen Erlöser und Herrn — wurde er ein Knecht und Diener der Reichen und Angesehenen und Hohen und Gewaltigen dieser Welt!

Das hat wenigstens der Katholizismus Wahres an sich, daß er in dem Geistlichen den Träger des Heiligen ehrt, um dieses Heiligen willen, abgesehen davon, ob und wiefern der Träger selbst des Heiligen würdig sei oder nicht; aber irrig daran ist, daß er den Geistlichen zu einem Bonzen oder gar Dalai Lama macht.

Halten wir also die Idee der allgemeinen Priesterschaft fest, aber bringen wir die Idee des Priesterlichen, d. h. des

Heiligen recht zu Ehren, an uns und Allen; so wird man es auch an dem Geistlichen ehren, selbst noch wenn er als ein schwacher Mensch erfunden wird.

Der Geistliche selbst aber ehre das Heilige, das ihm anvertraut ist, am allermeisten und zuvörderst dadurch, daß er nicht seine eigenen menschlichen Gedanken und vorübergehenden Ansichten dem ewigen Worte unterschiebt, und dann daß er in Allem beweist, daß auch der Geist selbst ihn durchdrungen habe und leite.

Was aber in allen Gesellschaften den Gemeingeist und das Interesse erstickt, ist wenn Einzelne sich der Geschäfte bemächtigen und Alles von sich aus abthun. Möglich ist, daß sich die Gesellschaft auf diese Weise wohl befindet in Rücksicht dessen, was den Erfolg ihres Zwecks betrifft; aber eben so möglich ist das Gegentheil, denn es wird jedesmal von der guten Gesinnung der Führer abhangen, ob die Sache so oder so ein Ende nehme, und jedenfalls fehlt dabei den Führern die sittliche Berechtigung, und der Gesellschaft, die sich also führen läßt, das lebendige Bewußtsein. Daher die Erfahrung, daß eine solche Gesellschaft allmälig faul wird und zu Grunde geht, und ihre Führer zu Despoten werden.

Wenn nun irgend eine Gemeinschaft auf Erden das bedarf, daß alle Glieder lebendigen Antheil nehmen an Allem, was die Gemeinschaft angeht, so ist es die Kirche. Auch bei'm Staate soll es also sein; da aber der Staat äußerliche Zwecke hat, die das irdische Wohl oder Wehe jedes Menschen betreffen, sein unmittelbarer Gegenstand also ganz handgreifliche Interessen sind, so läßt es sich hier noch denken, daß ein Staat als bürgerliches Gemeinwesen (nicht aber als sittliche Gemeinschaft im höhern Sinne) seinen Zweck erreichen kann, ohne daß in jedem einzelnen seiner Bürger das politische Bewußtsein vorhanden und der bürgerliche Gemeingeist lebendig angeregt wäre. Da sind

6 *

es entweder die Regenten oder eine Anzahl ausgezeichneter Bürger, welche das Ganze in Bewegung setzen, und gleichsam die Masse der bewußtlosen Bürger an's Schlepptau nehmen.

Aber anders verhält es sich mit der Kirche! Diese ist überall nicht, wo nur Einzelne Alles leiten und bewegen, denn sie hat keine irdischen, sondern überall nur himmlische Zwecke, welche darin bestehen, daß jedes einzelne Glied vollkommen das sei, was es sein oder werden kann, ein vom Geist des HErrn erfülltes Individuum, und daß Alle zusammen eine Gemeinschaft seien, welche so eng und lebendig zusammengefügt ist, wie die Glieder im Leibe es sind. Es kann da Keiner für den Andern einstehn und ihn vertreten, denn es hat es Jeder mit Gott zu thun. So wenig Einer Statt des Andern beten kann, so wenig kann Einer für den Andern leiden oder Buße thun. Jeder wird für seine eigene Sünde gestraft; aber wie die Sünde zugleich eine gemeinsame ist, so muß auch die Buße eine gemeinsame sein, auf daß das Leben ein gemeinsames sei.

Das größte Uebel ist es daher, daß in unserm Kirchenwesen die einzelnen Glieder ganz und gar nicht beachtet sind, sondern einerseits durch den Staat, anderseits durch den Geistlichen ganz und gar außer Thätigkeit gesetzt erscheinen. Ein nicht geringeres Uebel ist es, daß die (geistlich) kranken Glieder von der Gemeinschaft zu wenig beachtet werden — man überläßt eben Alles dem Pfarrer, und mancher Pfarrer will vielleicht gern allein Herr sein.

Kein Wunder denn, wenn sich auf diese Weise nach und nach in allen oder den meisten Kirchengliedern, ja in den Geistlichen selbst die Ansicht ausgebildet und festgesetzt hat, daß die Kirchengemeinschaft in Anderm nicht bestehe als im Anhören der Predigt und im Gebrauch der Sakramente.

So wurde die Kirche, die ihrer Natur nach eine Demokratie im reinsten und erhabensten Sinne des Wortes ist, allgemach in eine Aristokratie verwandelt, die auf der einen Seite im Katholizismus, auf der andern aber im Anglikanismus ihre Spitze erreicht hat.

Und mit welchem Rechte hat der Staat sich die Herrschaft über die Kirche angeeignet?

Man sagt gewöhnlich: wer bezahlt, der befiehlt. Aber ist es denn eigentlich der Staat, welcher bei uns die Geistlichen besoldet? So scheint es freilich; aber in der That und Wahrheit ist es doch nicht so. Und gesetzt auch, es wäre so; gibt ihm denn, wenn er anders sich selbst und das Wesen der Kirche recht begreift, die Bezahlung ein Recht zu solchem Herrschen? Wenn er bezahlt, so thut er es als ein christlicher Staat, und wie ein solcher nicht anders kann, nämlich weil er die Nothwendigkeit und den Segen der Kirchengemeinschaft erkennt und damit nur zugleich sein eignes wahres Beste fördert. So wird er denn auch erkennen müssen, daß etwas so rein Geistiges, wie die Kirche ist, nicht durch Gewalt regiert und überhaupt nach der Weise eines irdischen Gemeinwesens behandelt werden darf, denn es ist zu zart dafür.

Aber fragen wir in Wahrheit: woher kömmt denn eigentlich unserm Staate das Geld, mit welchem er für unser Kirchenwesen sorget? Als jüngst im bernischen Großen Rathe der jährliche Voranschlag zur Sprache kam, und die Summe erschien, welche das Erziehungsdepartement für seine Angelegenheiten bedarf, da schlug ein Zeitungsschreiber im Kanton Zürich die Hände zusammen, und rief mit Bedauern: „das Meiste davon streicht die Kirche (d. h. die Geistlichkeit) ein!“ Aber diese Leute wissen oder bedenken nicht, daß zur Zeit der Reformation die bernische Kirche große Güter besaß, welche der Staat zum Theil in seine Kasse strich, zum Theil für Armen- und Krankenstiftungen verwandte, zum Theil endlich für die Besoldung der Geistlichkeit aufhob. Dieses letzte Kapital, unter dem Namen

„Kirchengut," blieb bis vor wenige Jahrzehende abgesondert, unter eigener Verwaltung. Als aber ein neues Besoldungssystem nach den Gesetzen möglichst allgemeiner Billigkeit eingeführt wurde, da wurde dieses Kirchengut zum Staatsschatz geschlagen, und zu Besoldung der reformirten Geistlichkeit eine gewisse Summe dotirt.

Aber, wird man sagen, seither wurde noch viel hinzugethan, denn es wurden neue Stellen geschaffen und unter den alten manche verbessert, und das aus den Staatseinkünften.

Das Erstere ist wahr, aber das Letztere muß ich sehr in Zweifel stellen, wenn ich bedenke, welche ungeheure Summen Kirchen- und Klostergut erwiesener Maßen, obwol es noch oft geläugnet wird, in den Staatsschatz flossen.

So wird denn auch wirklich unverholen in der amtlich abgefaßten Einleitung (Vorbericht) zum „Verzeichniß des Kirchenguts" der bernischen reformirten Kirche [d. d. 10. Oktober 1831] Folgendes gesagt: „Die größte Zahl der Pfarreien des alten Kantons besteht aus alten Stiftungen der Grund- und Herrschaftsherren des Mittelalters. Solche Kirchensätze — auch Patronate oder Kollaturen genannt — wurden dann oft durch Schenkung oder Kauf den Klöstern übergeben. Solche Klosterkollaturen waren mit den Klöstern durch päpstliche und bischöfliche Bewilligung so vereinigt worden, daß der bedeutendere Theil des ursprünglichen Pfarreinkommens in das eigentliche Klostereinkommen floß, so daß derselbe nun mit dem Staatsgut verschmolzen ist, und nur der kleinere Theil eigentliches Pfarrgut blieb."

Aus diesem erhellet, daß es wirklich vom Staate mit Recht gefordert werden kann, daß er der reformirten Landeskirche Alles zuwende, was sie bedarf. Und, da die Zeiten sich ändern und Feinde unser Land überziehen können, so müßte es für die Kirche in hohem Grade wünschenswerth sein, erstens wenn eine bestimmte Summe als „Kirchengut“ ausgeschieden und unter eine besondere Verwaltung gestellt würde, da Privatgut und namentlich Kirchen- oder Armengut von Feinden weit eher geachtet wird als eben Staatsgut, und zweitens wenn vom Staate über dieses hinaus dem Bedürfniß der Kirche gedient würde, so oft ein solches eintritt, sowol weil dasjenige, was der Staat von der Kirche eingezogen hat, unberechenbar ist, als weil es im Interesse des Staates liegen muß, daß für die geistlichen Bedürfnisse seiner Bürger gehörig gesorgt sei.

Diese Zumuthung, die wir an den Staat machen, erscheint um so gerechter und dringender, wenn man bedenkt, daß ein nicht geringer Theil der Bevölkerung des Kantons Bern römisch-katholischen Bekenntnisses ist, und es nun allerdings ein höchst sonderbares Ansehen hat, daß aus derjenigen Kasse, aus welcher die gemeinsamen Staatsbedürfnisse bestritten werden, die reformirte Geistlichkeit besoldet wird, während die katholische meistens ihre Besoldung aus den alten Kirchensätzen bezieht.

Dieses Verhältniß ist erst, seitdem das Bisthum Basel (oder wenigstens ein Theil desselben) zum Kanton Bern geschlagen worden ist (1815); denn bei der Reformation trat so zu sagen das ganze bernische Gebiet von dem katholischen Bekenntniß ab, und die politische Gewalt lag damals in den Händen der Stadt Bern, oder der sich bildenden aristokratischen Parthei in derselben, so daß Stadtgut und Staatsgut eines war, und Staat und Kirche in einander sich verschmelzt hatten.

Man kann also nicht sagen, daß die katholische Kirche des Kantons Bern an diesem Gut einen Antheil habe. Eben so wenig geht es die Separatisten etwas an, weil diese in keiner rechtlichen Stellung und Bedeutung stehen, sondern eine solche erst suchen, aber für eine solche keine wahrhafte Grundlage finden anders als in ihrer Laune oder Hartnäckigkeit, da Grund zur Absonderung wahrhaftig keiner vorhanden, auch Gewalt ihnen keine angethan worden ist. Das Kirchengut ist wie anderes Korporationsgut auf eine ganz freiwillige und unbedingte Weise entstanden, also daß es sich hier nicht wie bei einem sogenannten Ehetag verhält, oder wie bei einem Gewerks- oder Handelsverein, wo derjenige, welcher aus dem Verein tritt, wieder an sich ziehen kann, was er eingekehrt hatte. Wer aus der Kirchengemeinschaft austritt, weiß, daß da keine persönlichen Ansprachen gelten, da es eben im völligsten Sinne Korporationsgut ist, und daß er folglich nackt ausziehen muß, wie er nackend eingetreten war.

Und was möchten wir denn nun zu wünschen haben?

Man könnte vielleicht denken: ein sogenanntes Presbyterialsystem? Wenn wir aber näher sehen, was denn eigentlich ein solches ist und in sich schließt, so wird es sich auch zeigen müssen, daß ein solches nicht in unsern Wünschen liegen kann.

Nach dem Presbyterialsystem wird die Kirche als eine vom Staate unabhängige und streng gesonderte Gesellschaft angesehn, und zwar so, daß jede Gemeinde ihr eigenes Recht und ihre selbstständige Verwaltung hat, folglich ihren Pfarrer selbst erwählt und besoldet, und (wo der Fall eintritt) selbst bestraft und abberuft. Für gemeinsame Angelegenheiten treten die Abgeordneten der Gemeinde zusammen, fassen Beschlüsse und führen aus.

Eine solche Kirchenverfassung können wir aber aus folgenden Gründen nicht wünschen wollen:

1) Es würde dadurch eine Trennung der Kirche vom Staat bewirkt, die eine ganz und gar revolutionäre und unhistorische wäre — ein Sprung, wie wir ihn nirgends finden in der Natur, und wer ihn in der Entwickelung der menschlich bürgerlichen Angelegenheiten wagt, der wird

früher oder später zu seinem und Anderer Schaden zurückgeworfen. Die Leute sind noch bei weitem nicht für eine solche radikale Umgestaltung reif; es bedarf dazu unvergleichlich mehr Geist und Leben, als gegenwärtig unter uns vorhanden ist. Man könnte den Sprung wol wagen, aber dann bliebe die große Masse des Volks zurück — oder es wäre eine künstliche Anreizung, die keinen Nachhalt fände.

2) Gesetzt aber auch, der Sprung gelänge, und es wäre nicht einmal ein Sprung, sondern die Masse käme scheinbar mit, käme sie denn wol so mit, daß sie zu allen Opfern, welche so ein Schritt erfordern und nach sich ziehen würde, bereit wäre? Oder glaubt man, der Staat würde der Kirche soviel herausgeben, daß sie bestehen könnte, oder wieviel er ihr schuldig wäre? Ohne dieses Geld aber zöge Niemand aus Babylon aus, zumal mit dem Bewußtsein, daß in hundert und hundert Jahren dieselben Uebel wieder zum Vorschein kämen, und dazu mit der Entsagung auf diese Staatsschuld. Ein solches Geschenk wird dem Staate Niemand, der nur irgend bei guten Sinnen ist, machen wollen, denn die, welche ausziehen, sind ja zum Theil dieselbigen, welche den Staat ausmachen, und so ist denn klar, daß Niemand Geld aus der Tasche nimmt oder gar Schulden macht, um etwas zu unternehmen, während er noch Anforderungen einzuziehen hat. Aber wer zieht diese Anforderungen ein? Man wird sagen: der ganze reformirte Theil des Kantons, oder die Mehrzahl desselben. Aber wann wird es dahin kommen, daß eine solche Mehrheit sich bildete? Schwerlich je! Und wenn auch, wer wollte denn Abrechnung halten, oder die Obrigkeit zwingen wollen, daß sie den Akt der Trennung ausspreche? Noch nicht leicht Jemand so bald!

3) Aber dazu kömmt noch ein Anderes, was bei einer allfälligen Trennung wohl zu bedenken wäre, das ist die Bildung der Geistlichen.

Wenn man nicht in der Unwissenheit und Unbildung einen Grund der Seligpreisung finden, oder den Gedanken von der Allgemeinheit des Priesterthums in der christlichen Gemeinde buchstäblich auffassen will, so daß ein Jeder die Schrift auslegen und lehren könne, nach dem es ihm gut scheint; so wird man wol auch ferners auf tüchtige Bildung der Geistlichen bedacht sein müssen, nicht als ob die Wissenschaft und Kunst allein es sei, was einen guten Geistlichen macht, sondern weil der heil. Geist ohne Wissenschaft und Kunst nur unvollkommen wirken kann, indem alles Wissen als Mittel ihm dienen soll, sowie er der mancherlei Wissenschaft und Kunst bedarf, weil er von sich aus und für sich selber nur die Gesinnung des Menschen bildet, nicht aber die Unwissenheit in ein Wissen verwandelt. Und wahrlich, wer bedenkt, wie schwer die Mittheilung des göttlichen Wortes ist, schon weil es viel bedarf, um es richtig aufzufassen, und seinen Gesammtinhalt und Zweck zu begreifen; aber auch weil die Menschen in unserer Zeit auf einer viel höhern Stufe des Lebens und Denkens stehen als ehedem, der begreift auch, wie nothwendig es sei, daß die Geistlichen für ihr Amt und ihren Beruf tüchtig gebildet und vorbereitet werden. Wer aber will nun diese Bildung und Zurüstung unternehmen, wenn der Staat es nicht mehr thut? Würde es die neugebildete Kirche unternehmen? Sie könnte sich etwa, wie es anderwärts, nämlich in sogenannten Duodezstaaten geschieht, Geistliche von außen, d. h. aus der Fremde, verschreiben lassen! Aber wer wollte dies? Oder sie könnte ein Predigerseminar einrichten lassen, wie es in Nordamerika geschieht! Aber wie sieht's da mit den theologischen Wissenschaften aus? Wo gedeihen die Wissenschaften besser als da, wo sie zusammen betrieben werden, auf sogenannten Hochschulen oder Universitäten (Samtschulen)? Und zum Schaffen neuer großer Mittel sehe ich unter uns die Lust nicht groß — ob das Geld oder der Wille oder beides zugleich fehlt, weiß ich nicht.

4) Es ist aber, Gott sei Dank, eine radikale Trennung, die Alles zerreißt, wirklich auch nicht nöthig, sondern vielmehr glaube ich, daß Staat und Kirche recht gedeihlich und glücklich zusammenleben können, wenn sie sich verständigen wollen, so gewiß als beide auf einem gemeinsamen sittlichen Grunde beruhen und zwei verschiedene Seiten des Lebens der Menschheit darstellen und sind.

Der Mensch hat eine Doppelnatur, eine irdische und eine himmlische. Nach der einen gehört er dieser Erde an, nach der andern dem Himmel oder der Welt des Unsichtbaren. So lange er im Fleische lebt, so kann er weder blos der Erde, noch auch blos dem Himmel angehören, ungestraft, sondern die Erde soll dem Himmel und der Himmel der Erde dienen. Beides soll auf diese Weise eng verbunden sein.

Dieser Doppelnatur des Menschen entspricht nun aber gerade Staat und Kirche, und beide sind auf gleiche Weise durch einander bedingt; beide leben von einander, der Staat lebt (geistlich) von der Kirche, und die Kirche (leiblich) vom Staate.

Der Staat besteht aus einer Anzahl von Bürgern, die wie eine Familie zusammengehören, und zum gemeinsamen Zwecke haben, die Erde zu bauen und die Natur zu beherrschen nach ihrem Theil. Wissenschaft und Kunst sind daher die Mittel, durch die der Staat besteht, und Recht und Sitte die Grundlagen, auf denen er ruht. Der Regent des Staates soll der Vater der Familie sein, welcher das Volk als seine Kinder zur Mündigkeit zu erziehen hat.

Anders die Kirche: sie besteht aus einer Zahl von Menschen, die frei zusammentreten, nicht als Kinder unter einem Vater, sondern als Brüder unter einem unsichtbaren Haupte, vom Geiste regiert, welcher das Licht und die Liebe

(nicht im biblischen Sinne!) sind leider noch Viele unter uns.

2) Die **Kapitel** — eine Art von Provinzialsynoden, deren es im Kanton Bern sieben gibt, die sich alljährlich am Mittwoch nach Pfingsten zu versammeln pflegen.

Vor diese Kapitel kämen die Wünsche, Vorstellungen und Anträge der Presbyterien. Nebstdem hätte jedes Mitglied das Recht Anträge zu stellen, welche zur Förderung der Zwecke der Kirche dienen. Auch würde der wesentliche Inhalt der jährlichen Pfarrberichte, sowie der Visitationen hier in Form eines Gesammtberichts mitgetheilt, wobei besonders aufmerksam gemacht werden müßte auf diejenigen Stellen, wo das Reich des HErrn entweder eine bedeutende Förderung oder aber eine bedenkliche Hinderung erfahren hätte, und welches die wesentlichsten Hindernisse der Ausbreitung des göttlichen Reiches seien, mit welchen Mitteln sie am ehesten überwältigt werden können. Wichtig müßte es sein zu sehen, in welchen verschiedenen Gestalten an verschiedenen Orten das Böse auftritt, und auf welche Weise es sich dem Guten entgegensetzt. Man würde da erfahren: hier ist es Säuferei, und zwar die Branntweinsäuferei, dort ist es der Luxus; hier eine falsche Richtung oder Uebertreibung der Industrie, dort der Müßiggang; hier ist es der Landbau, dort die Weberei; hier die falsche Aufklärung, dort die rohe Unwissenheit; hier der Unglaube, dort der Aberglaube; hier der Geldstolz, dort die Armuth u. dgl.

Persönliche Rügen und Klagen gegen einzelne Pfarrer ließe ich hier keine zu, denn es stört das brüderliche Verhältniß — nur im schwersten Nothfall mag Einer vor einer ganzen Gemeinschaft von Brüdern zurechtgewiesen werden. Wer Ehrgefühl hat, der wird bei geringen Rügen entweder erbittert gegen die Versammlung, oder er erhebt sich über sie hinweg, im Bewußtsein der Ungerechtigkeit der Anklage, welche besonders stark sich dann herausstellt, wenn, wie es

nicht groß — ob das Geld oder der Wille oder beides zugleich fehlt, weiß ich nicht.

4) Es ist aber, Gott sei Dank, eine radikale Trennung, die Alles zerreißt, wirklich auch nicht nöthig, sondern vielmehr glaube ich, daß Staat und Kirche recht gedeihlich und glücklich zusammenleben können, wenn sie sich verständigen wollen, so gewiß als beide auf einem gemeinsamen sittlichen Grunde beruhen und zwei verschiedene Seiten des Lebens der Menschheit darstellen und sind.

Der Mensch hat eine Doppelnatur, eine irdische und eine himmlische. Nach der einen gehört er dieser Erde an, nach der andern dem Himmel oder der Welt des Unsichtbaren. So lange er im Fleische lebt, so kann er weder blos der Erde, noch auch blos dem Himmel angehören, ungestraft, sondern die Erde soll dem Himmel und der Himmel der Erde dienen. Beides soll auf diese Weise eng verbunden sein.

Dieser Doppelnatur des Menschen entspricht nun aber gerade Staat und Kirche, und beide sind auf gleiche Weise durch einander bedingt; beide leben von einander, der Staat lebt (geistlich) von der Kirche, und die Kirche (leiblich) vom Staate.

Der Staat besteht aus einer Anzahl von Bürgern, die wie eine Familie zusammengehören, und zum gemeinsamen Zwecke haben, die Erde zu bauen und die Natur zu beherrschen nach ihrem Theil. Wissenschaft und Kunst sind daher die Mittel, durch die der Staat besteht, und Recht und Sitte die Grundlagen, auf denen er ruht. Der Regent des Staates soll der Vater der Familie sein, welcher das Volk als seine Kinder zur Mündigkeit zu erziehen hat.

Anders die Kirche: sie besteht aus einer Zahl von Menschen, die frei zusammentreten, nicht als Kinder unter einem Vater, sondern als Brüder unter einem unsichtbaren Haupte, vom Geiste regiert, welcher das Licht und die Liebe ist. Die Glieder der Kirche bilden zusammen eine Gemeinde, und ihre Aufgabe ist, die durch den Geist besiegte und geheiligte Menschennatur darzustellen. Ihr Streben ist nicht so sehr auf die Zeit gerichtet, als vielmehr auf die Ewigkeit. Ihre Mittel sind der Geist und ihr Gesetz ist die Liebe.

So ergänzen sich Staat und Kirche wie Mann und Weib in einer rechten Ehe. Kraft und Milde bieten sich die Hand. Die Kirche ohne Staat wird zum Staat (wie Rom, das neue, Beweis gibt), und der Staat ohne Kirche wird Religionsanstalt (wie dasselbe Rom, das alte, es zeigt) oder aber geht zu Grunde, weil er des höhern geistigen Lebenselementes ermangelt. Alles Geistige, in den Völkern wie im einzelnen Menschen, muß im Himmlischen ruhen, wie es nothwendig auf das Ewige und Unsichtbare zurückweist.

Und so ist denn nichts natürlicher, als daß ein christlicher Staat sucht mit der Kirche verbunden zu sein, sowie die wahre Kirche den christlichen Staat nicht zu fürchten hat. Der Staat, dessen Regierung wahrhaft christlich gesinnet ist, wird von der Kirche weiter nichts verlangen als gesunden Geist, und ihr deshalb, gerade damit ein solcher sich entwickeln könne, einerseits die nöthigen Mittel darreichen, anderseits sie in nichts beschränken, was ihre Thätigkeit zur Bildung des Geistes befördern kann.

Hierin liegen die Grundzüge für das, was wir zu wünschen haben. Und was?

Der Klarheit wegen will ich das, wovon ich glaube, daß es einer zeitgemäßen Verbesserung bedürfe, unter vier Rubriken ordnen: Verfassung, Gottesdienst, Kirchendienst und Sitte.

A. Die Verfassung der Kirche.

Eine solche fehlt uns zur Zeit noch, gerade sowie sie vor wenigen Jahren unserm Staatswesen gemangelt hat.

Sollte denn aber eine solche wirklich so nöthig sein für die Kirche? Es hat freilich Leute gegeben, die sogar meinten, daß nicht einmal der Staat eine Verfassung nöthig habe — der Wille eines Einzelnen oder Mehrer, welche zu Regenten geboren seien, reiche hin. Die neuere Zeit hat aber diese Ansicht verworfen, und als Grundsatz aufgestellt, daß in jedem wohlgeordneten Staate möglichst Alles durch das Gesetz bestimmt und dadurch jeder Willkür eine Schranke gesetzt sein müsse — dann erst sei der Bürger frei, und könne sich seines Vaterlandes freuen.

Aber was geht die Kirche eine solche weltliche Bestimmung und Beschränkung an? Der HErr hat ja gesagt: „mein Reich ist nicht von dieser Welt," und der Apostel hat hinzugefügt: „wo der Geist des HErrn ist, da ist die Freiheit!" So ist es; aber das sagt nicht, daß keine bestimmten Formen und Gesetze nöthig seien. Sobald die Kirche nicht mehr eine blos geistige Gemeinschaft bleibt, sondern wirklich eben eine Gemeinschaft sein will, wie sie soll, folglich in die sichtbare Welt eintritt und ein Gemeinwesen, freilich ein ganz und gar geistliches, ausmacht, sobald müssen Gesetze sein, so gut wie im Staate. Der Unterschied zwischen Staat und Kirche in dieser Hinsicht ist nur der: daß jener viele Gesetze bedarf, weil seine Gemeinschaft eine äußerliche ist und das irdische Dasein beschlägt, während die Kirche, deren Sein und Wesen nur innerlich und sittlich ist, von äußern Gesetzen nur wenige bedarf, nämlich einzig solche Gesetze, welche die Form ihres einfachen Gemeinlebens bestimmen, indem ihr Hauptgesetz ein rein geistiges, das höchste und göttlichste aller Gesetze, die Liebe Gottes ist.

Und so ist denn das Erste, was wir bedürfen für unsere Kirche, ein Grundgesetz, welches einerseits das Verhältniß der Kirche zum Staat, anderseits die ganze innere Ordnung und Einrichtung bestimmt, d. h. eine Kirchenverfassung, wie eine solche auch in andern Schweizerkantonen und in vielen Ländern eingeführt ist. Wie dieselbe beschaffen und gegliedert sein müsse, will ich jetzt nicht darstellen, sondern nur, was nach meiner Ansicht in derselben oder für unsere Kirche jetzt am nöthigsten zu sein scheint. Und das ist Folgendes.

a) Als oberste gesetzgebende Behörde ließe ich den Großen Rath bestehen, ungeachtet eine Anzahl katholische Glieder in demselben sitzen; denn diese haben wir Protestanten schon an und für sich nicht zu fürchten, weil der Protestantismus die Parthei des Fortschrittes ist, und dieser nach den Gesetzen der göttlichen Weltordnung als ein ununterdrückbarer, schlechthin nothwendiger, im Christenthum selbst wesentlich enthaltener und von demselben geforderter betrachtet werden muß; aber auch weil die Protestanten in unserm Gr. Rathe eine weit überwiegende Mehrheit (wenigstens wie 10 zu 1) ausmachen. Da müßte es sich denn doch wirklich sonderbar fügen, wenn die Katholiken im Stande sein sollten eine Mehrheit herauszubringen und unserer Kirche ein Gesetz zu machen! Dieses könnte nun heilsam sein oder aber gefährlich.

Im erstern Falle sehe ich nicht ein, warum wir ein heilsames Gesetz nicht mit Dank annehmen sollten, selbst wenn es zum Theil von Katholiken, ja selbst wenn es von Feinden gegeben worden wäre — Katholiken aber sollen wir nicht von vornen herein für Feinde, nicht einmal nothwendig für Widersacher unserer Kirche ansehen, obschon es zu ihrem Glauben gehört, daß jeder Nichtkatholik ein Ketzer und verdammt sei, sondern wir sehen sie als (freilich im Allgemeinen verblendete und abgeirrte) Glieder der einen und selbigen allgemeinen christlichen Kirche, folglich als Brüder an, die im Grunde das eine und gleiche Interesse mit uns haben, nämlich das der Ausbreitung des Reiches Gottes und der Verherrlichung unsers Gottes und HErrn.

Sollte es aber ein gefährliches Gesetz sein (was wir kaum zu besorgen haben), so müßte es wirklich eine unbegreifliche Fügung sein, wenn die große Mehrheit der Protestanten sich von den wenigen Katholiken verblenden und verleiten ließe, das zu beschließen, was der katholischen Kirche Vortheil, der reformirten aber Schaden brächte. Wer dächte, wer erwartete dies?? Darum lassen wir nur unbesorgt die oberste Gewalt der Kirche in den Händen unsers paritätischen Großen Rathes, und vertrauen dem, welcher das Schifflein der Kirche stets regiert, und der den Zeiten gebietet und ihren Fortschritt ordnet, und welcher von Anfang gesprochen hat: „Es werde Licht!" — und es ward auch Licht, und es wird geistig immer mehr Licht werden, denn Er ist das Licht der Welt, welches Alle erleuchten will.

Hiefür müßte es nun freilich wünschenswerth erscheinen, daß auch Geistliche im Großen Rathe säßen, wie ja schon nach der Staatsverfassung alles Privilegium aufgehoben ist, und die reformirten Geistlichen keine besondere Kaste bilden. Nicht daß es die Geistlichen eben sehr nach den grünen Bänken gelüste — denn sie haben sonst schon Arbeit genug — aber natürlich ist es, daß diejenigen, welche theoretisch und praktisch eine Sache kennen gelernt haben, auch am ehesten im Stande sein müssen dieselbe zu beleuchten. Sollte wol ein Großer Rath des Urtheils der Experten, und das in einer so wichtigen Angelegenheit, wie die Kirche ist, sich entschlagen können? Man sage nicht: „die Experten geben ihr Gutachten vorher ab, der Rath verhandelt es, und dazu bedarf er denn der Experten nicht mehr" — die Experten sind also seine Knechte, die der Herr entläßt, sobald er ihres Dienstes nicht bedarf!?

Es ist aber offenbar von der höchsten Wichtigkeit, daß Jemand da sei, welcher das geschriebene Wort (Gutachten), sobald es angegriffen wird, vertheidige. Und wer könnte dieses besser als eben der, welcher es geschrieben, oder welcher es hat denken helfen, also einer der Experten?

In Sachen, welche blos die einzelne Kirchgemeinde betreffen und keine Beziehung haben auf die Kirche im Allgemeinen, hätte die versammelte Kirchgemeinde die höchste Gewalt, z. B. in Allem, was den Kirchenbau oder einzelne Anordnungen in demselben, oder was den Gottesacker betrifft, oder die Wahl der Mitglieder des Presbyteriums, oder die Anstellung des Sigristen (Küsters), oder des Vorsingers, des Organisten u. dgl.

b) Was jede Gesetzgebung voraussetzt, das ist die Berathung und Begutachtung. Und zu diesem Geschäfte bedarf es solche Männer, welche die einschlagenden Gegenstände aus vielfacher Erfahrung kennen, und die man eben Experte nennt. Und wer könnte etwas besser kennen als derjenige, dessen Lebensgeschäfte die Sache ist?

So wünschte ich dreierlei berathende Behörden: die Presbyterien, die Kapitel und die Synode.

1) Die Presbyterien — zu deutsch: Räthe der Aeltesten in der Gemeinde, nach dem Vorbild der ersten, apostolischen Kirche — an Statt unserer gegenwärtigen Sittengerichte, oder der ehemaligen Chorgerichte. Sie wären eigentliche Kirchgemeindräthe, und würden von der Kirchgemeinde gewählt. Sie hätten alles das zu berathen, was ihnen für die Landeskirche gut und ersprießlich schiene, und zwar so daß gesetzlich Alles, was in der Synode behandelt werden soll, vor Allem aus den Presbyterien zur Begutachtung vorgelegt würde. Auf diese Weise würde in den Gemeinden ein Interesse an der Sache geweckt, was gegenwärtig gänzlich mangelt. Wenn es sich z. B. um Einführung eines zweckmäßigern Gesangbuchs handelte, so würde das Projekt, das die Gründe der Neuerung und die Grundsätze und Regeln enthielte, jedem Mitglied des Kirchgemeindraths (Presbyteriums) zur reifern Ueberlegung mitgetheilt.

Der würde es unfehlbar mit seiner Haushaltung und mit seinen Nachbarn besprechen; und so bildete sich ein allgemeines Urtheil über die Sache. Jedes Mitglied vernähme so am besten die Ansicht der Leute als die allgemeine Stimme. Nach diesem würde nun im Presbyterium gehandelt, und nach diesem auch würden die Abgeordneten auf die Kapitel und Verhandlungen instruirt. Da könnte es sich nun freilich bisweilen ereignen, daß, wie es in politischen Dingen, wo das Volk das Veto hat, schon erlebt worden ist (in jüngster Zeit im Kt. St. Gallen), mancherlei Umtriebe geschähen. Freilich! Alles Gute in der Welt kann irgendwie zum Bösen gemißbraucht werden. In der Regel wird das aber bei uns nicht geschehen. Dem eigentlichen Treiben und Hetzen kann durch ein Gesetz und durch gute Polizei etwas vorgebeugt werden. Sollte sich indessen, auf ruhige und achtunggebietende Weise, in den Gemeinden ein Gegensatz aussprechen gegen irgend eine im Werk begriffene Sache allgemeiner kirchlicher Natur, z. B. ein neues Kirchengebetbuch, oder einen neuen Katechismus u. dgl., so würde es ein Wink sein, entweder daß die Leute noch besser über die Sache unterrichtet werden müssen, oder daß die Sache selbst noch vorsichtiger bearbeitet werden müsse. Und wenn die Mehrheit der Gemeinden sich dagegen erklären würde, so wäre es Beweis, daß die Zeit noch nicht gekommen sei. Es läge aber darin zugleich nothwendig die Aufforderung, das Volk zu bearbeiten, daß es für bessere Formen empfänglich werde, und jedenfalls nie das Unwesentliche oder Minderwesentliche mit dem Wesentlichen und Grundgesetzlichen verwechsele — wie z. B. einst ein Landmann, als er einen Heidelbergerkatechismus in die Hände bekam, in welchem die sogenannten Marginalnoten fehlten, in Gewissensangst zu einem Geistlichen eilte, und ihm alles Ernstes sein Entsetzen kund gab, daß man die heilige Religion ändern und verfälschen wolle!! So einfältig

7

(nicht im biblischen Sinne!) sind leider noch Viele unter uns.

2) Die Kapitel — eine Art von Provinzialsynoden, deren es im Kanton Bern sieben gibt, die sich alljährlich am Mittwoch nach Pfingsten zu versammeln pflegen.

Vor diese Kapitel kämen die Wünsche, Vorstellungen und Anträge der Presbyterien. Nebstdem hätte jedes Mitglied das Recht Anträge zu stellen, welche zur Förderung der Zwecke der Kirche dienen. Auch würde der wesentliche Inhalt der jährlichen Pfarrberichte, sowie der Visitationen hier in Form eines Gesammtberichts mitgetheilt, wobei besonders aufmerksam gemacht werden müßte auf diejenigen Stellen, wo das Reich des HErrn entweder eine bedeutende Förderung oder aber eine bedenkliche Hinderung erfahren hätte, und welches die wesentlichsten Hindernisse der Ausbreitung des göttlichen Reiches seien, mit welchen Mitteln sie am ehesten überwältigt werden können. Wichtig müßte es sein zu sehen, in welchen verschiedenen Gestalten an verschiedenen Orten das Böse auftritt, und auf welche Weise es sich dem Guten entgegensetzt. Man würde da erfahren: hier ist es Säuferei, und zwar die Branntweinsäuferei, dort ist es der Luxus; hier eine falsche Richtung oder Uebertreibung der Industrie, dort der Müßiggang; hier ist es der Landbau, dort die Weberei; hier die falsche Aufklärung, dort die rohe Unwissenheit; hier der Unglaube, dort der Aberglaube; hier der Geldstolz, dort die Armuth u. dgl.

Persönliche Rügen und Klagen gegen einzelne Pfarrer ließe ich hier keine zu, denn es stört das brüderliche Verhältniß — nur im schwersten Nothfall mag Einer vor einer ganzen Gemeinschaft von Brüdern zurechtgewiesen werden. Wer Ehrgefühl hat, der wird bei geringen Rügen entweder erbittert gegen die Versammlung, oder er erhebt sich über sie hinweg, im Bewußtsein der Ungerechtigkeit der Anklage, welche besonders stark sich dann herausstellt, wenn, wie es selbst in der neuesten Zeit sich ereignet hat, ein Pfarrer zwar verklagt werden kann, aber nie Gelegenheit bekömmt sich zu vertheidigen! Wie das? Der Visitator hört die (falschen) Beschwerden in der Kirche an, nimmt sie zu Protokoll, trägt sie dem sogenannten Juratenkollegium vor, in der Kapitelsversammlung wird die Rüge kund gemacht, die Sache kömmt vor oberste Erziehungsbehörde, und der Inkulpat bekömmt mir nichts dir nichts eine Zurechtweisung, ohne je selbst abgehört worden und im Stande gewesen zu sein, zu beweisen, was er beweisen konnte, daß die Klagen nichts anderes waren als Lügen und Verleumdung! Und welcher Geistliche kann vor solchen Angriffen sicher sein?

Wer sollte nun an die Kapitelsversammlungen abgeordnet werden?

Man möchte vielleicht denken: erstens die Geistlichen, zweitens Weltliche, Ausgeschossene der Kirchgemeinden.

Allein, wenn ich bedenke, daß an diesen Versammlungen Manches zur Verhandlung kömmt, woran unmittelbar nur die Geistlichen als die theologisch Gebildeten ein verständiges Interesse haben können, und daß ferner diese Kapitel theils Dinge von rein örtlicher und theilweiser oder gar von persönlicher Beziehung zu besprechen haben, theils für die allgemeinern und wichtigern Kirchenangelegenheiten weiter nichts als nur vorberathende Behörden sind; so weiß ich nicht, ob es nöthig, ja ob es wünschenswerth und rathsam wäre, den Kapiteln weltliche Mitglieder beizuordnen, mit Ausnahme etwa der bisherigen Regierungsabgeordneten, die im Namen des Staates da stehen (ut caveant, ne quid detrimenti capiat res publica!). Ich glaube aber, daß, wenn diese Kirchenverfassung zu Stande käme, sowol die Regierungsstatthalter überflüssig wären (wie es schon jetzt zu sein scheint), als auch die Gemeindeabgeordneten hier wenig zu verrichten fänden, zumal da die Wünsche und Vorstellungen der einzelnen Gemeinden bereits durch ihre

7 *

Presbyterien an die Kapitel gelangen und von da aus vor Synode gefördert werden, so daß sich wirklich nicht absehen läßt, was für ein Interesse den Weltlichen noch übrig bliebe, zumal da nach meiner Ansicht die Kapitel ganz eigentlich dazu dienen sollten, einerseits das freundschaftliche, andererseits das theologisch wissenschaftliche Leben unter den Kapitelsbrüdern anzuregen und zu befördern. Und gerade zu dem Ende schiene es mir höchst wünschenswerth, wenn alljährlich theologische Fragen aufgegeben würden, die das Jahr hindurch überlegt und wol auch in Pfarrvereinen, diesen wichtigen Hebeln einer edeln Thätigkeit, besprochen und vorbereitet werden könnten, und dann an den Kapitelsversammlungen ernstlich und genau verhandelt würden. Wer sieht nicht, daß so etwas dem wissenschaftlichen Leben der Geistlichen, dem sich sonst so Mancher entfremdet, neuen Antrieb geben müßte!

Es leuchtet wol jedem Kundigen ein, daß es schon um dieses Zweckes willen, den gewiß viele würdige Geistliche theilen, nicht rathsam wäre, weltliche Mitglieder in der Versammlung zu haben, theils weil sie in der Regel außer Stand wären an der Verhandlung Theil zu nehmen, theils weil Manches zur Sprache kommen und einer allseitigen Erörterung unterworfen werden müßte, was ohne Gefahr nur derjenige anhören darf, welcher vermöge seiner allseitigen theologischen Bildung das Ganze übersieht und das Einzelne gehörig zu würdigen weiß. Anders auf der Synode.

Wie schön könnten diese Tage werden! besonders wenn solche Verhandlungen, wie doch wahrlich zu erwarten stände, mit Würde und brüderlicher Liebe, aber auch mit Eifer und Gründlichkeit geleitet würden! Wie freudig würde Psalm CXXXIV angestimmt werden:

„Erhebet Gottes Herrlichkeit!
Ihr, die ihr Diener Gottes seid,
Und die ihr vor Ihm Tag und Nacht
Zu Seinem Lob und Dienste wacht!“ u. s. f.

Denn mit einem kurzen feierlichen Gottesdienste, an welchem jeder Bruder der Reihe nach die Predigt (nur eben kürzer!) zu halten hätte, müßte die Versammlung eröffnet werden, wie bisher. Es ist eine grundirrige Ansicht, als ob diese Predigten eine Art Examen sein sollen — sie sind es freilich in entfernterer Hinsicht — zunächst soll der Prediger wissen, daß er unter Brüdern steht, die brüderlich urtheilen, in aller Demuth und Liebe, ja die überhaupt entweder gar nicht urtheilen sollten, wenigstens nicht auf eine Weise, daß es merkbar würde; denn der Gedanke: „nun stehst du vor einem unbarmherzigen Menschengericht! vor Splitterrichtern, die dich um so weniger schonen, je mehr sie sich selbst über dich erhaben fühlen!“ ist gewiß ein Gedanke, welcher alles Feuer der Begeisterung von vornen herein löschen, und den Prediger ganz und gar demoralisiren und entkräften müßte. Niemand liebt es, sich bekriteln zu lassen, und namentlich sollte das Heilige, wie eine Predigt ist, nie einer solchen Gefahr ausgesetzt sein. Vielmehr sollte Jeder mit dem Bewußtsein auftreten können und wirklich auftreten: „Nun stehst du unter geliebten Brüdern; unter Männern, welche dieselbe heilige Arbeit mit dir theilen, welche mit dir flehen und seufzen, mit dir lieben und leiden — denen das Wort, das du nun aussprechen sollst, wie dir das theuerste Kleinod und der beständige Lebensgefährte ist.“ Unter solchen Männern muß es Einem eine wahre Wonne und Herzensfreude sein sich aussprechen zu können — wo nicht Jeder seine eigene, abweichende Ansicht hat, und bei jeder Mittheilung, die du ihm machest, gleich ein Aber entgegenzusetzen oder eine viel bessere Ansicht vorzulegen hat! — unter solchen Verstandesmenschen kann es dem wahren Geistlichen, dessen edelstes und bestes Leben im Gemüth besteht, nie wohl und einheimisch werden. Es sollte überhaupt dahin gearbeitet werden, daß unter den Geistlichen mehr echter (aber echter!) Standesgeist gepflanzt würde als zur

Zeit geschieht. Die Geistlichkeit scheint genau das Bild unserer protestantischen Kirche an sich zu tragen; und wer weiß, ob hier nicht das Sprichwort gilt: wie der Hirt, so die Heerde! Und was für ein Bild? Das Bild der vorherrschenden einseitigen Verständigkeit, welche nur „vernünftelt" und nur sich kennt (nicht erkennt!), nur das Seine sucht, und sich durch Witz über den Andern erhebt, zufrieden, wenn er mit der Lauge des Verstandes an dem Andern seine Fehler durchmachen kann, aber nie oder selten an seine eigenen denkt. Kurz, es ist die Selbstsucht und der Mangel an wahrer Demuth und Liebe, welche leider nicht selten die Gemeinschaft hindern, die unter den Geistlichen bestehen soll.

Indem ich diese Klage ausspreche, geschieht es im Bewußtsein der wirklichsten Wahrheit; aber auch mit dem aufrichtigsten Wunsche, daß es anders werde unter uns. Ich könnte Thatsachen genug aufführen, welche hinlänglich beweisen, was unsere Krankheit sei; aber ich halte sie zurück, in der Hoffnung, daß Niemand diese Rüge zum Bösen deute. Wer unter uns könnte sagen, daß er rein wäre von aller Schuld? aber soll uns das hindern, daß wir die Wahrheit sagen? Wer könnte darin eine persönliche Beleidigung finden? Wol nur der, welcher kein Geistlicher ist, sondern nur ein Pfarrer im Sinne der Welt, und in dessen Busen eine Leidenschaft brennt, deren nur ein Pharisäer fähig sein könnte, aber nie ein evangelischer Geistlicher. Ich wiederhole es: der geistliche Stand bedarf mehr wahre Brüderlichkeit und anspruchlose, demuthsvolle, wahrhaft gottergebene Freundlichkeit! Es muß dem Geistlichen, so oft er einen Amtsbruder sieht, warm um's Herz werden, und es muß ihn eine Freude durchzucken, wie sie die Frucht aufrichtiger heiliger Freundschaft ist. Sollte das nicht möglich sein? Dazu freilich muß ein Jeder das Seine beitragen, indem er vor allen Dingen sich selber achtet und jederzeit im Geiste dessen lebt und handelt, dessen Diener wir ja sind, und dessen herrliches Reich wir ausbreiten sollen. Könnte denn da etwas das Band zerreißen, welches Alle umschlingt? könnte Verschiedenheit theologischer Ansichten, oder Verschiedenheit der Gaben und Kräfte, oder Verschiedenheit der politischen Meinung eine Trennung der Herzen begründen, die ja in einem viel Höhern geeinigt sind, das so hoch über Jenem wie der Himmel über der Erde steht?

Und zur Stiftung einer solchen Gemeinschaft müßten die Kapitelstage eines der geeignetsten Mittel sein.

3) Die Synode, als eigentliche Generalsynode, oder Versammlung von Abgeordneten der ganzen reformirten Kirche des Kantons Bern.

Wir haben zwar seit der neuen Ordnung der politischen Dinge unter uns eine Synode, aber an dieser setze ich dreierlei aus: 1) daß sie nur aus Geistlichen zusammengesetzt ist, 2) daß die Abgeordneten von den Kapiteln, also von Geistlichen gewählt werden, 3) daß ihr Geschäftskreis, ich will nicht sagen, zu wenig genau bestimmt, aber zu wenig fest gesichert ist, indem die Regierung die Synode bisher noch zu sehr nur nach Gutdünken behandelt hat.

Das Erste, was ich daher für eine Synode wünschen möchte, ist die Beiziehung von Nichtgeistlichen als Gliedern der Kirche, so daß es also nicht mehr blos eine Synode der Geistlichkeit, sondern wirklich eine Synode der Kirche wäre — was im höchsten Grade wichtig ist, zur Weckung des Bewußtseins der Gemeinschaft und Zusammengehörigkeit. Man darf dieses hier ohne alle Besorgniß wünschen, weil auf der Synode nicht theologisirt werden soll, sondern alle Gegenstände, die hier verhandelt werden, mehr dem praktisch kirchlichen Gebiete angehören. So wenn über ein Gesangbuch, über eine Liturgie u. dgl. verhandelt würde. Daß nicht auch dieses Alles seine theologische Seite habe und auf wissenschaftlichem Grund beruhen müsse, ist zwar gewiß, aber was hier überwiegend in Betrachtung kömmt, ist das Praktische desselben, ob es dem vorhandenen kirchlichen Bewußtsein entspreche oder nicht; und dieses sind wol oft die Nichtgeistlichen, namentlich aus der Mitte des Landvolks, besser im Stande zu beurtheilen als aber die Geistlichen selbst. So viel leuchtet Jedem ein, daß es nicht hinreicht, daß ein Lied oder ein Gebet wissenschaftlich und künstlerisch vollkommen sei, um eingeführt zu werden; es ist vielmehr auch nöthig, daß es wahrhaft volksgemüthlich sei, d. h. in das Gemüth des Volkes eingehe. Und um das zu beurtheilen, muß es geraume Zeit vom Volke versucht, gleichsam gekostet worden sein, was besonders mit Liedern sich unschwer machen läßt in einer Zeit, die, wie die unsrige, so reich an Gesang und Gesangsvereinen unter dem Volke ist. Freilich werden wir auf diese Weise mit unsern Bestrebungen und Verbesserungsversuchen oft zurückgeworfen werden, und es wird hie und da Einer zusehen müssen, wie sein Schooskind, das er mit großer Liebe und Sorgfalt aufgezogen hatte, verworfen wird. Allein, was schadet denn das! Müssen wir doch zweierlei lernen: einmal, daß nicht die Einsicht des Einzelnen herrschen soll, und zum Andern daß ohne die Zustimmung des Volkes, wenigstens in seiner Mehrheit, nichts wahrhaft Gedeihliches gethan werden kann. Die Idee der Kirche fordert ja nothwendig die Gemeinsamkeit, wie sollten wir denn etwas wollen, das dem Bildungsstand der Mehrheit nicht entspricht! Man kann übrigens sagen, es sei wol eine weise Anordnung Gottes, daß es mit den Verbesserungen nicht so rasch geht wie man oft in ungestümer Hitze wünschen möchte. Wie viel falsche Aufklärung wird dadurch gehindert! Was ungezweifelt gut ist, d. h. was die göttliche Wahrheit rein und lebendig wie das Evangelium selbst, also auch kindlich einfach ausspricht, sei man überzeugt, das wird bei'm Volke Anklang finden. Die

Wahrheit ist nie einseitig, etwa nur Verstandessache, sondern sie spricht das Gemüth an.

Darum halte ich es für unumgänglich nöthig, daß auch Nichtgeistliche in der Synode sitzen.

Und dazu füge ich noch zwei Gründe hinzu: der erste ist, daß alle Beschlüsse und Anträge, sobald Regierung und Volk wissen, daß Leute aus dem Volke dabei mitgewirkt haben, viel eher Anklang finden werden. Abgesehen davon, daß in der Regel (aus historisch und psychologisch sehr begreiflichen Gründen) das Landvolk immer noch ein gewisses Mißtrauen gegen die Städter hegt, so ist es hinwiederum sehr natürlich, daß für dasjenige von vornen herein mehr Zutrauen vorhanden ist, wovon wir wissen, daß Leute von unser Einem es bereits gebilligt haben.

Der andere Grund ist: weil auf diese Weise Städter, Landleute und Geistliche aus allen Gegenden des Kantons mit einander bekannt und befreundet würden, was nothwendig dazu beitragen müßte, sowol überhaupt das gegenseitige Zutrauen zu vermehren (Mißtrauen und Argwohn entsteht nur in der Entfremdung und Abschließung) als das Bewußtsein kirchlicher Gemeinschaft oder den frommen Gemeingeist recht zu wecken und auszubilden, was uns ja noch so wesentlich fehlt.

Auf welche Weise die Wahl der Abgeordneten an die Synode geschehen müsse, möchte ich nicht bestimmt entscheiden.

Es schiene mir zweckmäßig und klug, daß die drei Hauptelemente berücksichtigt würden, aus denen unsere Kirchenglieder zusammengesetzt sind: 1) das Volk im Allgemeinen, 2) die Geistlichen, 3) die oberste Staatsbehörde.

Das Volk, sowol Städter als Landleute, muß vor Allem ein Recht der Abordnung besitzen, denn es bildet ja die eigentliche Kirche oder den Leib des HErrn. Alle Formen und Einrichtungen sind ja um der Kirche, also um des

Volkes willen da, zu seinem Nutz und Frommen, zur Förderung seiner Gottseligkeit, zur Begründung seines ewigen Heils. Es muß daher am besten wissen oder fühlen, was ihm zusagt, was es fassen und aufnehmen kann, was ihm wirklich ein Heilsmittel ist, und was nicht. Sobald man Gesetze aufstellt und Anordnungen trifft, welchen die große Mehrheit des Volkes mit Geist und Herz fern und fremd bleibt, so stehen diese Gesetze und Anordnungen todt da, und fördern das Leben nicht, sondern hemmen und ersticken es. Das sollte man nie vergessen!

Die Wahl der Abordnung selbst könnte etwa so geschehen, daß die Kirchgemeinden eines Amtsbezirkes ihre Wahlmänner bestimmten, und von diesen, etwa im Frühjahr, auf je 6000 Seelen ein Abgeordneter erwählt würde — kleinere Amtsbezirke (Biel?) hätten Einen zu wählen. So kämen auf etwa 360000 reformirte Einwohner des Kantons sechzig Abgeordnete.

Diese Männer würden gewählt aus allem Volke, geistlichen oder weltlichen Standes, je die Würdigsten und Tüchtigsten, doch so daß, um Doppelwahlen zu verhüten, jeder Amtsbezirk nur aus seinem Kreise wählen dürfte.

Sobald diese Wahlen getroffen und von den Gewählten angenommen wären, so würden die Ergebnisse der obersten Kirchenbehörde eingesandt, zur Genehmigung.

Hierauf schritte der Große Rath (reformirte Abtheilung?), welcher sich gewöhnlich im Mai zu versammeln pflegt, zu seinen Wahlen, die gleicher Weise fallen könnten auf wen es sei, sofern er nur Mitglied der bernischen reformirten Kirche wäre. Die Zahl dieser Abgeordneten wäre etwa gleich derjenigen, welche die sämmtlichen Kapitel zu wählen haben. Damit nicht Doppelwahlen geschähen, müßte dem Gr. Rath das Verzeichniß der bereits Gewählten mitgetheilt werden.

Nach diesem endlich versammelten sich die Kapitel zu ihren ordentlichen Jahressitzungen. Die sämmtlich bereits getroffenen Wahlen des Volkes und des Gr. Rathes würden jedem Kapitel vorgelegt, aus dem bereits angeführten Grunde. Eben darum auch müßte jedes Kapitel aus seiner Mitte zu wählen haben, und zwar auf je 10 Kapitularen einen Abgeordneten. Dieses brächte eine Zahl von etwa 20 Abgeordneten. Dazu die 20 Abgeordneten des Gr. Rathes, stiege die Zahl der sämmtlichen Abgeordneten auf etwa 100, was nicht übermäßig schiene; denn je mehr Theilhaber, desto mehr Interesse. Zudem muß man immer bedenken, daß nie alle Mitglieder anwesend sind, besonders wenn es belieben sollte, keine Taggelder zu bezahlen!

Um jedoch der Sache mehr Bedeutung und Interesse zu geben, wäre es vielleicht gut, die Synode ordentlicher Weise nur je zu zwei Jahren zu versammeln, etwa im Spätherbst, theils damit die Abgeordneten Zeit hätten sich gehörig auf die Verhandlungen vorzubereiten und die allgemeine Stimmung genau zu vernehmen, theils weil im Spätherbst (Ende Oktobers) für Jedermann am ehesten die Zeit frei stände.

Sollten es die Geschäfte erfordern, so mögen außerordentliche Versammlungen einberufen werden.

Ueber die Einrichtung des Geschäftsganges der Synode erlaube ich mir die einzige Bemerkung, daß er so frei wie möglich, aber eben darum auch so geregelt wie möglich sei. Ihre Beamten soll sie sich selber wählen, je für die nächste ordentliche Zusammenkunft.

Der Geschäftskreis der Synode muß von dem Gr. Rath der Republik, als der obersten und einzigen gesetzgebenden Behörde im Staat, mit möglichster Genauigkeit bestimmt werden, damit weder die Staatsregierung noch die oberste Verwaltungsbehörde der Kirche sich irgend eine Willkür erlauben könne.

Bei den Wahlen der Abgeordneten muß auf zweierlei gesehen werden: einerseits auf wissenschaftliche Einsicht oder Statt dessen auf gesunden Blick, anderseits auf wahren Christensinn und herzliche Frömmigkeit. Aller Witz und alles Glänzenwollen muß von der Synode so fern sein als aller Unglaube und alle Sittenlosigkeit. Die Synode soll eine wahrhaft hochwürdige Versammlung bilden, bei welcher kein anderes Ansehen als nur dasjenige des Herrn der Kirche und keine andere Gesinnung als nur die wahrhaft kirchliche gilt.

Der Form wegen könnte es vielleicht nicht unangemessen erscheinen, wenn die Staatsregierung im Namen des Staats einige Glieder (Protestanten) aus ihrer Mitte abordnen würde, ohne Stimmrecht, aber mit dem Recht nöthigenfalls eine Verwahrung einzulegen, und damit die Regierung unmittelbar von den Vorgängen und Verhandlungen Kenntniß bekomme. Aber, wird man fragen, ist es denn nicht genug, wenn Abgeordnete des Großen Raths in der Synode sitzen? Ich antworte: erstlich sitzen diese nicht als eigentliche Repräsentanten des Staats und im Namen desselben als solcher da, sondern als Mitglieder der Kirche — die Abordnung vom Gr. Rath aus bezeichnet nichts anderes als den engen Zusammenhang, in welchem unsere Kirche mit unserm Staate steht; — dann ist nicht gesagt, daß alle vom Gr. Rath Abgeordneten Mitglieder dieser Behörde sind, sondern möglicher Weise wählt er keinen einzigen aus seiner Mitte, möglicher Weise blos einige.

Auf diese Weise scheinen die verschiedenen sittlichen und geistigen Kräfte am gleichmäßigsten berücksichtigt zu sein.

c) Nach der gesetzgebenden und der berathenden Behörde bedarf die Kirche eine gute Verwaltung.

Die Verwaltung kann eine doppelte sein: eine, die das Allgemeine besorgt, und eine, die das Einzelne pflegt. Für die erstere bedürfen wir einen Kirchenrath; für die letztere werden die Presbyterien geeignet sein. Die Kapitel bedürfen keiner andern Verwaltung als die ihrer Kasse, welche ihr Privateigenthum ist, auf die Niemand einen Anspruch hat als allein, wer Kapitelsglied ist und sich einkauft. Dafür mag also das Kapitel nach Belieben sorgen.

1) Der Kirchenrath, neun Mitglieder stark, zu zwei Dritteln von der Synode, zu einem Drittel vom Gr. Rath gewählt, wenigstens je auf drei Jahre, nämlich so, daß alle Jahre drei Glieder austräten, bildete diejenige Behörde, welche einerseits das von der Regierung Beschlossene auszuführen oder über dessen Ausführung zu wachen hätte, anderseits die Vikarien zu bestellen, die Pfarrer zu beaufsichtigen, Pfarrausschreibungen zu besorgen und die Anmeldungen zu empfangen und zu begutachten, sowie die Kandidatenprüfungen zu bewachen hätte. Darum müßte der Kirchenrath wenigstens zu zwei Dritteln aus theologisch gebildeten Männern bestehn, und die in der Hauptstadt oder deren Umgebung wohnen.

Wie kann eine Behörde, wie gegenwärtig das Erziehungsdepartement, Kirchenangelegenheit, Volksschule und Gelehrtenschulwesen nebst der Hochschule zusammen zu leiten im Stande sein! Wir wollen nicht einmal bezweifeln, daß alle Mitglieder die nöthige Sachkenntniß besitzen für alle diese sehr verschiedenen wichtigen Zweige des öffentlichen Lebens; wie ist es physisch möglich, daß eine und dieselbe Behörde, deren Mitglieder außerdem mehr als hinlänglich beschäftigt sind, alle diese Arbeit gehörig besorge! Und wie man hört, ruht der Gang der Dinge meistens nur auf den Schultern von dreien! und das in einem so hochwichtigen Departemente, welches die höchsten Interessen des Volkes zu pflegen hat, und zwar für Katholiken wie für Protestanten! Wer sähe nicht, daß das die Kräfte so Weniger übersteigt? Ohne den verehrlichen Gliedern der Behörde zu nahe zu treten, muß daher im Interesse der Sache eine Aenderung dringend gewünscht werden. Auch die Klugheit fordert sie.

2) Die Presbyterien wären die Verwaltungsbehörde der einzelnen Gemeinden, und bildeten die Vermittelung zwischen dem Kirchenrath und der Kirchgemeinde. Das Presbyterium hätte in Ausführung zu bringen, was der Große Rath auf Antrag der Synode beschlossen hat, und eben so über das zu wachen, was die Kirchgemeinde erkannt hat.

d) Das Vierte ist die Aufsichtsbehörde.

Man hat es nämlich bisher für gut und nöthig erachtet, die Pfarrer einer jährlichen Visitation oder eigentlichen Heimsuchung zu unterwerfen. Es ist recht, besonders in republikanischen Einrichtungen und Gesellschaftsformen, daß die Beamteten einer fleißigen Kontrolle unterworfen werden. Nur muß eine solche Kontrolle zweckmäßig sein.

Bei uns besteht ein sogenanntes Juratenkollegium, eine Anzahl von besonders beeidigten Kapitelsgliedern (Geschwornen), von denen jeder Einzelne einige Pfarreien zu visitiren hat, immer dieselben. Nun wird der Tag der Visitation abgeredet, der Visitator erscheint und untersucht die Kirchenbücher, die Glocken läuten und die Gemeinde, d. h. ein Paar Vorgesetzte und Schulmeister nebst einigen (sogenannten) Hausvätern versammeln sich, der Pfarrer predigt und katechisirt, hierauf entfernt er sich; dann, wenn Weiber und Kinder mit dem Pfarrer die Kirche verlassen haben, frägt der Visitator nach dem gedruckten Formular Punkt für Punkt die Versammelten an, ob sie etwas zu klagen haben! so daß es den Leuten ganz eigentlich auf die Zunge gelegt wird! und der Pfarrer weiß selten, wer seine Ankläger sind! und die Klagen werden ihm nicht einmal zur Einsicht mitgetheilt, wenn es nicht aus besonderer Freundschaft des Visitators geschieht! Ein solches Inquisitionsgericht haben wir noch unter uns, das freilich nur dann als solches sich bethätigt, wenn die Leidenschaft Einzelner sich an dem Pfarrer wetzen und letzen will, das in der Regel aber völlig achtungs- und bedeutungslos ist, so daß man Beispiele genug hat, daß ein sehr untauglicher Pfarrer stets ohne die geringste Note durchkam, während verdiente Männer, die das Unglück hatten mit einem Statthalter oder reichen Bauer zu zerfallen, weil sie ihn bei seiner wunden Seite angefaßt hatten, auf's niedrigste gekränkt wurden. Ja, gerade die Amtstreue kann unter gewissen Umständen am ehesten in Fall gerathen, daß die Visitaz als Schwert benutzt wird, während der gleichgültige oder menschengefällige Beamtete ungeschoren durchkömmt. Es brauchte einst nur der Pfarrer einen alten Schullehrer zu seiner Pflicht anhalten und in dessen Schule Ordnung bringen zu wollen, indem er der Gedankenlosigkeit und Verdummung (wie sie früher herrschte) den Krieg erklärte, so konnte er gewiß sein, daß er sich damit einen Feind gemacht habe, der keine Verzeihung kennt, sondern bei der ersten besten Gelegenheit seinen Dolch zuckt!

Darum, scheint mir, ist dieser Visitationsgebrauch schlechtweg abzuthun, besonders da die Gemeinden als solche nirgends Theil daran nehmen und die Würde des Pfarrers damit wirklich in hohem Grade preisgegeben wird.

Können doch ja diejenigen, welche zu klagen haben, auch außer der Visitation den Weg zum Richter finden! Warum sollte denn dieses nicht genug sein?

Darum möchte ich vorschlagen, daß, wie in Deutschland etwa geschieht, die Untersuchung der Kirchenbücher durch den Dekan als Kapitelspräsidenten und seinen Stellvertreter gemacht werde, das Jahr hindurch, wann und so oft es ihnen gut scheint, unerwartet; denn die Bücher sollen jederzeit in Ordnung sein, und nicht, wie es jetzt hie und da üblich zu sein scheint, erst auf die Visitaz im Frühjahr, so daß Vieles bis da nur auf Flugblättern u. dgl. sich aufgezeichnet findet, und im Fall plötzlichen Absterbens des Pfarrers von Niemanden in Ordnung gebracht werden könnte. Auch bei Feuersnoth, die bekanntermaßen plötzlich einzutreten pflegt, lassen sich solche einzelne Papierstreifen nicht so leicht zusammenraffen und retten wie ein großes gut geheftes Buch.

Auch läßt sich gegen das Aufsparen der Einschreibung in die eigentlichen Kirchenbücher namentlich der wichtige Grund anführen, daß, wenn man so Vieles abzuschreiben hat, und das oft in aller Hast, leicht Schreibfehler sich einschleichen, die man nicht eher entdeckt als dann, wenn man sie vielleicht gar nicht mehr, oder nur mit großer Mühe wieder gut machen kann.

Daß der Pfarrer an der Visitaz bisher eine Predigt und Katechisation hielt, ist eine ganz bedeutungslose Formalität; denn was soll das? offenbar eine Art Examen sein! wozu sonst die Katechisation? Also ein Prediger den andern examiniren und dann über das Angehörte Bericht erstatten? Man kennt ja seine Kunst, und Niemand klagt dawider! Er hat ja Studien und Examen gemacht und rechtmäßiger Weise die Weihe empfangen, und nun will man Jahr für Jahr noch dies in Zweifel ziehn? Wie seltsam! Daß eine so wichtige Handlung, wie die Visitation ist, ein religiöses Gepräge bekomme, ist allerdings in hohem Grade wünschenswerth; aber dazu bedarf es nur eines warmen Gebets und einer lebendigen Ansprache, die freilich nicht der zu Visitirende, sondern vielmehr der Visitator selbst zu halten hätte.

So wie es jetzt geschieht, sieht es leider gar zu schauspielartig aus, und wird auch daher gewöhnlich so geachtet!

Wäre ein Pfarrer in Betreff der Predigtkunst und des Katechisirens so tief herabgesunken, statt sich zu vervollkommnen, daß darüber Klage laut würde, so steht als Behörde, welche dergleichen zu beurtheilen hat, die Prüfungskommission da — ein Fall, der schwerlich je eintreten wird.

Es kann wol ein Prediger, welcher Niemanden hat, der ihm über seine Predigten ein gegründetes Urtheil abgeben könnte (als höchstens seine Gattin), sich irgend eine Unart angewöhnen, die einen gebildeten Zuhörer stoßen muß, die aber der gemeine Mann oder wer ihn immer hört, nicht bemerkt oder leicht übersieht; aber das begründet noch bei weitem nicht eine amtliche Rüge oder Einschreitung.

Hat Jemand etwas gegen den Pfarrer zu klagen, so mag er es ihm offen selbst sagen, oder dem Vorsteher der Kirchgemeinde hinterbringen, daß dieser dann mit dem Pfarrer spreche; oder hilft dieses nichts, so mag das Presbyterium vermitteln; und hilft dieses nichts, so mag es vor Kirchgemeinde gebracht werden; und hilft dieses nicht, so zeige man es dem Dekan an; und wenn dieser nichts mehr ausrichtet, so komme die Sache vor Kirchenrath, welcher in ernsterm Tone den letzten Versuch von Ermahnung macht, und weiter den Unverbesserlichen der Gewalt überantwortet, welche zu untersuchen und zu vollziehen hat — wovor einen Jeden Gott bewahre!

Und so stellte sich denn als eigentliche Aufsichtsbehörde dar: im Allgemeinen und überhaupt, ordentlicher Weise die Klaßdekane, die das Kapitel selber wählen können sollte, und ihre Stellvertreter, die sogenannten Kammerer, als Verwalter des Kapitelgutes; im Besondern und Einzelnen, außerordentlicher Weise der Kirchenrath, welcher über das Ganze zu wachen hat, aber unmittelbar nur im äußersten Nothfall einschreitet.

e) Das Letzte ist die richterliche Gewalt oder Untersuchungs- und Strafgewalt, welche sich von der eben genannten der Aufsichtsbehörde wesentlich unterscheidet, indem diese letztere allgemein und fortwährend in Thätigkeit ist, während die erstere nur selten, und je seltener desto besser, in Anwendung kömmt.

8

Eigentliche richterliche Behörde darf es nur zweierlei geben: die eine für die Glieder der Gemeinde, das Presbyterium; die andere für die Geistlichen, der Kirchenrath — für beide das Rekurs- oder Appellationsgericht an den Regierungsrath. Denn was bürgerliche Vergehen betrifft, so gibt es keine Ausnahme für die Geistlichen — sie sind auch Bürger, und fallen daher dem ordentlichen Richter anheim.

1) Hat sich ein Geistlicher bedeutende Verletzungen entweder seiner geistlichen Amtspflicht oder seiner Amtsehre schuldig gemacht, z. B. durch Völlerei oder unkeuschen Lebenswandel, oder überhaupt durch ungeistliches Benehmen und Erscheinen, und sind alle Versuche, ihn zu bessern, fruchtlos geblieben, so schreitet der Kirchenrath und zuletzt der Regierungsrath ein — dieselben Behörden, die, nach meinem Dafürhalten, den Pfarrer auch berufen und einsetzen sollen. Hiefür muß eine gesetzliche Form vorhanden sein, nach welcher ein Prozeß angehoben, geführt und geschlossen oder beurtheilt wird. Es müssen mit möglichster Vollständigkeit und Genauigkeit die Fälle bestimmt werden, welche Grund zu einer Untersuchung abgeben, und eben so muß die ganze Form des Verfahrens angegeben werden, nach welcher gehandelt werden soll. Der Kirchenrath wäre einerseits strafende Behörde, in Fällen von einfachen Rügen und Mahnungen, aber auch, in den gesetzlich zu bestimmenden Fällen, Untersuchungsbehörde; und in Fällen bloßer Einstellung urtheilte der Regierungsrath, dagegen so oft der Fall der Abberufung oder gar der Ausstreichung eintritt, stünde das Urtheil einzig dem Obergericht zu. Das Amtsgericht sollte, wie ich glaube, um der Schonung des Standes (nicht um der Personen) willen, nicht anders gegen einen Pfarrer aufgerufen werden als in Fällen eines Kriminalvergehens.

Durch den Kirchenrath möchte ich deshalb die Untersuchung geschehen lassen, weil von ihm am ersten das rechte

Maß von Strenge und Milde erwartet werden darf. Es läßt sich nämlich auch hier das Wort Pauli in Anwendung bringen: daß das Geistliche will geistlich gerichtet sein. Es könnte ja leicht geschehn, daß eine blos weltliche Behörde das, was in geistlicher Hinsicht sehr bedeutend ist, für gering ansähe, und dagegen Anderes, was geistlich betrachtet nur gering ist, für sehr bedeutend hielte und scharf bestrafte. Und daß das Erstere oft der Fall sein möchte, wer kann dieses läugnen! Der Staat erträgt gar Manches, was die Kirche nicht dulden kann, ohne sich selbst zu vernichten. Darum bedarf es hier ein sehr feines Gefühl, welches leicht zu unterscheiden vermag, wieviel in's Maß gehe, und wieviel nicht.

Die Wahl des Kirchenraths würde von der Synode getroffen. Der Vorsitzer könnte derselbe sein, welcher auch den Schulrath leitete.

Die Zahl würde ich deshalb auf neun setzen, weil es eine sehr wichtige Behörde ist; und den Geistlichen räume ich aus dem Grunde die Mehrzahl ein, weil es hier wesentlich auf Sachkenntniß ankömmt. Weltliche wählte ich nur aus dem Grunde in diese Behörde, um in gewissen Fällen gewissen Leuten mehr Bürgschaft der Genauigkeit des Verfahrens an die Hand zu geben. Es müßten dann aber die Weltlichen auch wirklich sowol fromme als kräftige und selbstständige Männer sein.

2) Die Presbyterien, oder die Verwaltungsbehörden der Kirchgemeinden, bewachen das ganze kirchlich sittliche Leben der Kirchgenossen. Sie sollen also mehr sein als die Sittengerichte und noch mehr als die vormaligen Chorgerichte. Sie müssen das Recht haben Einen vorzuladen, und zwar mit Gewalt; nie aber, Einen zu bestrafen, sei es an Geld, oder Freiheit oder am Körper; denn die Kirche übt keine andere Gewalt aus als die des Wortes. Zur Vorladung muß sofern und soviel Gewalt angewendet werden dürfen,

8 *

als gerade nöthig ist, um Einen zur Stelle zu bringen, daß er Rede und Antwort gebe — das fordert die Ordnung und das Gesellschaftsrecht, sonst löste sich Alles auf, oder bestände allein auf dem augenblicklichen Gutfinden der Einzelnen.

Und was hätte nun dieser Kirchgemeinderath zu thun? Ein jedes Kirchenglied, welches entweder nicht gehörig zur Gemeinschaft hielte oder mit Wort und Wandel gegen dasselbe sich verginge, vorzunehmen und zu ermahnen — besonders nöthig in unserer Zeit! Zu den Erstern rechnen wir Solche, welche selten oder nie zur Kirche kommen, zu Predigt und Sakrament; zu den Letztern Solche, welche mit ihrem Wandel Aergerniß geben, z. B. durch Ehestreit, Unzucht, Unehrbarkeit, Zanksucht, Spötterei, Schwelgerei, Müßiggang, Bettel, Nachtlärm u. dgl. Manches würde also hier gerügt, was zugleich auch Sache der Polizei ist. Aber das schadet nicht; die Kirche straft auf ihre Weise, die Polizei nach einem andern Gesetze, dem weltlichen.

Also Kirchenzucht? Ja Kirchenzucht, soweit sie mit dem wahren Wesen der christlichen Kirche verträglich ist. Und sollte dieses es nicht sein? Wer Glied einer Gesellschaft sein will, unterzieht sich den Pflichten der Gesellschaft und unterwirft sich der leitenden Behörde derselben, um an den Rechten Theil zu haben. Wer von der Kirchenbehörde kein Wort der Bitte oder der Ermahnung oder des Tadels annehmen will, der empört sich wider die Kirche, und erklärt sich thatsächlich außerhalb derselben. Und was kann dann mit einem Solchen noch angefangen werden? Nichts anderes als was die Schrift sagt: „Verklage ihn der Gemeinde!" — „Höret er die Gemeinde nicht, so halte ihn für einen Heiden und Zöllner," d. h. für einen Solchen, welcher allerdings sich selbst exkommunizirt, d. h. von der Kirche ausgeschieden hat, darum auch als ein solcher betrachtet, folglich von dem heil. Abendmahle ausgeschlossen werden muß, wie ein Heide, so lange und bis er sich wieder dem Willen der Gemeinschaft unterwirft.

Eine neue Lehre! wird Mancher denken. Ja, wer mag dieses hören! werden Andere beifügen.

Traurig genug, daß es mit unserer Kirche so weit gekommen ist, daß sie eben keine Kirche mehr vorstellt, sondern weiter nichts als eine Religions- oder (richtiger gesagt, wenn man das Bekenntniß offen aussprechen will) eine Zuchtanstalt des Staates. Und doch muß es wieder dahin kommen, daß wir diese wichtigsten der Gesellschaftsrechte der Kirche erlangen, damit wir wissen, wer ihre Glieder seien und wer nicht. Mögen sie sich dann in Gottes Namen ausscheiden, die einer solchen Zucht sich nicht unterwerfen, sondern lieber in aller Zucht- und Zaumlosigkeit dem Götzen ihrer Lust nachgehen und ihre nächtlichen und schändlichen Opfer bringen. Und doch vermag überall nur die Zucht eine Gemeinschaft zusammenzuhalten! Der römische Staat war nie kräftiger als zu der Zeit, da die Sittenrichter mit aller Strenge ihre Gewalt ausübten, ohne Ansehen der Person. So und noch viel mehr muß es auch in der Kirche sein! Möge es Staatsräthe und Schultheiße oder aber Handwerker und Taglöhner, Reiche oder Arme betreffen: sie sollen Alle dieser Zucht unterworfen sein, die Niemand zu fürchten hat, der recht thut, denn es ist kein Inquisitionsgericht; und im Nothfall muß einem Jeden, welcher ohne Grund vorgeladen würde, die Appellation an die Gemeinde offen stehn.

Welch' einen Segen müßte aus einer solchen Einrichtung sowol der Staat als die Kirche ernten! Der Gedanke: „das Presbyterium ladet dich vor,“ würde zweifelsohne Manchen im Zaum halten, der sich jetzt gehen läßt, weil er weiß, daß Niemand es ahndet, was er thut, weil es noch innerhalb der Schranken der bürgerlichen Gesetze liegt.

Oder wäre das etwa Hierarchie? Pfaffenthum? Nein, liebe Brüder, es wäre nichts anderes als die Züchtigung der Liebe zur Besserung, nicht von dem Pfarrer, sondern von einer Behörde, welche fast ganz aus weltlichen Gliedern der Gemeinde zusammengesetzt ist, also aus Leuten, welche in jeder Hinsicht zu den Eurigen gehören, und die auch ganz auf euerer Stufe stehen, mit Ausnahme vielleicht der Frömmigkeit und Ehrbarkeit.

Ich bleibe hiemit meiner oben ausgesprochenen Ansicht ganz getreu, indem ich keine leibliche und irdische Gewalt anrathe, sondern weiter nichts als eine geistige und geistliche, und diese erst dann, wenn alle friedlichern Mittel ganz erschöpft sind, und nur so, daß es in wahrer Liebe und Milde geschehe, und daß die Thüre einem Jeden offen bleibe, der wieder zurückkehren will in's alte Vaterhaus. So hat es ja der Apostel Paulus mit jenem Blutschänder gemacht, und anders mag wol auch unser HErr die Schlüsselgewalt und jenes Verzeihen nicht verstanden haben, sonst höbe genau genommen eines das andere auf, wenn nämlich nicht alle Ausschließung doch zugleich eine fortdauernde Vergebung in sich schlösse, d. h. nur eine solche wäre, die wahrhaft und wirklich nicht von der Kirche ausgeht (was immer eine Willkür wäre), sondern von dem Fehlenden, welcher eben nach seiner eigenen bösen Lust und Willkür handelt.

B. Vom Gottesdienste.

Einiges, was hieher gehört, habe ich schon im Frühern gelegentlich erörtert. Von dem schweige ich nun.

a) Das Erste, was mir in Betreff des geistigen Lebens der Kirche wünschbar schiene, ist die **Erneuerung** (Revision) des **Lehrbegriffs**.

Der Lehrbegriff (die Konfessionsschrift) ist diejenige Schrift, welche den Glauben einer Kirche, d. h. die Ansicht und Ueberzeugung der Mehrheit einer Kirche zu irgend einer Zeit über das, was das Wesen und der Inhalt des Christenthums sei, ausspricht. Diese Ansicht kann ihrer Natur nach nicht anders als zunächst nur die Ansicht einer Zeit sein; denn so gewiß die Erkenntniß christlicher Wahrheit mit der Erforschung der heil. Urkunden A. und N. Testaments fortschreitet, so gewiß muß mit der Zeit über diesen und jenen Punkt der Lehre eine, wenn auch vielleicht nicht sehr verschiedene, so doch etwas andere Ansicht sich ausbilden. Die Menschen einer Zeit können sich's nicht anmaßen, über die Einsicht und den Glauben, soweit er eine Sache des Erkennens ist, in alle Ewigkeit zu gebieten — das wäre wider Gottes Ordnung und Gesetz.

Und so verhält es sich nun auch wirklich mit unserer sogenannten „helvetischen Konfession" vom Jahr 1566.

Im Vorwort zu derselben wird unumwunden erklärt, daß man stets sehr bereit sei, unter aufrichtiger Dankbezeugung für bessere Einsicht, den Irrthum zurückzunehmen und dasjenige anzunehmen, was nach sorgfältiger Erforschung als mehr schriftgemäß und gotteswürdig zu erkennen sei. Unsere Väter, die Stifter dieser unserer reformirten Kirche sind also nicht so verhärtet gewesen, daß sie nicht in Bescheidenheit gefühlt und in Weisheit geahnet hätten, es komme eine Zeit, der es noch besser vergönnt sein werde zu erkennen, was der wahre Sinn und Geist des Christenthums in der Bibel sei.

Und so ist denn auch wirklich, wie uns die Geschichte der Kirche lehret, die Bibelforschung das gewesen, was zu allen Zeiten und an allen Orten die gelehrten Kirchenglieder in Thätigkeit setzte. Nur die katholische Kirche hat bald nach der durch Gottes Gnade und zu Seinem Preis erfolgten Reformation auf der Versammlung der Bischöfe zu Trient in Oberitalien solche Beschlüsse genommen und zu Kirchengesetzen erhoben, welche in der That jede freie Forschung und echte Fortbildung unmöglich machen. Sie haben wie einst Moses einen Zaun um Sinai aufgerichtet, in der Meinung, daß dadurch künftig allen Neuerungsversuchen ein Ziel gesteckt sei. Und sie haben daran freilich klug gethan, denn das stimmt ganz zu ihrer sonstigen Weise, welche darin besteht, daß es in der Kirche zweierlei streng geschiedene Arten von Gliedern gebe, solche die befehlen und solche die gehorchen, und daß sowol das Befehlen als das Gehorchen unbedingt sei. Sie fordern daher von den „Laien" einen blinden Gehorsam gegen Alles, was die Kirche, d. h. der Papst mit seinen Kardinälen, verordnet; und unter den „Priestern" besteht eine solche Unterordnung und Gliederung, daß die niedere Geistlichkeit eben so streng unterworfen ist der höhern, wie diese selbst dem Papst und seinem Kardinalskollegium. Nur selten zeigt sich ein kräftiger Muth, welcher den Anmaßungen dieser hierarchischen Despotie entgegenträte. In frühern Zeiten haben die schweizerischen Katholiken durch Muth und Freiheitssinn sich mehrmals ausgezeichnet. Auch die Deutschen und Franzosen haben bisweilen dieser Gewaltherrschaft mit Erfolg Trotz geboten. Jetzt scheinen die Helden fast ausgestorben zu sein, wenn es nicht vielleicht eben in Gottes Rathschluß liegt, das Uebel noch ärger werden zu lassen, um eben dadurch eine große Erneuerung herbeizuführen. Man kennt die Grundsätze der römischen Kirche! Wenn der Papst in frühern Jahrhunderten seinen Fuß dem deutschen Kaiser auf den Nacken gesetzt und weltliche Fürsten nach Belieben auf den Thron erhoben oder vom Throne gestoßen hat, sollten wir glauben, der Geist und Grundsatz sei jetzt ein anderer geworden, weil ihm die Macht fehlt? So wenig die römische Kirche aufhört Erzbischöfe von Karthago, von Tyrus, von Jerusalem, und Bischöfe von Basel, von Lausanne u. s. f. zu ernennen, obgleich diese Residenzen nicht mehr bestehen, also nur um damit fortwährend zu erkennen zu geben, daß man auf dem Recht beharre und den gegenwärtigen Bestand für ein Unrecht (Usurpation) erkläre, so wenig hat sie jene Natur geändert, welche sich in der Bluthochzeit, in den Dragonaden, in der Inquisition und allen den tausend Gräueln, vor welchen jede Seele erschaudert, deutlich genug bewiesen hat. Sehr bezeichnend ist auch ein Vorfall, der sich jüngst zu Freiburg (in der Schweiz) ereignet hat: eine Gesellschaft mit Wachsbildern zeigte unter Anderm eine Scene aus der (heiligen!!) Inquisition in Spanien — ein schauerlicher Anblick, ganz nach der Wahrheit — was geschieht? in einer Nacht wurden alle Anschlagzettel abgerissen, und die Kinder von den Priestern gewarnt, diese Ausstellung zu besuchen, unter Androhung von Strafe! — Sind das die Früchte der Jesuiten? Wer einen Verstand hat zu denken, der denke!

Doch Gottlob gibt es überall unter den Katholiken auch andere, erleuchtete, christlichere Priester, und schon eine große Menge Volkes, welche sich nicht mehr am Gängelband leiten und sich Alles aufbinden läßt. Aber im Ganzen ist es noch der Grundsatz der katholischen Kirche, was jenes Konzilium zu Trient beschlossen hat.

Ganz anders in der evangelisch-protestantischen Kirche!

Wir vertrauen in Allem dem Geiste der Wahrheit, welcher keiner äußern Gewalt bedarf, um Ordnung zu bewahren, welcher vielmehr überall flieht, wo die Gewalt erscheint. So gewiß die Kirche von den Pforten der Hölle nicht überwältigt werden, so gewiß das Evangelium als die ewige Wahrheit über allen Irrthum siegen und alle Herzen einst erobern wird, so gewiß muß die Freiheit gelten, und für weiter nichts gesorgt werden, als nur für das Eine, daß eben immer geforschet werde, und daß der Irrthum wie die Wahrheit sich an Tag geben dürfe; denn das ist die wunderbare ewige Ordnung Gottes, daß alles Böse von selbst vergeht, und allein das Gute und Wahre bleibt. Darum ist alle Furcht und alle Sorge der Menschen eitel und leer; denn der HErr sorgt, auch dann, wenn er zu schlafen scheint. Nur menschlicher Vorwitz will überall leiten und meistern, und Alles so zuschneiden, wie es eben ihm recht zu sein scheint. Aber ein solches Beginnen gleicht ungefähr demjenigen, welches einen Waldstrom mit festen Mauern und Pfählen eindämmen will, Statt auf eine freiere Weise, wie es seine Natur nothwendig fordert, mit eingehängtem beweglichem Buschwerk und lebendigem Gehäge, welches die Dämme festmacht.

So mag denn allerdings unsere Kirche gut thun, wenn sie auf eine mehr oder minder bestimmte Weise ausspricht, wie sie christliche Lehre und christliches Leben aufgefaßt und geübt wissen wolle — um der übrigen Kirchen willen, die neben ihr bestehn, und um derjenigen Glieder willen in ihrer eigenen Mitte, welche nicht gebildet oder stark genug sind, um sich allein an die Schrift zu halten, sondern eben noch so einen Lehrer nöthig haben, wie die Bekenntnißschrift ist.

Dann aber sollte auch wirklich eine solche Schrift mehr gebraucht werden als gegenwärtig geschieht. Man darf wol sagen, daß die helvetische Konfession, außer von den Geistlichen, von Niemanden gekannt ist — nur sehr wenige Leute aus dem Volke kennen sie. In neuerer Zeit freilich hat man versucht, die Masse des Volks wieder mit den Glaubensansichten unserer Vorväter bekannt zu machen. Wenn das aber nicht auf eine wahrhaft christliche Weise geschieht, so ist wenig Gutes, nur viel Schlimmes, nämlich blinder Eifer und Partheigeist zu erwarten.

Da nun, wie mir scheint, unsere Bekenntnißschrift nicht mehr in allen Stücken unserer Zeit genügen kann, weil die Schrifterkenntniß fortgeschritten ist, und da eine Bekenntnißschrift ohne allgemeine Geltung keinen Werth hat, sondern eine nutzlose Masse ist, die in den Händen des Fanatismus oder des Unverstandes ein Werkzeug des Todes werden kann; so sollte es eine der wichtigsten Aufgaben sein, diese Schrift einer Prüfung zu unterwerfen, damit der allfällige Irrthum, sei er groß oder klein, ausgemerzt werde, und die Wahrheit desto heller leuchten und desto kräftiger werden könne.

Was nun da auszumerzen oder anders zu bestimmen sein dürfte, will ich jetzt nicht angeben, denn es führte zu weit. Nur das Eine sei mir erlaubt zu sagen: daß wir festhalten sollen einerseits an der Lehre von Christo als dem Gottmenschen, und anderseits an dem Ernste, mit welchem ehemals die Gemeinschaft der Gläubigen bewacht und bewahret wurde; aber daß wir aufnehmen alle sichern Ergebnisse des Fortschrittes der theologischen Wissenschaft und des christlich sittlichen Lebens, zufolge welchem alle Wahrheit nie ohne die Liebe und alle rechte Liebe nie ohne die Wahrheit sein kann, so daß Ernst und Milde einander durchdringen und begleiten, wie es in Gott selbst ist.

b) Nach diesem folgt die Predigerordnung, welche in mehr als einer Hinsicht der Umgestaltung bedarf.

Schon seit Jahren wird an derselben gearbeitet, und noch ist nichts zu Stande gekommen! Aber die Bearbeitung einer solchen ginge am natürlichsten von der Synode aus, freilich nicht von einer Kommission, denn eine solche bringt gewöhnlich, wie die Erfahrung bei uns lehrt, nicht viel zu Stande *); sondern es schiene mir am zweckmäßigsten zu

*) Neulich sind die Vorschläge zu Verbesserung der Liturgie bekannt gemacht worden; was aber die Neue Kirchenzeitung von Zürich (in Nr. 15) ausstellt, dürfte schwerlich widerlegt werden können. Der Zweck dieser Schrift erlaubt mir nicht, eine vollständige Beurtheilung jener vorgeschlagenen Veränderungen hier aufzunehmen — es führte viel zu weit! Ich muß wünschen, daß die Durchsicht noch einmal und anders vorgenommen werde.

sein, wenn mehr als Einer eine solche Arbeit machen würde, jeder unabhängig von dem andern — diese Arbeiten würden dann begutachtet, und so der Behörde vorgelegt, die nun die Arbeit entweder selbst noch ausbessern und der Regierung vorlegen oder aber der Synode zurückschicken würde zu neuer Durchsicht. Nur daß nicht unmittelbar und allein das Erziehungsdepartement die Sache mache, etwa mit Hilfe von guten Freunden, die es bezahlt, und die als solche keinen öffentlichen Charakter haben! Hat doch diese Behörde sonst Arbeit genug! Solche öffentliche Angelegenheiten müssen auch auf eine öffentliche Weise behandelt werden, also durch die Synode und ihre Ausgeschossenen. Findet dann die Behörde für gut die Verfasser dieser Arbeiten zu entschädigen, so mag sie es immerhin thun.

c) Die Festtage.

Da wir keine doppelten, noch weniger dreifachen Festtage haben, so bleibt in dieser Hinsicht nichts zu wünschen. Nach einem richtigen Gefühle ist man in unserer Kirche bei einem einzigen Tag stehen geblieben, jedoch so, daß an zweien Sonntagen hinter einander gefeiert wird. Hier gilt die Regel: das Seltene des Festes bewährt seine Kraft.

Was wir zu wünschen haben, dürfte sich etwa auf Dreierlei beschränken.

Das Erste, was in der neuesten Zeit der Gegenstand öffentlicher Besprechung geworden, ist der Bettag mit der ihm vorausgehenden sogenannten Verenakommunion.

Daß der Bettag auf einen Sonntag verlegt worden ist, werden diejenigen vorzüglich preisen, welche jeden neuen Arbeitstag für einen Gewinn ansehen, der nach Prozenten berechnet wird. Ich kann diese Verlegung nur in sofern billigen, als damit etwas gewonnen worden ist, was sonst nicht erlangt werden konnte, nämlich die Gemeinsamkeit der Feier dieses Tages für alle Kantone schweizerischer Eidsgenossenschaft. Ist es doch ohnedies die Natur eines Bettages, eine wesentlich volkliche Beziehung in sich zu haben, nach welcher eben an diesem Tage die Feiernden sich vor Gott bewußt werden als eines Volkes, so daß die natürliche Zusammengehörigkeit mit all den Bestimmungen und Beziehungen der Natur (Segen und Mißwachs, Gesundheit und Krankheit, Frieden und Krieg u. dgl.) das ist, was hier am meisten hervortritt. Wer möchte denn nicht erwarten und fordern, daß dieser Tag ein gemeineidsgenössischer sei, da wir Schweizer in der That ja Ein Volk sein sollen, wenigstens Ein Staat? Darum seien wir deß zufrieden, daß es so geworden ist. Und wie sehr auch die frühere Ordnung das Eigene hatte, daß das Fest, so mitten in die Werktage hineingestellt, von allen übrigen Tagen und Festen mehr abstach, und so durch seine ganze Physiognomie zu Buße und Gebet aufzufordern schien, um so mehr da dieses von Seite der Menschen als ein Opfer angesehen werden konnte, das Gott dargebracht ward, indem ein Werktag sich hergeben mußte, um dieser Feiertag zu sein; so glaube ich doch, daß sich dieses mit der Zeit abschleifen wird, so daß der Bettag auch am Sonntag seine volle Bedeutung und Feier findet, besonders wenn mit aller Strenge auf die äußere Ruhe geachtet wird. Werden doch auch in der deutschen Kirche die Bettage nicht anders als nur an Sonntagen gefeiert, ohne daß Jemand ein anderes Bedürfniß hätte.

Anders verhält es sich mit der vorausgehenden Kommunion.

Früher fiel der zweite Kommunionstag auf den Sonntag unmittelbar vor dem Donnerstag, an welchem der Bettag gefeiert wurde. So standen beide Festtage in naher und natürlicher Verbindung. Man kann sagen, die Verenakommunion hatte ihren Haltpunkt an dem Bettag — dieser erschien als der natürliche Ausgang von jener. Ganz anders jetzt! Da der Bettag vorwärts gerückt ist um etwa zehen

Tage, während die Verenakommunion (im Kt. Bern) an ihrer Stelle verblieb, so sind sie nun beide sehr auseinander getreten, und dadurch vollends außer Beziehung gekommen, daß der zwischen innen liegende Sonntag bisher wie ein wilder Sonntag zu weltlichen Lustbarkeiten (Tanz) freigegeben wurde, und darum auch vorzugsweise den Namen des „weltlichen Sonntags" bekam. Und so ein vorzugsweise weltlicher Sonntag hinter einem Abendmahlstag und vor den großen Bußtag hineingestellt — wem mag das wohlgefallen? Was sollte hindern, dieses Verenafest nachrücken zu lassen bis vor den Bettag, oder gar, wie im Kt. Zürich, auf den Bettag selbst? Oder sollte nicht einmal dazu der Muth vorhanden sein, aus Furcht daß Einzelne schreien werden, die Religion sei in Gefahr? Dann wollen wir uns schämen vor der Nachwelt, wir, die wir sonst in manchen Dingen so groß uns geberden, während wir in den wichtigsten Dingen, nämlich in allem dem, was nicht (wie die Politik) unmittelbar der Selbstsucht dienen kann, in Sachen des Schulwesens und des Kirchenwesens oder der Religion so bedächtig und scheu sind, weil man nur für jenes Irdische Sinn und Muth hat, und von diesen geistigen Dingen und ihrer zeitgemäßen Umgestaltung Aufreizung und Bewegung, d. h. nur Schlimmes fürchtet, das jenes, was doch offenbar das Geringere ist, in seinem Dasein gefährden könnte! Freilich schämen sich gewisse Leute nicht, jedem Fortschritt in Sachen der Volkserziehung entgegenzutreten und die Schulpflicht, wie sie das Gesetz ausspricht, für eine Tyrannie zu erklären, durch welche die Freiheit der Person angetastet sei! Doch auf solche grundlose Anfeindungen braucht in unsern Tagen eine Regierung, welche dem vernünftigen Fortschritt in Sachen der Schule und Kirche huldigt, nicht mehr so sehr zu achten, da die Bildung bereits (bei allen sonstigen Mängeln) zu weit vorgeschritten und ihr Entwicklungsgesetz zu allgemein anerkannt ist, als daß noch Reaktion zu befürchten wäre, oder Sturm, der mehr ist als eine Staubwolke, die augenblicklich aufwirbelt und vergeht, und deren Spuren man an nichts Anderm wieder erkennt als an dem grauen Niederschlag, den sie zurückläßt, und welcher nur auf den ersten besten Regen wartet, um nicht mehr zu sein, und wieder mit dem vereinigt zu werden, zu dem er gehört und von dem er losgerissen wurde, zum Erdreich, welches unsere Pflanzen nährt.

Das Andere, was wir hier zu wünschen haben, ist eine ernstere Feier des großen Versöhnungstages, den man Charfreitag oder Leidensfreitag nennt.

Es herrscht unter unserm Landvolke noch ein alter frommer Glaube, der freilich leider durch die falsche Aufklärung bereits sehr gelitten hat, daß an diesem Tage wie an dem vorhergehenden Gründonnerstag nicht auf dem Felde gearbeitet werden solle. Bei den Altvordern (ehrwürdigen Angedenkens, nicht in Allem, aber in Manchem!) ruhten an diesem Tage Pflugsterze und Karst. Die Neuern haben aber den Fortschritt gemacht, und wenigstens die Nachmittage zur Arbeit genommen — am Vormittag wallet der Bauer mit Kindern und Gesinde der Kirche zu, deren Glocken ihm die Leidensnoth des Weltheilands verkündigen. Was ist erhebender, als wenn der Mensch sein Werkzeug, mit dem er die Erde bebauet, die ihm Brod gibt, auf die Seite stellt, und zur Versammlung eilt, wo das Ewige gefeiert und der Geist in eine unsichtbare Welt getragen wird!

Die Allerneuesten aber kehren sich wenig oder nichts mehr daran, sondern stolziren mit der silberbeschlagenen Tabakpfeife im Mund auf ihrem Acker umher, und vergessen ob dem Knallen der Peitsche, ob dem Bellen des Treibhundes, und ob den wie ein Mühlwerk klappernden Schlägen der Kärste, daß es eben Charfreitag läutet, denn bis Morgen Abend muß der Acker fertig bestellt sein, weil der

Ostertag eine natürliche Scheidwand bildet, — nach ihm folgt andere Arbeit, wie eggen und walzen u. s. f.

Es ist daher ein lobenswerther Brauch, daß seit einigen Jahren in der Stadt Bern (wenigstens in Einer Kirche) der Charfreitag wie ein Hochfest gefeiert wird. Aber welch' ein seltsamer Widerspruch: hart an den Thoren der Stadt wird von den Leuten gearbeitet wie an einem gemeinen Werktag, ja selbst in den abgelegenen Straßen der Stadt wird geschreinert und gehämmert und gefeilt; so daß man fast nicht weiß, wie man mit dem Dinge dran ist, denn diejenigen, welche arbeiten, haben in den Augen Vieler einen Vortheil. Ich aber möchte sagen, daß die Feiernden, also die Stadt Bern, hier einen Vorzug haben, der ihr wirklich nicht gebührt, da wir Gleichheit fordern müssen für alles Volk. Und welchen größern Festtag könnte es geben als diesen Tag? Fürchtet man die Einbuße eines Werktags, so opfere man lieber

die Maria Verkündigung, die ohnehin so kometenartig und launenhaft sich hin und her bewegt, daß man oft nicht recht weiß, wie man mit ihr dran ist. So gerade dieses Jahr, wo sie zwischen den Charfreitag und die Ostern hineinfällt!! Was kann es Widersprechenderes geben! Daher denn auch von vielen Predigern die Maria Verkündigung dem Inhalt nach nicht mehr beachtet, sondern zu einer der Passionspredigten benutzt wird.

Die Unstetigkeit dieses Festes hat ihren ganz einfachen Grund in der Beweglichkeit des Osterfestes. Maria Verkündigung steht immer gleich, nämlich neun Monate zurück vom 25. Christmonat an gerechnet. Es ist freilich sonderbar, daß man sich hier an das bekannte Naturgesetz hielt, da doch gerade die ganze Art und Weise der Menschwerdung unsers Heilands nach den evangelischen Berichten alle (uns bekannten) Naturgesetze zu überspringen scheint. Warum will man sich denn an diese Neunzahl halten, und nicht lieber jedes Jahr das Fest dahin stellen, wo es am meisten hinpaßt? Und dazu gäbe selbst jenes Naturgesetz Fug und Grund, da es bekanntermaßen selbst kein unabänderliches ist, sondern eine gewisse Abweichung zuläßt. Und wo wäre es denn am schicklichsten einzufügen? Bleibt man bei dem gewöhnlichen Naturgesetz, so müßte es jedenfalls in den Märzmonat fallen; aber dann kömmt es mitten in die Passionsbetrachtungen hinein, wo es doch auch nicht paßt. Schiebt man es weiter zurück, etwa in den Hornung, so stellt es sich unmittelbar vor die Passionsbetrachtungen und nicht sehr weit nach der Weihnacht, und dann müßte (was sich hier unschwer gibt) von allem Geschichtlichen abgesehen und allein die Idee des Festes beachtet werden, nämlich die Sündlosigkeit, folglich die höhere Natur des Erlösers, und das würde nicht übel auf Weihnacht folgen, als das Fest der Menschwerdung, und ebensosehr passend vor der Passion stehn, als dem Schluß der erlösenden Thätigkeit des Gottmenschen als Welterlösers, indem diese höhere Kraft die Bedingung seines Heilandsberufs, folglich auch besonders der Passion war. Sonst möchte es auch, obwol minder passend, gefallen können, es entweder in den Weinmonat zu setzen, denn auf die Zeitrechnung läßt sich für unsere Festordnung nicht immer Alles geben — sonst könnte ja auch Weihnacht in Anspruch genommen werden. Oder, sollte dieses nicht gefallen, so könnte man vielleicht auch nach Pfingsten eine Stelle finden wollen, weil mit Pfingsten der eigentliche Festkreis, als die Darstellung der Hauptthatsachen aus der Geschichte der erlösenden Wirksamkeit unsers HErrn, sich abschließt, und weil Mariä Verkündigung selbst seiner Natur nach auf den heil. Geist, als die Grundkraft aller erlösenden Thätigkeit, zurückführt, denn was ist es wol, das diesem Feste seinen Ursprung gab?

Die katholische Kirche feiert bekanntlich mehrere Marienfeste, so namentlich ein Fest von Mariä Himmelfahrt, das sich auf ihre Traditionen und Legenden gründet, der ausgezeichneten göttlichen Verehrung gemäß, welche die „Mutter Gottes" bei den Katholiken genießt. Mit vollem Rechte haben die Reformatoren dieses beseitiget; und daß sie nicht geradezu alle Marienfeste abgeschafft haben, sondern dieses einzige behalten, hat ohne allen Zweifel seinen Grund in dem Dogma des apostolischen Symbolums: „daß der Sohn Gottes empfangen sei von dem heil. Geiste." Der Grundgedanke dieses Satzes dürfte wohl erwogen kein anderer sein, als der: daß in Christo, als dem Erlöser, von Anfang an ein anderes Wesen war als in uns, nämlich ein rein göttliches Wesen ohne alle Sünde und ohne alle Schuld. Zum Ueberflusse hat man daher hiefür noch die Unbeflecktheit der Maria selbst zu Hülfe genommen. Die Sündenlosigkeit des Erlösers nun, ohne die wir Ihn nicht als Erlöser anerkennen und begreifen könnten, ruht in dem Glaubenssatze von der Gottheit Christi, oder daß Er der Gottmensch war. Und das ist es allerdings, was Ihm die hohe Würde gibt, die Ihn von jedem andern Wesen unterscheidet, das in menschlicher Gestalt erscheint. Dieser Satz ist das, was im ganzen Neuen Testament gepredigt wird, und auf dessen Wahrheit und Wirklichkeit allerdings die Kirche sich gründet, weil ohne diesen Alles nicht verstanden werden kann, sondern eine Kette von Wirkungen bleibt, welcher der oberste Grund und Ursprung fehlt. Das ist der Satz überhaupt, welcher des Glaubens Stütze und des Gemüthes Trost und Verklärung ist. Aber dieser Glaubenssatz, den wir hiemit offen vor aller Welt bekennen, selbst auf die Gefahr hin, von den Ungläubigen des Obskurantismus bezüchtigt zu werden, bedarf nach meinem Dafürhalten des Festes von Mariä Verkündigung nicht (wie wenig wir auch geneigt sein mögen, jenes Dogma von der Empfängniß aus dem Symbolum auszustreichen, da es allerdings seine gute Bedeutung hat in der Stelle, wo es steht), sondern findet das offenbarste Zeugniß einerseits in dem ganzen Leben und Wirken unsers HErrn, anderseits sowol im Charfreitag als in Ostern, und besonders in der großen, über die Maßen herrlichen Pfingstthatsache, was dem gläubigen Bewußtsein zweifelsohne genug sein kann.

Wenn man jedoch theils dieses dogmatischen Grundes willen, theils wegen der praktischen Nutzbarkeit des Feststoffes (als Fest der Mütter) fernerhin geneigt ist, Mariä Verkündigung beizubehalten, so sähe auch ich keinen Grund, warum sich Jemand daran stoßen sollte, nur daß der Maria selbst keine höhere Würde zugemessen werde, als die ihr nach den Berichten unserer kanonischen Evangelien gebührt.

Endlich schiene wünschenswerth, daß, wie auch in Deutschland und jetzt im Kanton Zürich geschieht, der Segen der Reformation und das Gedächtniß der Todten gefeiert würde — jenes am Sonntag nach Pfingsten, dieses am letzten Sonntag im Jahre. Es könnte dieses geschehen ohne Abendmahl. Nur daß es gesetzlich geordnet sei und wirklich geschehe. Die Sache leuchtet wol durch sich selber ein.

d) Die Sonntagsfeier.

Grundsatz der Allerweltsfreiheit ist, nichts zu hemmen und nichts zu unterdrücken, was nicht geradezu staatsgefährlich ist, vielmehr dazu dient, bürgerlichen Verkehr und Genuß des Lebens zu vermehren. So sieht man denn in neuern Zeiten (es geschah schon vor 1831 und 1830) ungescheut die Weinfuhrleute mit ihren leeren oder vollen Wagen, man sieht die sogenannten Güterfuhren, ja man sieht sogar bisweilen Holz und Steine und Mehl des Sonntags, selbst durch die Stadt Bern fahren! Wir wollen kein jüdisches Sabbathsgesetz wie in England, wir sind entfernt von aller unnatürlichen Strenge, aber Alles hat sein Maß und auch hier gilt allein die goldene Mittelstraße.

9*

Der Sonntag ist der Tag des HErrn, nicht als ob nicht auch die andern Tage die Bedeutung hätten, Tage des HErrn zu sein; aber der Sonntag ist es in ganz besonderm Maß und Sinne, nach uralter Ordnung, die wir mit Recht für eine göttliche anerkennen, da sie eine höchstweise ist. Denken wir uns einen Augenblick alle Sonntage hinweg und nichts als Werktage; wie sähe dann das Leben aus! Sollte denn das der Fortschritt der Kultur und Bildung sein, daß der Mensch nur noch um das Irdische bekümmert wäre? Könnte er zum Thiere herabsinken, daß er sich in Selbstsucht und Geiz nicht einmal entschlösse davon einen Genuß zu haben, was er sich erworben hat? Die Arbeit allein sollte sein steter und höchster Genuß sein? Wer vermöchte dies! Es liegt zu tief in der menschlichen Natur als daß wir nicht von Zeit zu Zeit einen Ein- und Abschnitt setzen und einen Halt machen sollten im alltäglichen Lebenstrab. Und diese Ruhe, wie könnte sie anders als wieder Genuß sein? und dieser Genuß, wie könnte er genossen werden von einem Einzelnen für sich allein? Zur Gemeinschaft ist der Mensch geboren, außer der Gemeinschaft ist er todt. Daher das Bedürfniß unter den Menschen als ein rein menschliches, worin er sich wesentlich von Thiere unterscheidet, die weltliche Freude in Gemeinschaft zu genießen, weil sie dann erst einen rechten Werth hat. So schlägt das Herz dem Herzen zu, in den Dingen dieser Welt! Aber nur in dieser?

So gewiß der Mensch ein Mensch ist und kein Thier, so gewiß muß er göttliches Geschlechtes sein. Wo ist ein Volk auf Erden, das diese höhere Abkunft je verläugnet hätte! Der Fetischdiener, der den ersten besten Klotz von der Erde aufhebt und zu seinem Gotte macht, beweist uns, daß in ihm das Ewige lebt. Oder sollte das Alles nur Aberglaube sein? Aber woher dieser Aberglaube? Wer bläst ihn dem Menschen ein? Siehe das ist eben wunderbar!

Wie solltest denn du, gebildeter Europäer des XIX. Jahrhunderts, des Göttlichen dich schämen wollen, das in der That deine höchste Zierde, dein wahres Leben und Heil ist? Auch haben die größten Geister, die edelsten Menschen alter und neuer Zeiten offenes Zeugniß abgelegt, daß es ihnen mit dem Glauben an Christum Ernst gewesen sei.

Und wenn im Irdischen der Mensch Gemeinschaft haben muß, wie könnte er sie im Himmlischen entbehren, das seiner Natur nach eben nichts Besonderes, sondern etwas Allgemeines und Gemeinsames ist? Da ist erst dann die Freude vollkommen, wenn wir auch Andere mit uns verbunden wissen und vereinigt sehen; denn wie könnte dem Seligen die Unseligkeit der Brüder eine Freude sein! So entstand die gemeinsame Gottesverehrung auf eine ganz natürliche und nothwendige Weise.

Und daß diese ihre geregelte Wiederkehr hat, wer sollte es nicht wünschen wollen? Damit aber ist nun nicht gesagt, daß der ganze Tag mit Gottesdienst und Gebet zugebracht werde. Wer vermöchte dies, ohne Gefahr gerade für das wahre Leben der Frömmigkeit? Kaum je ein Mensch. Und darin soll sich eben unser Sonntag von dem Sabbath unterscheiden, daß er einerseits kein so äußerlicher und engherziger, anderseits aber nicht ein blos streng religiöser Tag sei, sondern in gewisser Art und Weise auch noch andere Freude zulasse, sofern dieselbe nicht der gerade Gegensatz der religiösen ist, und überhaupt die Ruhe und Stille des Tages auffallend stört. Ich sehe daher nicht ein, wie geräuschloses Spiel der Jugend auf freier Wiese, wie das Spazierengehen und Spazierenfahren, nachdem der Gottesdienst beendigt ist, und wie selbst (stille) militärische Uebungen nicht sollten geschehen dürfen, da in diesem an und für sich weder Sünde noch Reiz zur Sünde liegen kann. Anders verhält es sich mit den Tanzpartheien. Man sieht und erntet ihre Früchte genugsam! Und wem es in Ernst an der Heiligung des Sonntags gelegen ist, der kann derlei Art von Fröhlichkeit an diesem Tage nicht gestatten wollen, so wenig als daß der Kupferschmied seine Kessel hämmern dürfe. Das ist lärmendes Spiel, und zieht die Aufmerksamkeit der Menschen auf sich. Und welche Anziehungskraft die Violine habe, namentlich für das weibliche Geschlecht, wer wüßte das nicht! Ein wahrer Hohn ist es zu sehen, wie bei uns der göttliche Same des Wortes Gottes, welcher des Morgens in der Kirche ausgestreut wurde, des Abends im Ballhaus niedergetanzt wird. Und das ist privilegirt! von Staatswegen! nicht erst seit 1831! — Wahrlich, die Sonntagsluft soll von keinen andern Tönen wiederhallen als den Tönen der Glocke, die zur heiligen Versammlung ruft. Die stille Feier des Tages soll einen Jeden mahnen zur ernsten Einkehr in sein eignes Gemüth. Diese äußere Sonntagsruhe übt auf den denkenden Menschen einen wundersamen Reiz aus, sie weist ihn von dem Zeitlichen ab auf das Ewige hin, von dem Staube weg zu den Sternen hinauf! Und wenn er durch die Wiese wandelt, und da die Lerche singt und der Schmetterling an seiner Seite flattert, und die Grille zirpt und das Würmchen zu seinen Füßen schleicht — da verkündiget ihm Alles, wie gütig der HErr sei; und auch seine Seele wird durchdrungen von jenem wunderbaren Himmelsgefühl, das ihn emporträgt aus den engen Schranken dieser Zeit in die Ewigkeit, nach der ihn sein Herz hinzieht, wie es die Schwalbe nach dem Meere zieht, wenn der Sommer flieht.

Doch! wann, höre ich fragen, wann soll sich denn die Jugend lustig machen, wenn man ihr den Sonntag wehren will? — Ich frage dagegen: hat sie nicht genug an dem, was alle die Markttage nah und fern durch das Jahr hindurch zu bringen pflegen? Wie heidnisch gesinnet müßten wir sein, wenn wir meinen wollten, Spiel und Brod, wie die alten Römer sagten, sollen des Volkes Nahrung sein.

Und wenn ihr Spiele haben wollet, kann es denn keine andern geben als die mit Musik? Sollten die Jünglinge und Jungfrauen eines Dorfs sich nicht auf ehrbare andere Weise mit einander ergötzen können als nur bei Tanz und Wein und Saitenspiel? Wer kann die Triebe der Natur vernichten und die Geschlechter aus einander bannen wollen? Nur geschehe Alles nach Maß und Ordnung und Gesetz.

So oft die Glocke zur Kirche läutet, so sollte Alles, was gesund und frei ist, nach der Kirche eilen zur frommen Verehrung; und dann erst begänne jeder andere Freudengenuß. Aber unnatürlich ist sowol im Winter als im Sommer der Nachmittagsgottesdienst. Um von Kälte oder Hitze nicht zu reden — der Berufsmann, welcher sechs Tage hindurch an Einem fort gearbeitet und seiner Pflicht gelebt hat, und wenn er des Sonntag Morgens die Kirche besucht hat, o wahrlich, wer kann es ihm verwehren wollen, daß er den Nachmittag dazu verwende, sich in der schönen Natur zu ergehen und etwa mit Weib und Kindern oder guten Freunden sich einen Genuß zu erlauben? Selbst seine Gesundheit fordert es.

Nur die Berufsarbeit und der Handelsverkehr sollen nicht hervortreten dürfen, weil jede solche Erinnerung sogleich auch Herz und Gemüth ergreift und zurückreißt von der heiligen Höhe in den Strudel der Zeitlichkeit. So schwach ist der Mensch! So sehr muß auch darum das böse Beispiel verhütet werden. In hohem Grade lobenswerth ist es daher, was voriges Jahr in Schottland geschah. Eine Gesellschaft Aktionäre hatte die Eisenbahn von Dunder nach Newtyle gebaut und von Anfang an festgesetzt, daß die Bahn am Sonntag nicht befahren werden solle. Nachher aber (vor einigen Monaten) schlug ein Theilhaber in einer Generalversammlung vor, diesen Punkt zu ändern, und diejenigen Wagen, welche zu Beförderung der Reisenden bestimmt sind, am Sonntag Morgen vor Beginn des

Gottesdienstes und Nachmittags nach Beendigung desselben abgehen zu lassen. Man würde bei uns denken, dieser Antrag sei doch sehr gemäßigt gewesen! Aber was geschieht? Man wußte wohl, wie Eines das Andere herbeizieht, und wenn man mit der Welt in Einem Punkte kapitulirt, bald auch Anderes nachgegeben werden muß, das dann als nothwendige Folge vom „gesunden Verstand" gefordert wird: der Antrag wurde mit Macht bekämpft, und der Erfolg war, daß er mit 221 Stimmen gegen 112 verworfen ward! — Wer muß nicht die Frömmigkeit dieser Schotten ehren, welche es über sich vermögen, den eignen irdischen Vortheil ihrer Ueberzeugung von dem zu opfern, was Gottes ist oder die Ehre Gottes befördert. Und diese Schotten haben eine freie Kirche! Daher dieser Sinn.

Was ich für unsere Sonntagsfeier überall noch wünschen möchte, ist, daß mit dem Morgengottesdienst die Taufhandlung verbunden würde, wie dies zu großem Segen an den meisten Orten auf dem Lande geschieht, und daß die sogenannte Kinderlehre, besonders zu Sommerszeit, nicht Nachmittags gehalten würde, sondern nicht lange nach der Predigt, so daß sie bis Mittags zu Ende wäre. Damit würde das gewonnen, daß, wie ich aus Erfahrung weiß, auch von den Erwachsenen Viele dableiben würden, und daß jener große Uebelstand wegfiele, welcher darin besteht, daß jetzt nicht selten, während zur Kinderlehre geläutet wird, ganze Schaaren bei den Kirchen vorbeiströmen, um sich in's Freie zu begeben (in Städten), oder daß gar zur sogenannten Trüll (Musterung der Landwehr) getrommelt wird, wenigstens die Mannschaft sich sammelt — was doch mit dem Kirchgeläute in einem unvereinbaren Widerspruche steht, sowie es ebenfalls höchst anstößig ist, wenn während des Geläutes die Wägelein oder Chaisen der Lustwandelnden durch die Straßen der Stadt oder des Dorfes rasseln, als ob man

Reißaus nehme, und das Geläute nichts anderes als das Signal zur Flucht sei.

Schön wäre es endlich, wenn man die Unterweisung der Alten wieder herstellen könnte, so daß auch, wie ehemals geschah, die Erwachsenen abgefragt würden. Es wäre dieses ein mehr freies Gespräch, und müßte die Theilnahme wecken in hohem Grad. Wie Noth thäte dies! Denn die Größe der Unwissenheit erkennt man leider oft genug bei Anlaß der Eidesunterweisungen. Und sollte dies sich nicht einführen lassen? Es brauchte nichts als daß sich hiezu Vereinigungen bildeten und diese ihre Bereitheit erklärten. Die Nothwendigkeit liegt, wie mir scheinet, klar am Tage: neben der Einwirkung auf Gemüth und Leben (im eigentlichen Gottesdienste) muß die Bildung der Einsicht und des Denkens gleichmäßig fortgehn; denn das Wissen des Christenthums ist wie das Glauben ein unendliches. Wir lernen bis an's Grab, und je älter wir werden, desto bedürftiger der Einsicht, desto geneigter für Rath und Aufschluß. Wie anregend müßten solche Kinderlehren werden. Nur fiele dann das ohnehin wenig erbauliche Aufsagen der Katechismusfragen weg, was ja der Schullehrer eben so gut besorgen kann als der Pfarrer. Oder sollte es eine Art von Lückenbüßer sein und die Zeit ausfüllen?! — Wie wenn man dafür die Kinderlehre etwas kürzer machte, und die übrige Zeit benutzte einerseits für die Kinder in mehr katechetischer Entwickelungsform, anderseits für die Erwachsenen in mehr sokratisirender Weise? Man befürchte nicht, daß es Erwachsene geben könnte, die sich vielleicht einen Spaß machen möchten, mancherlei spitzfindige Fragen aufzuwerfen und so das Ganze zu stören. Gewiß müßte sowol das Ansehn des Pfarrers als das des Gottesdienstes tief gesunken sein, wenn Einer so Ungehöriges wagen sollte. Und wahrlich ein nur einigermaßen gebildeter und vom Geist des HErrn erleuchteter Pfarrer müßte im Stande sein, mit wenig Worten einen solchen Vorwitzigen oder Aberwitzigen in die Schranken der Ordnung zurückzuweisen, ohne die Liebe zu verläugnen, welche ein Christ dem andern beweisen soll. Schon i. J. 1773 hat sich eine Gesellschaft würdiger Geistlicher zu Bern (Stapfer, Ith, Stephani u. A.) mit der Frage beschäftigt, wie das „Examen der Alten," welches bereits damals im Abnehmen begriffen war, wieder zu Ehren gebracht werden könnte.

e) Die Kirchengebete (Liturgie).

Ich will hier nicht davon reden, ob und wiefern es gut sei, daß man stehende Kirchengebete habe; nur zweierlei läßt sich hier in Betrachtung ziehen, ob man viele Gebete nöthig habe oder nur wenige, und wie die Gebete beschaffen sein müssen.

Unser Kirchengebetbuch hat für den Sonntag und für den Wochengottesdienst je zwei Gebete, vor und nachher, dann für die Hochfeste kleine Einschiebsel, ein Abendmahlsgebet u. s. f.; aber für jede Handlung nur Eine Formel.

In neuerer Zeit ist oft der Wunsch ausgesprochen worden, es möchten mehre Formeln abgefaßt werden, damit ein Wechsel möglich sei, und jedenfalls ein jeder Prediger eine Auswahl habe, um diejenige Formel zu wählen, die seinem Geist und seinem Gemüthe am meisten zusagt. Diese Freiheit gewährt allerdings die Bündtensche Liturgie (Chur 1831), welche z. B. für den Sonntag sogar sechs Formeln hat, für andere Tage drei und zwei.

Allein diesen Grundsatz muß ich ganz verwerfen. Warum? Sobald mehre Formeln aufgenommen werden, so wird der Willkür des Predigers Raum gegeben, und damit thatsächlich der Grundsatz der Freiheit ausgesprochen, aber zugleich wieder aufgehoben, indem da die Voraussetzung verborgen zu Grunde liegt, daß der Prediger nicht im Stande sei von sich selbst und für sich selbst ein Gebet zu machen, sei es jedes Mal ein anderes, oder jedes Mal das gleiche. Es ist das eine Mischung von Freiheit und Nothwendigkeit, die hier nicht paßt. Entweder soll der Prediger ganz gebunden sein, oder aber dann ganz frei. Auch ich huldigte früher jener Ansicht *), aber ein reiferes Nachdenken hat mich eines Andern belehrt. Indem ich nämlich jetzt von der Ansicht ausgehe, daß das liturgische Gebet eben Kirchengebet, d. h. Gebet der Kirche, folglich der Gesammtheit ist, so glaube ich, daß durchaus für jede Handlung nur eine einzige Formel nöthig und gut sei, jedoch so daß der Prediger nicht sklavisch gebunden sein soll, wo es ihm zweckmäßig scheint, einen Ausdruck abzuändern oder einen Satz zu vertauschen.

Wir haben nämlich im Gottesdienst viererlei Elemente: Bibel, Liturgie, Gesangbuch und Predigt.

Diese vier Theile verhalten sich so zu einander, daß das Erste und das Letzte den Gegensatz zu einander bilden: die Bibel als die göttliche Offenbarung der Vorzeit ist das Unveränderliche, die Predigt als die menschliche Betrachtung dieser Offenbarung in der Gegenwart ist das Veränderliche, das unmittelbar die Gesinnung und Stimmung des Predigers ausdrücken soll, wie er sich zum Worte Gottes stellt, und dasselbe auf die jedesmaligen Umstände zu beziehen und anzuwenden weiß. Zwischen innen liegen auf der einen Seite die Liturgie, die sich unmittelbar an die Bibel anschließen soll, und die Gesinnung ausspricht, welche eine ganze Kirche hat; auf der andern Seite das Gesangbuch, welches sich an die Predigt anschließt, und als der Ausdruck der Stimmung der einzelnen Gemeinde in einer jedesmaligen Handlung gelten muß. Darum sollen wir allerdings eine Auswahl vieler Lieder haben, damit jedes Mal dasjenige gewählt werden könne, welches sich am besten zur

*) S. Theologisch kirchliche Bedenken, 1828 S. 116 ff.

eben zu haltenden oder gehaltenen Predigt schickt; hingegen nur Ein Gebet, welches an dem und dem Tag in allen Gemeinden der Kirche eines Landes gebetet wird, als das unmittelbarste gemeinsame Band, das im Gottesdienste zur Erscheinung kömmt. Stellt man mehre Formeln auf, so verschwindet diese Einheit ganz, und die Freiheit des einzelnen Predigers tritt hervor, die aber doch gerade hier nicht anders hervortreten soll als wie ich bemerkt habe, sofern er Einzelnes, Untergeordnetes abändern darf.

Wir haben also in jenen vier Elementen die vier Mächte oder Personen dargestellt, die in der Kirche erscheinen: Gott, die Landeskirche, die Gemeinde und den Prediger. Wir haben auch für den Prediger Freiheit genug, in der Predigt, und sollen darum fest halten an dem, was den Ausdruck der Landeskirche bildet, die ja auch ihr Recht besitzt.

In dieser Hinsicht hätte ich also für unsere Liturgie nichts zu wünschen als nur eine größere Vollständigkeit, z. B. ein Gebet für das jährlich zu feiernde Reformationsfest, für den Charfreitag, für das Todtenfest u. dgl. Hingegen wären einige der gegenwärtigen Formeln abzukürzen *), z. B. das Leichengebet, am Sonntag nach der Predigt, die Taufagende, das Gebet vor dem Abendmahl, am Bettag nach der Morgenpredigt, die Admissionsagende; andere aber wegzulassen, z. B. das Gebet am Jakobstag, welcher nicht mehr gefeiert wird (zur Ehre des Bernervolks), und das Allgemeine Gebet, welches täglich in der Hauptkirche (zu Bern) gesprochen wurde, was aber nicht mehr geschieht; alle endlich im Einzelnen und Ganzen theilweise umzugießen, da viele unrichtige und veraltete Ausdrücke vorkommen, oder unklare Wortver-

*) Damit der Prediger sich nicht genöthigt sehen muß, mit dem Beten zu eilen, denn eine solche Hast steht mit dem ganzen Wesen und Inhalt eines Gebets im Widerspruch.

bindungen (z. B. S. 234: „in einer empfindlichen Glaubensversicherung deiner allerseligsten Gemeinschaft") oder unpassende Begriffsverknüpfungen (z. B. S. 239: Hochzeitsaal des Lamms, st. Bräutigams), oder ungehörige Satzverbindungen (namentlich im Leichengebet).

Ein Gebet soll so gut wie jede andere Gedankenreihe seinen naturgemäßen Verlauf und richtigen Zusammenhang haben, und Gott nichts vorerzählen wollen, sondern eine Erhebung des Gemüthes sein mit der besondern Beziehung auf einen wirklichen Fall, die Selbstverklärung des Menschengeistes in der Hülle der Zeit. Es ist die höchste menschliche Thätigkeit, und darum so schwer in Schrift zu fassen!

f) Das Kirchengesangbuch.

Im Kanton Bern dient noch das Psalmenbuch zum Kirchengesang, wie in der französisch reformirten Kirche — selbst in Berlin! Das sind verchristlichte Judengesänge, wenn man nicht eher sagen muß, daß das Christenthum in diesen Liedern oft verisraelitet erscheine. Die Hauptmasse bilden solche Lieder, deren Inhalt auf Noth und Verfolgung oder die Rettung aus derselben sich bezieht, auf den Gegensatz der Frommen und Gottlosen, auf die allgemeinen Eigenschaften Gottes als des Jehovah (Majestät, Macht, Güte, Ewigkeit, Gerechtigkeit), auf die (sogenannten) Pflichten gegen Gott — viele Klagpsalmen, sogar Fluchpsalmen! Dagegen fehlen alle die Darstellungen des christlichen Bewußtseins, in Glauben und Leben, für den Einzelnen und in der Gemeinschaft, für Jugend und Alter, für Familie und Kirche, über Natur und Bibel, u. s. f. Kurz den ganzen Schatz der deutschen Kirche, wie er in einem Luther, Paul Gerhard, Terstegen, Freilinghausen, Zinzendorf u. A. uns eröffnet ist, sollten wir unbenutzt liegen lassen wollen? Ist denn nicht hier eben christlich heiliger Geist? Wenn nicht da, wo sollten wir ihn suchen? Auch in neuster Zeit ist wieder manches schöne Lied erklungen, das an jene Glaubenszeiten mahnt. So vom Wirtemberger Knapp. So von Christ. Fried. Tiez (Der Herr mein Hort, christliche Lieder für häusliche Andacht, Berl. 1836), z. B. am Himmelfahrtsfest (S. 40):

Mit sehnlichem Verlangen
Gedenk ich, Jesu! Dein;
Du bist vorangegangen,
Die Stätte mir zu weihn.
Nach tausend Liebesproben,
Nach ausgekämpftem Streit
Hast Du Dich, Herr, erhoben
Zum Thron der Herrlichkeit.

Der Himmel steht nun offen,
Gebrochen ist die Bahn;
Nun darf ich gläubig hoffen,
Dem Heiligthum zu nahn,
Wenn meine Seele täglich
Sich treuer Dir ergibt,
Der Du mich so unsäglich
Bis in den Tod geliebt, u. s. f.

Aus dieser kleinen Probe erhellet hinlänglich, wie evangelisch der Geist, wie poetisch schön die Einkleidung, wie leicht und natürlich die Versifikation ist.

Den meisten Psalmen fehlt, wie das wahrhaft evangelische Grundbewußtsein (der Gnade in ihrem Siege über Sünde und Welt), so die Poesie der Gedanken und Einkleidungen, so daß nicht selten die matteste Prosa dasteht in einem poetischen Gewande, aber geradbrecht um des Versmaßes willen!

Glaubt man denn, man sei dem Volke nichts Besseres schuldig? Wer wüßte nicht, wie Poesie und Musik auf die Gesittung der Menschen einwirken! Und diese Fluch- und Rachepsalmen — wie oft haben sie schon der Sünde und dem Unverstand zum Anlaß und Mittel dienen müssen, um

Böses zu nähren und Böses zu bewirken! Sollten wir es denn nicht wagen dürfen diese fremdartigen Bestandtheile aus unserm Liederschatze auszumerzen? Oder fürchtet man das Geschrei der Zionswächter, welche in ihrem Zelotenfeuer hie und da Ketzerei zu wittern bereit sind *)? Doch wol nicht!

Zu allem dem aber kömmt noch ein anderes Uebel, an dem unser „Psalmenbuch“ leidet, das ist die Unsingbarkeit vieler Psalmen. Die größere Hälfte der Psalmen kann Jahr aus Jahr ein feiern: entweder ist die Melodie schlecht, oder der Text, oder beides zusammen, oder das eine paßt nicht zum andern.

In welche Verlegenheiten kömmt daher ein Prediger oft, wenn er einen Psalm singen lassen möchte, der sowol schön in der Melodie als geeignet zur Predigt wäre! Und wenn man bedenkt, daß das kirchliche Gesangbuch in den Händen der Jugend ist als Bildungsmittel, und in den Häusern zur Erbauung dienet neben Bibel und Gebetbuch, wer sollte denn noch zögern wollen und nicht Hand bieten, daß wir ein besseres Gesangbuch bekommen für unser Volk!

Nur hüte man sich vor zu schneller Einführung. Ich habe schon vor zehn Jahren den Rath gegeben, daß man Heft für Heft erscheinen lasse, und sie zuerst durch die Jugend singen lasse. Da wird sich zeigen, was gut und haltbar sei. Gemüthlichkeit und Einfachheit, evangelische Wahrheit und christliche Lebendigkeit sind die Hauptgrundsätze!

g) Der Kirchengesang.

Unter allen Völkern ist mit den Religionsübungen Gesang oder Musik verbunden, weil die Musik das Gemüth

*) Möge die Synodalkommission, welche bereits seit einigen Jahren mit dieser Sache und mit Revision der Liturgie beschäftigt ist, bald etwas Gedeihliches zu Tage fördern, damit nicht auch von dieser Seite der Vorwurf Platz gewinne, wie kleinmüthig unsere große Zeit sei.

erhebt, und in jedem Menschen das Bewußtsein schlummert, daß ein wahrer Gottesdienst soll herzerhebend und ermunternd sein, wie ja Gott oder die Gottheit selbst nur Leben und Liebe ist. Die christliche Kirche hat das musikalische Element ihres Gottesdienstes frühe gepflegt, indem sie sich in diesem Stück, wie in andern, an den vorhandenen jüdischen Kultus anschloß. Berühmt wurde in der Abendländischen Kirche der ambrosianische Gesang, und die Katholiken legten einen großen Werth darauf, die Kirchenmusik auf die höchst mögliche Stufe von Ausbildung zu bringen, wie es denn ihrem ganzen Geist und Charakter angemessen ist, das Aeußerliche und was an die Sinne spricht, besonders stark hervortreten zu lassen, während das Wort oder die Predigt des Evangeliums bei ihnen in den Hintergrund tritt.

Ganz anders bei den Protestanten! Der Verstand ist's, welcher die Reformation gemacht, der Verstand auch, welcher zu den neuen Einrichtungen Maßstab und Gesetz gegeben hat. Was zurückweichen mußte, ist die Phantasie und das Gemüth. Es war recht, daß die Predigt wieder hervorgezogen wurde als Hauptstück des Gottesdienstes, aber unrecht, daß das, was unmittelbar zu Herz und Gemüth und auch zur Phantasie spricht, kurz alles Künstlerische und alles Symbolische so sehr in den Hintergrund sich zurückziehen mußte oder ganz verschwand, da doch der Mittelpunkt aller christlichen Gottesverehrung das Symbolische bleibt, nämlich der Opfertod des Weltheilandes, dargestellt im heiligen Abendmahl. Aber das ist der Gang der menschlichen Dinge: ein Aeußerstes ruft leicht das andere hervor. So mußten denn nicht nur die Lichter und Gemälde und Bilder, sondern auch sogar die Orgeln aus den Kirchen weichen, und was zurückblieb, war inner vier kahlen Wänden ein mit einfachen Bänken besetzter Raum! Aber, was die Hauptsache ist, für Musik blieb namentlich in der schweizerisch-reformirten Kirche nur wenig Zeit.

Wir singen vor und nach der Predigt zusammengenommen in der Regel kaum mehr als eine Viertelstunde; in Norddeutschland wird wenigstens eine halbe Stunde gesungen. Dafür freilich geht unser Gesang zu vieren Stimmen; aber leider gewöhnlich entweder noch nicht kunstgerecht, oder aber von der Orgel, oder von schrecklichen Posaunenstößen übertönt und erstickt. Was sollen uns die Instrumente? Sie können nur für zweierlei Zwecke da sein: entweder den Gesang zu leiten, oder dann für sich etwas zu bedeuten zu haben und also eigentliche Instrumentalmusik zu sein. Im letztern Falle sieht man nicht, wozu dann noch der Gesang vonnöthen ist, als etwa zur Ausfüllung, jedenfalls werden die Instrumente die Hauptrolle haben; im erstern Falle dagegen muß das Instrument zurücktreten und nur soviel Ton geben als eben zum sichern Gange des Gesanges nöthig ist. Welches von beiden soll nun sein? Instrumentalmusik (geistliche Konzerte ausgenommen) widerstreitet dem Charakter des Protestantismus und des Evangeliums, sowol weil da keine Kunst Einzelner (Virtuosität) hervortreten darf, als weil Alles auf die Gesammtheit sich beziehen und möglichst ein Ausdruck dieser sein soll. Nun ist gerade die Musik das einzige Element des Gottesdienstes, an welchem die Gemeinde einen selbstständigen Antheil nehmen kann; und dieses wollte man noch gar vermindern oder rauben? Wie erhebend aber ist gerade ein vollstimmiger Chor einer ganzen Gemeinde! Was kann diese lebendigen Töne aus Menschenherz und Menschenbrust ersetzen wollen? Darum wende man diesem Gesang alle Aufmerksamkeit und Unterstützung zu. Mir schiene es von wesentlichem Nutzen zu sein, wenn, wie es hie und da eingerichtet ist, eigene Kirchengesangvereine (Selekte) sich bildeten, welche, aus Alt und Jung zusammengesetzt, sich's zur Aufgabe machten, vorerst zu jedem Gottesdienst das Gesangbuch mitzubringen (was bald aus einer gewissen Vornehmheit, bald aus Bequemlichkeit unterlassen zu werden anfängt), und dann auch in der Nähe des Vorsingers Platz zu nehmen, um eine starke Tonmasse hervorzubringen, welche Kraft genug hätte, das Ganze zu leiten.

Ja, hätten wir schöne Kirchenlieder, die würden bald in den Häusern Eingang finden und überall ertönen, so daß in der Kirche von Vielen auch ohne Buch gesungen werden könnte, und dann um so mehr aus Herzens Grund.

Wer wüßte nicht, was schöne Lieder wirken! Saul's böser Geist wich, wenn David in die Harfe griff. Und unter den alten Griechen soll Einer gewesen sein — man nannte ihn Orfeus — der mit den Tönen der Leier selbst Eichenwälder in Bewegung setzte! Man weiß auch, daß die Katholiken gesagt haben, Luther habe mit seinen Liedern mehr Proselyten gemacht als durch irgend ein anderes Mittel. Wie viel Lieder in einzelnen Lebensfällen zur Stärkung und Ermunterung beigetragen haben, lehrt uns die Geschichte.

Als der glorwürdige König von Schweden, Gustav Adolph, der Retter der protestantischen Kirche, den 6. November 1632 bei Lützen die denkwürdige Schlacht eröffnen wollte, da verließ er sich nicht auf seine Macht und Stärke, sondern stimmte mit seinem ganzen Kriegsheer das schöne Lied an:

„Ich ruf zu Dir, Herr Jesu Christ!“

und ging dann erst in den blutigen Kampf. (Dieses Lied wird von Einigen dem Paul Speratus zugeschrieben.)

Besonders übten die Lieder Luthers eine wahrhaft zauberartige Macht aus.

Im J. 1529 den 5. Dezember, als am zweiten Sonntag des Advents, ereignete es sich, daß in der St. Jakobskirche zu Lübeck der Kapellan Hillebrandt die Frühpredigt verrichtete. Nach der damaligen Sitte betete derselbe am Schlusse der Predigt für die Verstorbenen; zwei Knaben, die sich in der Kirche befanden, stimmten während dessen das Lied an: „Ach Gott vom Himmel, sieh darein!" und die ganze Gemeinde fiel ein und sang bis zu Ende. So war denn dieß nicht nur der erste deutsche Psalm, den man in der Kirche zu Lübeck sang, sondern er diente von dieser Zeit an fast allgemein als ein Mittel, die Mönche oder Prediger, welche sich auf der Kanzel gegen die evangelische Lehre ausließen, zu unterbrechen, und sie sogar zu nöthigen, ihre Vorträge zu schließen (s. Langbecker, das deutsch-evangelische Kirchenlied, Berlin 1830, wo viele sehr merkwürdige Vorfälle, die sich an einzelne Lieder knüpfen, erzählt sind).

b) Des evangelischen Pfarrers Amtskleidung.

Diese ist bei uns im Kanton Bern bekanntlich eine doppelte: eine größere und feierliche oder eigentliche Amtskleidung, die etwas Priesterliches hat, und eine kleinere und minder feierliche oder Standeskleidung. Jene ist der Kanzelrock (schwarzer Chorrock) mit dem weißen Kragen (breiten Halskrause), diese ein Mantel mit dem weißen Rabatt. Jenen zieht der Geistliche an, wenn er als Prediger auftritt oder als Liturge und bei Verrichtung der Sakramente; diesen bei öffentlichen Anläßen, z. B. bei Leichenbegängnissen, wo er als Geistlicher erscheint, und nicht als bloßer Privatmann, aber auch nicht als Prediger oder Liturge, oder als Pfarrer im eigentlichen Sinne des Worts.

Es hat eine Zeit gegeben, wo man meinte, der Geistliche müsse bei jedem irgend öffentlichen Anlaß in Amtskleidung erscheinen (Mantel und Rabatt); aber mit Recht verschwindet dieses nach und nach, denn die Geistlichen der evangelischen Kirche bilden nicht einen Stand in dem Sinne, wie es mit den Priestern der katholischen Kirche

10 *

der Fall ist, sie sind vielmehr Bürger und Gemeindeglieder wie jeder Andere, und machen nur sofern einen Stand aus, als jedes Amt und jeder Beruf seinen Stand hat, nicht wie eine Kaste, denn sie haben keine andern Vorrechte, als die mit ihrem Amt und Beruf natürlich und nothwendig verbunden sein müssen, wenn sie in ihrer unmittelbaren Pflichterfüllung nicht gestört werden sollen. Von dieser Seite liegt es klar am Tage, wie wichtig es ist, daß die Geistlichen vom Staate als solche anerkannt seien, d. h. daß Staat und Kirche in einem, zwar nicht unmittelbaren (von der Natur gesetzten), sondern in einem (um des Geistes willen) vermittelten, vertragsmäßigen Verhältniß zu einander stehn.

Was nun die eigentliche Kirchenkleidung, nämlich den Kanzelrock betrifft, so stammt der aus alten Zeiten her, wo auch die Rathsmänner in demselben erschienen, wenigstens die Schultheiße oder Vorsitzer des Raths, die ersten Beamten des Staats. Damals standen die Vorsteher der Kirche (denn als solche wurden die Pfarrer angesehen) und des Staates auf gleicher Linie von Würde und Achtung. Das war die Folge der Reformation, welche die höhere Würde des Geistlichen sofern herunterstimmte, als sie die Würde der Staatshäupter wenigstens zu gleichem Rang mit der des Geistlichen erhob. Diese Amtskleidung bezeichnete die Heiligkeit des Amtes und der Person — daher diese Auszeichnung. Im Verlaufe der Zeit aber, wie das Denken der Menschen fortschritt, erwachte das Bewußtsein, daß doch zwischen Weltlichen und Geistlichen ein Unterschied sei. Man ging ein auf diesen Unterschied, und die Staatsmänner traten zurück von jener äußern Würde, vielleicht im Bewußtsein, daß sie einer solchen Auszeichnung nicht bedürften, oder daß ihnen eine solche Gleichstellung eher schaden als nützen könne, weil ja in ihren Händen alle zeitliche Gewalt lag, und der Staat in der Reformation mit der

That sich über die Kirche erhob. Darum wählten sie die geringere Amtskleidung, mit Mantel und Rabatt, bis einer spätern Zeit auch dieses zu viel (oder zu wenig) däuchte, und der Rabatt mit dem Degen vertauscht wurde, wenigstens Rabatt und Degen als unvereinbar erschienen. Somit hatte sich von dem Weltlichen alles Geistliche abgelöst, wenn nicht der schwarze (nicht seidene) Mantel noch für ein schwaches Zeichen des Geistlichen gelten soll, wie er etwa auch bei Leichenbegängnissen getragen zu werden pflegte. Das war die Rathsherrentracht bis auf die neuesten Zeiten, wo dann, in Folge der weltbewegenden Tage von Paris (1830), auch diese letzten Reste der Vergangenheit abgelegt und damit die Feudalherrschaft mit ihrem Angehänge als eine abgestorbene und todte zu Grabe getragen wurde. Unverkennbar liegt in dieser allmäligen Umgestaltung des weltlichen Ornats die zeitliche Entwickelung der Begriffe von Staat und Obrigkeit verborgen. Wie einst alles Staatsrecht auf göttliche Anordnung sich gründete und unmittelbar an die Grundsätze jüdischer Theokratie sich anschloß (s. Hallers Restauration und politischen Katechismus), so bestand die Fortbewegung darin, sich von allen Bestimmungen positiver Gottesoffenbarung als von Fesseln loszumachen, und den Staat auf seinen eigenen Grund und Boden nach den Lehren der hierüber ausgedachten neuen Wissenschaft zu stellen *). Aber die Entwickelung ist noch nicht am Ziele, schon weil ja noch mancher Rest des alten Sauerteiges übrig geblieben ist, dagegen dann der wahre Geist des Alten mit den Formen desselben vernichtet ward, daher denn die Vollendung darin bestehen muß (wie auch der geistvolle franzö-

*) So wollen unsere Separatisten die Ehe losgetrennt wissen von der Kirche, indem sie in ihr zweierlei Elemente unterscheiden, ein rein bürgerliches und ein kirchlich religiöses, das erstere aber für an sich hinreichend halten. In dieser Ansicht liegen Wahrheit und Irrthum gemischt.

sische Dichter Alfons von Lamartine, in seiner Schrift über die nationale Politik, Paris 1831, angedeutet hat), daß der Geist des Evangeliums, als der Geist der wahren unsichtbaren Kirche Jesu Christi unsers HErrn, alle Formen des Staates und alle Gesetze durchdringt. Dieses ist die höchste Macht und Gewalt, unter welche sich Alles beugen und welcher Alles dienen soll, was auf Erden genannt wird. Und wo ein Staatsmann oder Beamteter von diesem Geiste beseelt ist und in diesem Sinne handelt, da bedarf es allerdings keines weitern Abzeichens mehr, welches ja doch nur so leicht menschlichen Vorurtheilen zur Nahrung und menschlichen Schwachheiten zur Verhüllung oder Bemäntelung dient. Wo dieser Geist herrscht, wird dann auch kein Mißtrauen mehr und keine Feindschaft zwischen Staat und Kirche bestehn, denn der Staat kann nichts anderes wollen als Gottes ewiges Reich befördern, dessen unmittelbare Darstellung, nämlich des göttlichen Gedankens für sich, als der Grundlage alles äußern und irdischen Lebens, gerade die Kirche ist, ich meine die wahrhaft erneuerte, die nicht leiblich herrschen, sondern nur geistig beseelen will.

Wie verhält es sich nun mit der Amtskleidung der Geistlichen? Bedürfen wir noch einer solchen oder sollen wir sie auch weglegen wie die Weltlichen gethan?

Daß und warum die Weltlichen diese Kleidung ausgezogen haben, erhellet aus dem Gesagten, und hat seinen wahren Grund, wenn es offen ausgesprochen werden soll, darin, daß der Staat sich von jeder Verwandtschaft mit der Kirche losgerissen und zum Theil wol auch von dem Geist des Christenthums losgesagt hat, so gewiß als Vielen heut zu Tage Christus nichts Anderes und Höheres mehr ist als wie irgend ein Weiser alter oder neuer Zeit, und Manche in ihrer Verirrung sich wol auch gar über Christum hinauf erheben, als der etwa ein gutmüthiger Schwärmer oder ein radikaler Philanthrop (Menschenfreund) gewesen sei, der sich aber nicht messen dürfe mit der Weisheit und Klugheit unserer Zeit, die entweder in ihrer Menschenfreundlichkeit und Geistesfreiheit über alle Formen hinweg ist, oder um der Formen willen keiner Menschenfreundlichkeit und keiner Freiheit bedarf, sondern jede lebendige Aeußerung christlichen Geistes, sei es im Glauben oder sei es in der Werken der Liebe, als „moderne Pfafferei“ oder „Knallpatriotismus“ niederschlägt. Das sind Zeichen der Zeit! In der Leidenschaft wird Manches hingeworfen, was nachher bereut wird; denn der Zorn thut niemals, was recht ist.

Wenn man nun frägt, ob die Geistlichen eine Amtskleidung nöthig haben oder nicht, so kömmt es auf den Standpunkt an, auf welchen man sich stellt.

Geht man von der Ansicht aus, das alles religiöse Leben eigentlich nichts für sich sein solle, folglich auch die Kirche selbst unnöthig sei, und daß jede solche Kleidung eine wahre Verkleidung, folglich eine Uebertünchung sei, die nur dem Bösen, nie dem Guten dienen könne, oder daß es zur Verkündigung des Evangeliums keiner besondern Gestalt bedürfe, so wenig als Christus selbst und seine Apostel irgend ein besonderes Gewand angezogen haben; dann leuchtet ein, daß über die Amtstracht der Geistlichen gerichtet und entschieden ist. Und wer sieht nicht, daß die beiden letztern Gründe allerdings viel Schein für sich haben! Der erste fällt in seine eigene Leerheit zurück.

Aber anders gestaltet sich die Sache, wenn man sie etwas näher ansieht. Daß bei Christus von keiner Amtstracht die Rede sein konnte, das ist klar für sich, denn Seine Sache war nicht, äußere Formen aufzustellen, sondern einzig und allein den Geist zu bringen, welcher nicht da war, und in welchem das Leben liegt. Er schloß sich aber an die bestehenden Formen an und vergeistigte sie — so mit dem Passahmahl, und so mit der Taufe, und so feierte Er ja auch die Feste seines Volkes mit. Daraus entnehmen wir nun schon das, was für unsern Zweck von höchster Wichtigkeit ist, daß Seine „Verehrung Gottes im Geist und in der Wahrheit" nicht eine so formlose war, wie Viele heut zu Tag zu wähnen scheinen.

Daß bei den Aposteln von keiner Amtstracht die Rede sein konnte, begreift sich klar daraus, daß sie die Kirche eben erst zu stiften hatten, und stets umherreisen mußten, im Kampfe mit der Welt und mit Noth und Mangel aller Art.

Ganz anders später! Und wie? Es liegt in der Idee der Kirche wie in aller Gottesverehrung und aller, auch der weltlichen, Festlichkeit ein Gedanke der Kunst. In der Kunst tritt nämlich das Wahre und das Gute als das Schöne in die Wirklichkeit. So soll jede geistliche Rede, so jeder Gesang, so jedes Gebet, das im Gottesdienste gehört wird, als ein schönes erscheinen, als ein Kunstwerk im edeln und reinen Sinne des Worts. Die Rede darf kein ordnungsloser Herzenserguß, der Gesang kein Geplärre, das Gebet kein Geplapper sein. Das Wahre und Geistvolle soll und muß zugleich als ein Schönes sich darstellen, als etwas also, das im alltäglichen Leben nicht erscheint, sondern vielmehr das Gemüth über dasselbe erhebt. So nun soll auch der Geistliche, welcher diese ganze Festhandlung leitet, in Allem als Einer erscheinen, welcher mit dem gewöhnlichen Leben der Welt als solcher nichts gemein hat, sondern ein Anderer, Höherer ist. So soll jeder Ton, jede Geberde, jede Miene an ihm und von ihm hier an heiliger Stätte nur der Ausdruck des Heiligen sein. Und daran soll sowol er als die Gemeinde erinnert werden eben durch die Amtstracht.

So wahr nun freilich das ganze Leben der Menschen ein heiliges, so wahr jeder Tag ein Festtag, so wahr der Geistliche nicht nur im Gottesdienste, sondern auch außer demselben stets und überall als ein Heiliger sich beweisen soll; so ist daneben auch klar und gewiß, daß dieses zwar das Ziel ist, nach dem wir streben sollen, daß aber die Menschheit und selbst die Christenheit noch weit entfernt ist, dieses Ziel erreicht zu haben, und schwerlich in der Zeit es je so ganz erreichen wird, bis die Sünde durch den Geist aus Gott überwältigt, und Alles dem HErrn unter die Füße gethan sein wird, wo Gott Alles in Allem ist, ein neuer Himmel und eine neue Erde, wie die Schrift darauf hinweist. So lange aber dieses noch nicht ist, sondern Sündliches überall an den Menschen zu Tage kömmt, so lange werden wir des Sinnbildlichen (Symbolischen) uns nicht entschlagen können, weil dieses uns stets neu auf das Ewige und Heilige weist. Das ist gerade das, was man sonst wol auch in der Welt das Ideale nennt, von welchem nur diejenigen Menschen überall nichts verstehen und wissen wollen, deren besseres Leben erstorben oder gefesselt ist.

Somit ist mein Ergebniß das, daß allerdings eine Amtstracht beizubehalten sei. Und welche besser als eben diese alterthümliche des schwarzen weiten Faltenrocks *)? Es ist dieses wol ohne Zweifel die würdigste Form; denn es ist diejenige, welche die Blöße am vollkommensten deckt und von der besondern Gestalt des menschlichen Körpers, wie es sein soll, am wenigsten erscheinen läßt. Alles Körperliche soll hier verschwinden, und nur das hervortreten, was unmittelbar ein Ausdruck des Geistes Gottes sein kann, wie das Gesicht, oder was diesen Ausdruck unterstützen kann, wie die Hände.

Daß der Rock nicht weiß oder bunt ist, wie der Chorrock der katholischen Priester, sondern schwarz, hat seinen wahren Grund darin, daß das Schwarze die Farbe der Ewigkeit ist und das Verborgene oder Geheimnißvolle darstellt, daher auch das Ernste und Heilige, während das

*) Dieser will jetzt auch im Kanton Zürich eingeführt werden, und wird allerneust für Graubündten angepriesen.

Weiße die Farbe der Verklärung ist, die uns in himmlischen Dingen, so lange wir auf dieser Erde wallen, nicht zukömmt (nur bei weltlichen Festlichkeiten hat sie ihren rechten Ort), sowie das Buntscheckige dagegen wesentlich das wechselvolle Spiel der Welt darstellt, was offenbar im grellsten Widerspruche mit dem Sinne des Evangeliums steht.

Was hingegen endlich die große weiße Halskrause anbetrifft, so will es mich fast bedünken, dieselbe ließe sich etwa mit dem einfachen Rabatt vertauschen, wie etwas Aehnliches in der französisch reformirten Kirche und auch bei den Lutheranern üblich ist.

Gegen den breiten Kragen habe ich einzuwenden, einerseits daß er die freie Bewegung und Haltung des Kopfs hindert, anderseits zu hell und auffallend ist, dessen nicht zu gedenken, daß er zu kunstreich ist, und oft viel Arbeit und Mühe verursacht, sowie auch, daß er sich nicht immer der Gestalt des Mannes anpassen und ruhig auf die Schultern legen will, sondern bisweilen sich sträubt und spielt, was der Würde des Ganzen widerstrebt.

i) Ein anderer Punkt, der zu den Wünschen der Gegenwart gerechnet werden kann, ist der Anstand und die Annehmlichkeit der Kirchen.

Eine Kirche oder ein Gotteshaus soll so gebaut und eingerichtet sein, daß es wenigstens nicht abschreckt oder unangenehme Gefühle weckt, indem es den jedem Menschen inwohnenden, mehr oder minder entwickelten Schönheitssinn verletzt.

Was die Annehmlichkeit betrifft, so meine ich damit die Feuchtigkeit und die Kälte einer Kirche, besonders das Letztere.

Es ist in neuerer Zeit schon oft der Wunsch geäußert worden, daß man die Kirchen heizbar machen und bei kalter Winterszeit wärmen möchte, wie das wirklich hie und da geschieht. Es leidet nämlich keinen Zweifel, daß kränk-

dem Amt und Stand des Geistlichen gelten. Doch aber, so lange Einer im Amte steht, so erweise man auch seiner Person diejenige Ehre, die seinem Amte von Rechtswegen zukömmt. Thut man das nicht, so wird mit der Person auch das Amt selbst herabgewürdigt — was immer bedenkliche Folgen nach sich zieht; denn Aemter stehen da wie die Säulen des Tempels einer menschlichen Gemeinschaft, auf welchen wesentlich die öffentliche Ordnung ruht. Je mehr das Amt geschwächt wird, desto loser wird die Ordnung in der Gemeinschaft, die es betrifft. So soll das Amt eines Geistlichen, als das heiligste und höchste aller Aemter auf Erden, so gewiß als das Göttliche über allem Menschlichen und Weltlichen steht, und so gewiß das Himmlische alles Irdische durchdringen und beseelen soll, von Jedermann für sich selbst geachtet sein. Und wo daher ein Geistlicher, auch ohne Amtstracht, erscheint, soll ihm diejenige Ehre erwiesen werden, die seinem hohen Amte gebührt. Aber die Aufklärung ist in unsern Tagen so weit gediehen, daß Manche, Städter und Bauersleute, Vornehme und Gemeine, bei'm Prediger auf seinem Wege in die Kirche, da er also in voller Amtstracht sich befindet, vorübergehn, ohne ihm auch nur dasjenige Zeichen von Achtung zu beweisen, welches sonst der Mensch dem Menschen beweist, wenn er mit ihm zusammentrifft.

Man täusche sich nicht! Ich bin weit entfernt, jene götzendienerische Verehrung, wie sie der katholische Priester in den Ländern der Finsterniß genießt, für den evangelischen Geistlichen in Anspruch zu nehmen — der Mensch soll vor dem Menschen, auch wenn er eine heilige Macht auf seinem Haupte trägt, sich nicht in den Staub erniedrigen! — aber alle Uebertreibung, des Zuwenig wie des Zuviel, ist ein Unrecht und schadet. Was kann mir daran gelegen sein, ob Einer vor mir seinen Hut abnimmt! Der einzelne Mann wird sich darüber weg erheben, denn seine Ehre geben ihm die Menschen nic.., die hat er von Gott, und Niemand kann sie ihm rauben. Aber wie das Heilige und Hohe für sich geachtet sein soll im Herzen des Menschen, so soll das Zeichen des Heiligen von dem Menschen geachtet werden auch durch ein Zeichen, das er gibt.

So ist es denn auch kein leeres Spiel, wenn eine Regierung irgendwohin Gesandte schickt, in wichtigen, schwierigen Angelegenheiten, die eine mehr als gewöhnlich ernste und förmliche Behandlung erfordern, wenn sie diesen Gesandten nun einen Weibel mit der sogenannten Standesfarbe mitgibt, zum Zeichen der Würde und Gewalt. Möchte man ja nur nicht alle solche Zeichen abthun! So lange Menschen Menschen bleiben, muß sinnlich auf sie eingewirkt werden, durch Bilder, die einen tiefern Sinn haben, und zum Geiste oft lebendiger sprechen als das Wort.

2) Was die Bildung des Geistlichen anbetrifft, so unterscheiden wir die Heranbildung und die Fortbildung.

Die letztere blieb bisher ganz dem Zufall überlassen und die erstere wurde gewöhnlich nicht so betrieben, wie sie dem hohen heiligen Amte gemäß ist.

Mit Dank zu Gott erkennen wir es an, was jetzt für die Vorbildung der Geistlichen gethan wird, soweit es die wissenschaftliche Befähigung betrifft. Wie viel umfassender und gründlicher ist schon die Gymnasialbildung, die gegenwärtig erlangt werden kann, als wie sie vor einem Jahrzehend beschaffen war! geschweige denn früher!

Die Hochschule, diese schönste Zierde unseres Landes, eine Frucht der neusten Zeit, bietet dem Studierenden eine reiche Auswahl des Wissens dar. Der Theologe hat jetzt Gelegenheit, alle Gebiete seiner weitschichtigen Wissenschaft in möglichst kurzer Zeit zu durchlaufen, denn jeder angekündigte Vortrag wird in der Regel in demselben Halbjahr beendigt. Statt blos drei Jahre des theologischen Studiums wählen Manche, und zwar nicht gerade die Schwächern,

jetzt vier Jahre und drüber, um auf diese Weise Zeit zu gewinnen, nicht blos das Nothdürftigste und wie mit Eilpost sich zu erhaschen, sondern nicht anders in das schwierige Amt des Geistlichen einzutreten, als nachdem man sich von allen Seiten wohl vorbereitet hat. Der Eifer unserer Studierenden in der Theologie ist in hohem Grade anzuerkennen. Ihre Lehrer lassen kein Mittel unbenutzt, welches geeignet scheint, den Jüngling nicht nur in Betreff seines Wissens und Erkennens, sondern eben so sehr seines Seins und Lebens überhaupt dem hohen Ziele der Vollendung zuzuführen. Man wacht über die Jugend, wie es denen geziemt, die zu Lehrern der Theologie berufen sind, und wissen, daß die Lebensweihe dem Theologen nicht durch die Wissenschaft allein, sondern mehr noch durch das Leben selbst zu Theil wird.

Die theologische Lehrerschaft an der Bernerhochschule huldigt jener Ansicht, welche mit dem Grundsatz der Freiheit den einer liebevollen väterlichen Leitung verbindet, und hält halbjährlich unter sich eine Musterung (Censur) über jeden einzelnen Studierenden, der mit gewissenhafter Genauigkeit nach Anlagen, Fleiß, Kenntniß, Charakter und Sitten beurtheilt wird. Diese Urtheile werden zu Protokoll verzeichnet und bei den Endprüfungen dem Vorschlag an die Staatsbehörde zu Grunde gelegt.

Auch in der Zwischenzeit, allmonatlich, versammelt sich die Lehrerschaft (Fakultät), um Wohl und Wehe der theologischen Wissenschaft und Zuhörerschaft in Erwägung zu ziehen, so daß Einzelne, wie es nöthig erscheint, auch nur geringerer Uebelstände willen gemahnt und zurechtgewiesen werden, weil man von der Ueberzeugung ausgeht, daß es besser ist, einem Uebel in seinen Anfängen vorzubeugen, durch ein freundliches Wort, als aber es gehen zu lassen, bis Ernst und Strenge erforderlich sind. Ein solches Verfahren wird auch durch das traute Verhältniß, in welchem

Lehrer und Schüler mit einander stehen, nicht wenig unterstützt. Die Lehrer können sich zu ihren Schülern nur des Besten versehen, und die Schüler wissen, daß es väterliche Freunde sind, von reinstem Wohlwollen beseelt, unter deren Leitung sie stehn.

Unsere Einrichtungen lassen wirklich wenig zu wünschen übrig, zumal da bisher alle Professoren der Theologie in einem und demselben Sinne auf die Schüler einzuwirken pflegten, was diesen sittlichen Zweck der Charakterbildung anbetrifft, so daß Väter, welche ihre Söhne der hiesigen theologischen Schule anvertrauen, in dieser Seelenpflege eine Beruhigung finden können und die Gewähr eines guten Erfolgs, wie nicht leicht anderswo.

Demungeachtet möchte ich wünschen, daß der Uebergang des Jünglings von der Hochschule in Amt und Leben nicht so unmittelbar und plötzlich geschähe, sondern irgendwie vermittelt würde; denn was sollen ein Halbdutzend gehaltene Schulpredigten und ein Dutzend oder vierzehn Katechisationen, die ein Jeder halten kann! Das ist nichts als ein geringer Anfang, und den eigentlichen Lehrplätz muß der Kandidat auf seinem ersten und zweiten Vikariate machen, gewöhnlich entweder sich selbst überlassen oder nicht unter derjenigen Leitung, die einen jungen Mann zu fördern geeignet ist. Freilich sind die Leute meistentheils mit einem Vikar sehr nachsichtig, aber wer wüßte nicht, wie nachsichtig überhaupt die Menschen gegen das Heilige zu sein pflegen! Wie wenige vermögen den Ernst und die Hoheit der Aufgabe zu erfassen! Wir dürfen uns darum nie mit der Genügsamkeit der Welt begnügen wollen, denn sie kennt in diesen Dingen den Maßstab nicht. Auch wolle man sich nicht mit dem Gedanken trösten, es sei doch nun einmal bisher gegangen, und es werde wol auch noch ferner gehn! Denn alle Welt weiß, daß jetzt andere Zeiten sind als ehedem, daß andere Forderungen an die Prediger gestellt werden als ehedem, daß die Leute großentheils nicht mehr um des alten Glaubens willen oder aus irgend einer Menschenschen zur Kirche gehn, daß der Prediger heut zu Tage sich ausweisen muß als einen Mann, welcher das Wort zu handhaben versteht und den Geistern gebietet durch den Geist. Dann wird die Gottesfurcht zu neuerer, größerer Achtung kommen, und wo das Denken mit dem Glauben sich einigt, da wird der Sieg über die Neugebildeten dieser Zeit nicht zweifelhaft sein; denn zweifeln wir nur nicht, der Mensch ist göttlichen Geschlechts und kann das Band nie ganz zerreißen, das ihn mit dem Himmel verknüpft, von wo er stammet.

Ich möchte daher wünschen, daß den jungen Männern, welche ihre Endprüfungen bestanden haben und in den geistlichen Stand aufgenommen sind, noch eine Gelegenheit eröffnet würde, sich praktisch fortzubilden zu besserer Vorbereitung auf Amt und Leben. Und dazu wüßte ich keinen geeignetern Ort als in unserm Schullehrerseminar. Da könnten sie predigen unter Leitung des dortigen Pfarrers und des Direktors, und könnten sich im Katechisiren und Schulhalten üben — die übrige Zeit wohnten sie dem Unterricht im Seminar bei oder studierten für sich. Diese Einrichtung böte noch den sehr großen Vortheil dar, daß die künftigen Prediger mit den künftigen Schullehrern in ein freundliches Verhältniß treten und manche Bekanntschaft machen könnten, die später vielleicht die schönsten Früchte bringt. Wie wohlthätig müßte nicht die gegenseitige Einwirkung dieser jungen Männer sein! Hier gerade könnte sich die höhere Wissenschaft bewähren und Vieles müßte sich sichten und reinigen. Nichts ist, was das Wissen so sehr läutert, wie der Umgang mit Menschen aus dem Volk, denn da wohnt der unverkünstelte gesunde Menschenverstand, welcher den geraden Weg der schlichten Wahrheit wandelt und nicht selten die Träumereien hoher Weltweisheit und bepanzerter Religionswissenschaft wie der Knabe David zu Schanden macht.

Und warum könnte im Seminar nicht etwa für sechs Kandidaten der Theologie Platz bereitet werden? Die Nähe Berns, wo die Bibliotheken sich befinden, müßte sehr zweckdienlich sein. Dies wäre ein wichtiger Anfang zu Besserm; und diejenigen jungen Männer, die sich freiwillig hieher begäben, fänden Belohnung genug in der Ausbildung, die ihnen hier zu Theil würde und die sie ganz nothwendig weit brauchbarer machen müßte für das praktische Leben, als wenn sie unmittelbar von der Hochschule weg oder von einer Lehrerstelle an einer Gelehrtenschule in das geistliche Amt eintreten. Dieser Aufenthalt sollte auf alle mögliche Weise erleichtert werden. Es müßte selbst dem Seminardirektor von Werth sein, wenn er gebildete junge Männer zur Seite hätte, die er nach Gutfinden für ihn eintreten lassen könnte; denn jetzt wird er fast zu Boden gedrückt. So würden unsere Geistliche auch für die Volksschule vorgebildet, daß sie mit Sachkenntniß (die Theorie eignen sie sich auf der Hochschule an) aus unmittelbarem Anschauen und Selbstüben, und eben daher auch mit wahrer Lust und Freude sich der Volksschule annehmen könnten, was jetzt nicht so leicht mit Erfolg geschieht. Und sollte das dem Staate gleichgültig sein, wenn er an jedem Pfarrer einen tüchtigen Aufseher und Leiter der Volksschule besäße? Das wäre wol das lebendigste Band von Kirche und Staat. Und leiten oder befehlen kann ein Jeder nur da recht, wo er selbst gearbeitet und gedient und erfahren hat, denn in der Arbeit erst wird die Sache für sich klar, und die Art und Weise, wie sie angefaßt und betrieben werden muß, um glücklich zum Ziele gebracht zu werden.

Dies mein erster bescheidener Wunsch für eine bessere theologische Berufsbildung. Sollte es später einst von den Zeitumständen gestattet werden, und dieses sich noch nicht als genug erweisen, dann gingen meine Gedanken weiter, die ich aber für jetzt noch zurückhalten will.

Aus dem Gesagten geht nothwendig das hervor, daß bei der Wahl eines Pfarrers fur die Gemeinde, in welcher sich das Schullehrerseminar befindet (Münchenbuchsee, in der Nähe Hofwyls), stets auf einen Mann gesehen werden müßte, welcher wie in pastoraler so überhaupt in wissenschaftlicher Hinsicht eine ausgezeichnete Bildung besäße, und dessen ganze Persönlichkeit, schon um der Schullehrerzöglinge willen, geeignet wäre, jungen Männern Achtung und Vertrauen einzuflößen.

Was die Fortbildung der Geistlichen anbetrifft, so scheint eine solche in und mit dem Amte sich von selbst zu machen, und nicht noch einer besondern Anordnung und Betreibung bedürftig zu sein; denn, wenn Einer seine geistlichen Pflichten alle gewissenhaft erfüllt, so dürfte Mancher denken, daß er eben damit auch in seiner Bildung vorwärts schreite, nämlich in der unmittelbaren Berufsbildung, so daß er für Anderes, streng Wissenschaftliches, weder Zeit noch Bedürfniß mehr finden könne. Allein dem ist nicht also. Die allgemeine Erfahrung lehrt, daß ein Geistlicher, welcher das wissenschaftliche Forschen aufgibt, in die größte Gefahr geräth zu verbauern und in die Gemeinheit des Lebens oder in ein handwerksmäßiges Betreiben seines Amtes zu versinken, oder in sich zu verknöchern. Das bringt gerade die Natur seines Amtes mit sich und die Art und Weise der menschlichen Verhältnisse, in denen er steht. Es gibt keine Wissenschaft, welche so sehr der steten Erforschung bedarf, wie die Theologie, sowol äußerlich als innerlich betrachtet: äußerlich, weil kein Geistlicher, wenn er von der Hochschule abgeht und die Weihe zum Amt empfängt, die Meinung haben kann, daß ihm nicht noch Vieles zu lernen übrig bleibe — man denke nur an das so wichtige Fach der Kirchengeschichte — innerlich, weil kein Einziger in irgend einem Zeitpunkt denken kann, daß er nun eine vollkommene Erkenntniß des christlichen Glaubens und Lebens besitze, so daß kein Zweifel und keine Unklarheit mehr übrig sei. Es gibt eben so nichts wie das Heiligste, das der Mensch hat, das fromme Leben, welches so sehr eine fortgehende Läuterung und Bildung fordert — es ist ja das Leben im höchsten Sinne, und muß als solches seiner Natur nach in steter Bewegung begriffen sein. Dieses läßt sich nie in stehende Formen und Formeln fassen, sondern ist in dem Wesen des Geistes selbst unmittelbar gesetzt.

Wer nun so oft und so viel über das Heilige reden und von demselben Zeugniß geben soll, bald mehr in belehrender, bald mehr in anregender und gemüthlicher Weise, bald im Gespräche, bald im Unterricht, bald in kunstgemäßer Rede, wahrlich der läuft in hohem Grade Gefahr, sich in gewissen Formeln zu bewegen, und ein stehendes Gepräge anzunehmen, das immer wiederkehrt. Die Erfahrung beweist das tausendfältig. Man sehe nur diejenigen an, welche sich das Lehrergeschäft anmaßen, ohne wissenschaftlich gebildet zu sein. Ein reges lebendiges Leben im Geiste des HErrn hilft freilich viel, aber Niemand kann sich heut zu Tage auf die Apostel berufen, weil alle unsere Verhältnisse anders sind, und die Wissenschaft nothwendig erforderlich ist, um allen Anforderungen zu genügen, die man heute an einen Verkündiger des Evangeliums stellen muß. So wenig die Wissenschaft ohne den Glauben hinreicht, so wenig der Glaube ohne die Wissenschaft. Darum wird mit Recht in Wirtemberg eine fortgehende Beschäftigung mit den Wissenschaften vom Geistlichen gefordert. Sollte etwas Aehnliches nicht auch bei uns möglich sein? Wie wenn z. B. alle zwei Jahre jedem Kapitelskreis eine Preisaufgabe gestellt würde, deren Bearbeitung Jedem überlassen bliebe? Es gäbe das einen sehr passenden Stoff für die Pfarrervereine. Es würde Manchen wecken und veranlassen sein Nachdenken diesem Gegenstande zuzuwenden. Die Beurtheilung könnte den Dekanen anderer Kapitel oder den Professoren der Theologie übetragen werden; sie dürfte nie anders als brüderlich sein. Ausgezeichnete Arbeiten würden in einem Archiv gesammelt und gedruckt, und deren Verfasser von Staatswegen irgendwie beehrt. Eine solche Einrichtung würde Leben wecken, ohne belästigend zu sein, weil jede Arbeit eine Sache des freien Willens wäre.

3) Was das ganze Leben und Erscheinen des Geistlichen außer seinem Amte anbetrifft, so fordern wir nichts von ihm, als daß in Allem seine Geistlichkeit im wahren evangelischen Sinne des Wortes zur Erscheinung komme. Er soll und darf nie etwas Anderes sein als eben ein Geistlicher, so gewiß er mit dem heil. Geist seines Herrn und Erlösers beseelet ist, und seinen Beruf nicht wie etwas Aeußerliches betreibt, sondern stets in diesem selbigen Geiste leibt und lebt. Wie könnte er denn ein Anderer sein außerhalb des Amtes als innerhalb? Das Bild eines evangelischen Geistlichen ist das Bild eines Menschen in seiner Vollkommenheit: er soll an sich selber darstellen die Wahrheit und Hoheit des Menschenlebens, die Einheit des Irdischen und Himmlischen, die Freiheit und Freudigkeit des Geistes, die Würde und Heiligkeit des ganzen Sinnes. Er soll in der Welt sein und doch über der Welt, Bürger und Priester, gelehrt und doch einfach, hoch und doch niedrig, reich und doch arm, streng und doch milde, zurückgezogen und doch überall — der die Welt gebraucht, aber nie mißbraucht; der besitzen und lassen kann; der mit den Weinenden weinet und mit den Fröhlichen sich freuet. Ein Mann, bei dem in allen Stücken der hohe Zweck seines Berufs durchscheint, ohne daß er es zeigen will. Was sollte man denn einem solchen Manne noch verbieten, wovon ihn ausschließen können? Von der Ehe? die heiligt er, wie kein Anderer. Von Bürgerrecht und Bürgerpflicht? die erfüllt er, soweit es

ihm sein unmittelbares Amt gestattet, besser als jeder Andere *). Von geselligem Umgang? den benutzt und belebt er, wie kein Anderer. Von Freude und Lustbarkeit? die mäßiget er, wie Jeder es sollte. Er wird Alles genießen dürfen, weil er es mit Dank zu Gott genießt, und nur dasjenige meiden, was mit den vielfachen Pflichterfüllungen seines Berufes, sei es der Zeit, sei es der Sache nach, unvereinbar ist.

Sein Anzug und Aufzug wird der jedesmal dem Ort und den Verhältnissen und seinem Amte angemessene sein, jedenfalls nie ein solcher, der in ihm einen andern Mann vermuthen ließe, als der er sein soll, wo und so lange er sich unter Bekannten befindet, nämlich in seiner Gemeinde oder deren Nähe — anders auf Reisen oder Wanderungen, namentlich außerhalb der Grenzen des Landes, dem er unmittelbar angehört.

b) Der Kandidat als Vikar oder Pfarrgehülfe (auch Pfarrverweser), oder sonst in einem Amte, das nicht ein geistliches ist, namentlich als Schullehrer.

1) Was vor allen Dingen gesichert sein muß, das ist die Fortbildung. Nichts ist gefährlicher als Geschäftslosigkeit; aber auch die nichtgeistliche Beschäftigung leitet leicht vom rechten Leben ab. Der Vikar dagegen wird oft zu Klagen über Mangel an Zeit geneigt sein. Nach meiner Ansicht aber sollte jedem Kandidaten der Theologie, sei er nun was und wo er wolle, wo möglich Jahr für Jahr eine wissenschaftliche Arbeit abgefordert werden, nebst einem

*) Die bernische Staatsverfassung schließt die Predigtamtskandidaten, welche ein geistliches Amt bekleiden, von der Fähigkeit aus, in den Großen Rath gewählt zu werden. Alle Gründe, mit welchen man dieses Unrecht rechtfertigen will, ermangeln des Grundes. Ich verweise auf mein Schriftchen: Der evangelische Staat und die evangelischen Geistlichen, Zür. 1831.

jetzt vier Jahre und drüber, um auf diese Weise Zeit zu gewinnen, nicht blos das Nothdürftigste und wie mit Eilpost sich zu erhaschen, sondern nicht anders in das schwierige Amt des Geistlichen einzutreten, als nachdem man sich von allen Seiten wohl vorbereitet hat. Der Eifer unserer Studierenden in der Theologie ist in hohem Grade anzuerkennen. Ihre Lehrer lassen kein Mittel unbenutzt, welches geeignet scheint, den Jüngling nicht nur in Betreff seines Wissens und Erkennens, sondern eben so sehr seines Seins und Lebens überhaupt dem hohen Ziele der Vollendung zuzuführen. Man wacht über die Jugend, wie es denen geziemt, die zu Lehrern der Theologie berufen sind, und wissen, daß die Lebensweihe dem Theologen nicht durch die Wissenschaft allein, sondern mehr noch durch das Leben selbst zu Theil wird.

Die theologische Lehrerschaft an der Bernerhochschule huldigt jener Ansicht, welche mit dem Grundsatz der Freiheit den einer liebevollen väterlichen Leitung verbindet, und hält halbjährlich unter sich eine Musterung (Censur) über jeden einzelnen Studierenden, der mit gewissenhafter Genauigkeit nach Anlagen, Fleiß, Kenntniß, Charakter und Sitten beurtheilt wird. Diese Urtheile werden zu Protokoll verzeichnet und bei den Endprüfungen dem Vorschlag an die Staatsbehörde zu Grunde gelegt.

Auch in der Zwischenzeit, allmonatlich, versammelt sich die Lehrerschaft (Fakultät), um Wohl und Wehe der theologischen Wissenschaft und Zuhörerschaft in Erwägung zu ziehen, so daß Einzelne, wie es nöthig erscheint, auch nur geringerer Uebelstände willen gemahnt und zurechtgewiesen werden, weil man von der Ueberzeugung ausgeht, daß es besser ist, einem Uebel in seinen Anfängen vorzubeugen, durch ein freundliches Wort, als aber es gehen zu lassen, bis Ernst und Strenge erforderlich sind. Ein solches Verfahren wird auch durch das traute Verhältniß, in welchem

Thätigkeit? Das könnte keinem wahrhaft geistlich gesinnten jungen Manne beschwerlich fallen, und es müßte dem Dekan ein Anlaß werden zu vielfach heilsamer Belehrung.

c) Der Pfarrer.

1) Als das Erste, was hier zu besprechen ist, nenne ich die Berufung in das Amt oder die Wahl des Pfarrers.

Wenn man bedenkt, wie folgenreich die Wahl eines Pfarrers für eine Gemeinde ist, so darf man sich ja nicht wundern, daß in unsern Tagen, wo dem freien Willen und der Einsicht des Einzelnen ein weiter Spielraum geöffnet ist, bei Besetzung einer Pfarrstelle die Gemeinde nicht mehr so ganz gleichgültig zusieht, sondern in einige Bewegung kömmt.

Es wird zwar immer strenger darauf gesehen, daß nur solche Männer in den heiligen Stand der Geistlichen (ich nenne ihn um so billiger so, als ja der ganze Stand und Name der Christen ein heiliger ist) aufgenommen werden, welche sowol durch wissenschaftliche Ausbildung als durch herzliche Frömmigkeit und anerkannte Sittlichkeit sich empfehlen; aber demungeachtet bleibt die Eigenthümlichkeit des Talents und der Persönlichkeit verschieden. Darum muß wo möglich jeder Gemeinde derjenige Mann gegeben werden, der sich eben am besten für sie schickt.

Da indeß auch das Alter und besonders die Dienstzeit eines Mannes Berücksichtigung verdient, so ist damit ein doppelter Maßstab und Wahlgang aufgestellt, welcher bei einer zu treffenden Wahl berücksichtigt werden kann: es ist einerseits die Freiheit, anderseits die Gebundenheit.

Das Erstere legt den Wählenden die Wahl ganz unbedingt in ihre Hand, so daß sie wählen können aus der ganzen Zahl der Bewerber, wen sie für den Geeignetsten halten.

Das Letztere gibt dem Bewerber ein gewisses Recht, auf welches er soll vertrauen dürfen, wenn nicht besonders

Gründe im Wege stehn; denn unbedingt wird man sich nie von einer todten Naturbestimmung binden lassen wollen, weil sonst leicht ein verderblicher Mißgriff geschehen könnte. Dazu kömmt, daß vorgerückteres Alter seiner Natur nach eine größere Tüchtigkeit zur Folge haben soll, wenn anders ein Pfarrer wahrhaft im Geiste seines HErrn das Amt bekleidet; sonst aber, wer irgendwie bedeutende Blößen gibt, auch nicht verdient befördert zu werden. Da jedoch auch die Wahlbehörde stets aus Menschen besteht, die irren können, so dürfte es vielleicht nicht ganz unzweckmäßig sein, wenn eine kleine Zahl von Pfarren wie bisher nach dem Altersrang vergeben würde, wenigstens so daß unter den zwei oder drei ältesten der Bewerber eine Auswahl möglich sei. Vielleicht, daß mit der Zeit — wogegen sich freilich Manche sträuben möchten — alle Pfarren der freien Wahl der Behörde anheimgegeben werden, was um so eher der Fall sein kann, nach dem die Wahlbehörde gut zusammengesetzt wird. So wenig freilich Menschen je von aller Willkür frei bleiben werden, und auch bei menschlich freien Wahlen leicht der sogenannte Zufall sein Spiel treiben kann, so sehr soll man dennoch das als Grundsatz anerkennen, daß zu allem sittlichen Handeln, also auch zu einem so wichtigen Akt, wie eine Pfarrerwahl ist, die eigene Einsicht und Ueberzeugung erfordert wird. Das wird den Bewerbern auch ein Sporn sein, sich diejenigen Eigenschaften zu erwerben, die zu segensreicher Führung eines geistlichen Amtes nöthig sind. Hat Einer besondere Gründe vorzuweisen, die aber eben Gründe sind — wenn er z. B. durch irgend unglückliche Verumständungen mit seiner Gemeinde oder einem Theil derselben unveränderlich zerfallen ist, und er daneben doch vorzügliche Eigenschaften besitzt, die ihn, wie vielfache Erfahrung lehrt, für eine andere Gemeinde sehr empfehlen — so wird eine weise und gerechte Wahlbehörde auf solche Gründe, die sie aber genau zu untersuchen hat, verdiente

Rücksicht nehmen, so daß ein rechtschaffener Mann von einer solchen freien Wahlart wol selten oder nie etwas zu besorgen hätte.

Und wer soll denn diese Wahlbehörde sein?

Wie überhaupt im Gebiete der Politik oder des Gesellschaftslebens (im höhern Sinne) um der menschlichen Neigungen und Leidenschaften willen, die sich so leicht in's Spiel mischen, gemischte Kollegien sich am besten eignen, den allgemeinen Willen und das Allen Zuträgliche herauszufinden, so scheint mir insbesondere auch für die Pfarrerwahl dieser Grundsatz der befriedigendste zu sein.

Wenn wir fragen, was für verschiedene Interessen bei einer solchen Wahl zu berücksichtigen seien, so finden wir genau genommen vier: das Interesse der betreffenden Gemeinde, das der Landeskirche, das der Wissenschaft und das des Staates. Ein jedes derselben wird durch Einzelne vertreten: das der Gemeinde durch ihr Presbyterium, das der Kirche durch den Kirchenrath, das der Wissenschaft durch die theologische Fakultät, und das des Staates durch die Regierung. Diese vier Elemente sollten bei einer Wahl zusammenwirken. Wie? Man könnte denken, etwa so daß diese vier Kollegien sich vereinigten als Wahlbehörde. Aber ich fürchte, die Behörde würde auf diese Weise zu zahlreich, und die Handlung weitläufig, wol auch kostspielig (wegen der nöthigen Reise des Presbyteriums *)) und zeitraubend für die theologischen Professoren, die übrigens doch nicht unmittelbar mit der Kirche als solcher, nämlich als äußerlich bestehender Gemeinschaft (sondern mehr mit der unsichtbaren Kirche) in Beziehung stehen. Darum schiene mir folgender Weg der natürlichste und einfachste zu sein: 1) sobald die Frist der Anmeldung verflossen ist, reicht die theologische Fakultät dem Kirchenrath über die Bewerber

*) Obwol dies in der Wirklichkeit vorkömmt.

ein kurzes Gutachten ein, 2) die Kirchgemeinde macht durch ihr Presbyterium einen dreifachen Vorschlag, 3) der Kirchenrath hat sowol jenes Gutachten als diesen Vorschlag zu prüfen, und kann gutfindenden Falls den Vorschlag vermehren, 4) die Wahl selbst wird durch die Regierung getroffen, und zwar so, daß sie die Vorschläge nicht überschreiten darf, weil anzunehmen ist, daß einerseits die Gemeinde, anderseits der Kirchenrath am besten im Stande sind, die vorhandenen Verhältnisse und wahren Bedürfnisse genau zu kennen. Auf diesem Wege, scheint mir, würden allfällige unreine Bemühungen am sichersten vereitelt. Der Einfluß der Gemeinde, die bekannter Maßen leicht für diese oder jene Person eingenommen werden kann, würde durch das theologische Gutachten und durch die unbefangene Einsicht des Kirchenraths gemäßigt, und wiederum hätte der Kirchenrath an der Willensäußerung der Gemeinde eine Wegweisung. Ueber Allen aber stände, wie es in einem wohl geordneten Staate sein soll, die Landesobrigkeit, von welcher die Voraussetzung gelten muß, daß sie einzig die Gründe wägt und den gewichtigsten den Vorzug gibt. Eine solche Voraussetzung darf man um so eher von einer aus dem Volke selbst hervorgegangenen Regierung haben, als diese für jede ihrer Handlungen nöthigenfalls das Gericht der öffentlichen Meinung zu scheuen hat. Daß in der Landesregierung etwa auch Katholiken sitzen, darf in Ernst wol kaum ein Anstoß sein; es wäre im Gegentheil ein schönes Zeichen des Zutrauens und der Eintracht beider Kirchen, wie es eines aufgeklärten, wahrhaft christlichen Volkes würdig ist.

2) In Betreff der Amtspflichten erlaube ich mir hier nur dreierlei zu wünschen.

Das Erste ist, daß dem Pfarrer, wenigstens in großen Gemeinden, alles Mechanische und rein Aeußerliche, ich meine die ungeistigen Schreibereien alle, die so oft nur bürgerlicher Natur sind, abgenommen werden, damit er seine

Zeit den eigentlichen und wahren Amtsgeschäften, der Seelsorge und dem Schulbesuch, widmen kann, denen er auf unverantwortliche Weise entzogen wird. Wer kann ihn da ersetzen? und wie viel geht da zu Grunde, wenn der Pfarrer nicht immer seine Hand dabei hat! Dazu können auch jene Lesereien in der Kirche gerechnet werden, sei es auch, daß sie der Pfarrer nicht mehr selbst besorgt — sie gehören nicht in die Kirche, sondern für alles Weltliche mögen heut zu Tage sonst Leute gefunden werden und Anlaß oder Ort genug.

Das Andere ist, daß dem Pfarrer das gegeben werde, was ihm von Amtes wegen zugehört, ich meine die Bestattung der Leichen. Es ist sehr unerquicklich zu sehen, wie bei uns in den Städten die Leichen beerdigt werden — ohne daß in der Regel auch nur ein Gebet gesprochen wird. Empfängt doch die Kirche den neugebornen Erdenbürger mit ihrem Segen, sollte sie denn keinen Segen haben für den Abschied? Wie wirksam müßte oft ein gutes Wort am Grabe sein! Man denke, wie gemischt gewöhnlich das Geleite ist; Manche, die in keine Kirche gehen, finden sich hier am Grabe ihres Freundes ein. Sollte denn nicht ein kräftiges Wort bisweilen den wunden Fleck treffen und auf ein bereitetes Erdreich fallen, das sich nachher wieder verschließt? Auf dem Lande sieht es in dieser Hinsicht besser aus, nur daß ich da Folgendes wünschen möchte: 1) die Abschaffung der übermäßigen Beerdigungsmahlzeiten, die oft mehr Aergerniß als Erbauung wirken — theile den Armen mit, wer Ueberfluß hat, aber nicht auf die bettelhafte Weise, wie es jetzt (im Emmenthal) geschieht; 2) die strenge Festhaltung des Verbots, daß kein Schullehrer eine Leichenrede halte, wozu ein solcher gewöhnlich gar nicht tüchtig ist — daher denn all' der bekannte Unfug an heiliger Stätte; 3) die gänzliche Verweisung des Schullehrers in das Gebiet, das ihm gebührt, nämlich die Schule, so daß er auch nicht einmal das Gebet zu lesen hätte, denn die Liturgie gehört nirgends hin als in die Kirche, und für diese ist der Pfarrer da — man wende nicht ein, alte Bräuche lassen sich nicht ändern! Das sind leere Einbildungen, denn nur das soll gelten, was vernünftig und klug und recht ist; und sollte denn die Mehrzahl unserer Bürger so unverständig sein, daß sie Gründe nicht zu fassen vermöchte? Wird man auf Einzelne, Wenige so sehr achten können? Nie wird etwas Neues, wenn auch ungleich und handgreiflich Besseres, Allen recht und genehm sein, denn es gibt überall Menschen, die nicht vom Geiste, sondern von Fleisch und Blut beherrscht sind, und blinder Laune folgen. Wenn man aber bedenkt, wie ein Schullehrer um eines Todten willen die Lebenden versäumt, deren Erziehung ihm doch ja als sein eigentliches Geschäft obliegt, so kann man unmöglich anstehen, diese Unordnung aufzuheben, und Jedem das zuzutheilen, was ihm gehört. Darum muß ich wünschen, daß 4) alle Leichenbestattung Niemand anders als der Geistliche selbst übernehme, welcher ja der Diener der Kirche ist und im Namen der Kirche handeln soll. Und was er zu thun hat, sei einfach: die Leiche auf dem Friedhof in Empfang nehmen, zum Grabe geleiten, segnen, und dann noch einige Worte der Erbauung an das Trauergeleite richten. Es kann sich hier in etwas ganz entgegengesetzt verhalten auf dem Lande und in Städten: in Städten, namentlich in Bern, wo man in Wagen zum Grabe fährt (und nur die nächste Verwandtschaft), da wird das Schicklichste sein, daß er sich in das Trauerhaus begibt und dort sein Gebet und seine Rede hält; oder es könnte auch sein — und das wäre wirklich schön — daß er mit der Verwandtschaft zum Grabe führe und dort noch ein besonderes Gebet verrichtete; wo aber der ganze Trauerzug bis zum Grabe folgt, da muß das Reden am Grabe Statt finden. Auf dem Lande hingegen wäre es wirklich meist unmöglich, daß der Pfarrer sich in's Trauerhaus begäbe, besonders in großen Gemeinden, wo oft mehrere Leichen zusammentreffen.

Das **Dritte** ist, daß jeder Pfarrer von Staatswegen verpflichtet sein oder wenigstens es sich selbst zum Gesetz machen sollte, eine **Chronik** seiner Gemeinde zu führen, so daß Alles, was in Rücksicht von Kirche, Schule, Sitte, Polizei, Wohlfahrt, Kunst und Gemeinsinn Neues und Erhebliches geschähe, aufgezeichnet und der Nachwelt überliefert würde. Nach dem Grundsatz, daß die Geschichte die beste Lehrmeisterin ist, würde jeder neu eintretende Pfarrer an einer solchen Beschreibung eine sehr wichtige Wegweiserin besitzen, die ihn vor manchem Mißgriff bewahren und zu manch Gutem anspornen könnte, besonders, wenn jedes Mal nicht blos die nackte Thatsache, sondern zugleich die Anstrengungen und angewandten Mittel angegeben würden. Wie leicht ließe sich so etwas zu Stande bringen! Wie folgenreich könnte eine solche Geschichtschreibung werden! Schon die Dankbarkeit scheint es zu fordern, daß man die edeln Thaten und guten Werke der Gegenwart auf die Nachwelt bringe, damit auf diese Weise ein lebendiger Zusammenhang entstehe zwischen dem Jetzt und dem Ehemals.

8) Das Letzte, was ich in Betreff des Kirchendieners noch wünschen möchte, ist einige Aenderung im **Besoldungssystem**.

Die Erfahrung und die Natur der Sache selbst lehren zur Genüge, daß die unterste Klasse der Geistlichen zu gering besoldet ist, und Manche daher in die bittersten Verlegenheiten kommen, aus welchen sie sich nicht anders retten können als durch Schuldenmachen. Das Amt des Predigers ist wahrlich nicht ein Amt zum Reichwerden; darum schütze man ihn wenigstens vor Mangel und Nahrungssorgen, wie jeder redliche Arbeiter seines Lohnes werth ist. Dann wird man auch nie in die gefährliche Nothwendigkeit gesetzt werden, Leute in den geistlichen Stand aufzunehmen, die derselben nicht würdig sind, nur um den schreiendsten Bedürfnissen begegnen zu können. Je gebildeter unsere angehenden Geistlichen sind und je mehr sie von Jugend auf eine gute, wahrhaft christliche Erziehung genossen haben, desto mehr darf man hoffen, daß das Reich des HErrn unter uns gefördert werde.

d) Schließlich knüpfe ich hier noch einige Wünsche und Bemerkungen an, welche das Kirchenwesen der Stadt Bern für sich betreffen.

1) Vor allen Dingen fällt auf, daß der Charfreitag nur in der Stadt Bern, und zwar hochfestlich nur in der Münsterkirche oder Kathedrale gefeiert wird, so daß, während die Gläubigen in die Münsterkirche ziehen zur Kommunion, in den übrigen Kirchen eine einfache Predigt Statt findet, und während die Kaufläden der Stadt wie an Festtagen geschlossen sind, vor den Thoren der Stadt, ja selbst in den Nebengassen in einzelnen Werkstätten gearbeitet wird. Diese Ungleichheit ist eine Unangemessenheit, die stört.

2) Es ist schon mehrmals öffentlich zur Sprache gebracht worden, daß in der Hauptkirche von Bern, und nur in dieser, die Passionspredigten in die Charwoche zusammengedrängt sind, und man hat auch im Zusammenhang mit dieser Rüge gewünscht, daß die Passionsabschnitte (die einzigen vorgeschriebenen Perikopen der bernischen Kirche) anders und zweckmäßiger eingetheilt oder gänzlich freigegeben werden möchten.

Was das Erstere anbelangt, so finde ich keinen Grund der Abänderung, so lange von den Predigern an der Münsterkirche oder von dem Publikum nichts Anderes verlangt wird; denn dieses Zusammendrängen ist nur durch die größere Zahl von Predigern möglich, die an dieser Kirche dienen, und es scheint mir der Sache gemäß zu sein.

Daß sich eine andere Eintheilung machen ließe, ist wol kaum zu bezweifeln; daß aber die Zahl geringer gemacht oder die Wahl ganz freigegeben werden könne und dürfe, glaube ich nicht, weil mir scheinen will, die Geschichte der Passion habe eine solche Wichtigkeit, daß es nicht rathsam wäre, sie mit anderm Stoffe zu vertauschen, welcher von der eigentlichen Geschichte abführen würde. Daß man Jahr für Jahr beinahe dieselbe Sache zu behandeln hat, da die vier Evangelisten, mit deren Erzählung man wechselt, nur geringe Abweichung des Stoffs darbieten, kann kein Grund der Aenderung sein; denn Jahr für Jahr soll dieselbe Geschichte einen neuen Reiz gewähren, wie ihn jeder Gläubige, sowol Prediger als Zuhörer, finden wird, ohne daß man nöthig hat, zu der Aushülfe zu greifen, die in Deutschland so häufig vorkömmt, und nur einen einzelnen Punkt in der Geschichte zu behandeln oder gar nur die Geschichte oder Einzelnes in derselben als Anlaß zu benutzen, um über ganz Anderes zu reden, und die eigentliche Geschichte fallen zu lassen. Wen die Passion in ihrer einfachen Darstellung nicht mehr interessiren und ergreifen kann, der beweist, daß er von der Bahn des lebendigen und historischen Glaubens abgekommen ist, und hat nichts eifriger zu thun als sich genau zu erforschen und umzukehren.

8) Auffallend ist die Ordnung, daß alle Kindstaufen nur in der Münsterkirche zu geschehen pflegen *); denn man begreift nicht leicht, warum dieses so wichtige liturgische Geschäft den Pfarrern an der Nydeck und zum heil. Geist entzo-

*) Ehemals mußte jeder Burger von Bern, welcher zu Rath und Burger kommen, d. h. in den souveränen Rath gewählt werden wollte, in der Münsterkirche getauft sein! Nur Unehliche wurden in der Kirche zum h. Geist getauft — daher es ehrliche Leute für eine Schande gehalten hätten, hier ihre Kinder taufen zu lassen, bis in neuesten Zeiten auch dieses Vorurtheil wegfiel. Der Grund jenes Gebrauchs scheint darin gelegen zu haben, daß die Münsterkirche die eigentliche alte und wahre Stadtkirche war.

dem Amt und Stand des Geistlichen gelten. Doch aber, so lange Einer im Amte steht, so erweise man auch seiner Person diejenige Ehre, die seinem Amte von Rechtswegen zukömmt. Thut man das nicht, so wird mit der Person auch das Amt selbst herabgewürdigt — was immer bedenkliche Folgen nach sich zieht; denn Aemter stehen da wie die Säulen des Tempels einer menschlichen Gemeinschaft, auf welchen wesentlich die öffentliche Ordnung ruht. Je mehr das Amt geschwächt wird, desto loser wird die Ordnung in der Gemeinschaft, die es betrifft. So soll das Amt eines Geistlichen, als das heiligste und höchste aller Aemter auf Erden, so gewiß als das Göttliche über allem Menschlichen und Weltlichen steht, und so gewiß das Himmlische alles Irdische durchdringen und beseelen soll, von Jedermann für sich selbst geachtet sein. Und wo daher ein Geistlicher, auch ohne Amtstracht, erscheint, soll ihm diejenige Ehre erwiesen werden, die seinem hohen Amte gebührt. Aber die Aufklärung ist in unsern Tagen so weit gediehen, daß Manche, Städter und Bauersleute, Vornehme und Gemeine, bei'm Prediger auf seinem Wege in die Kirche, da er also in voller Amtstracht sich befindet, vorübergehn, ohne ihm auch nur dasjenige Zeichen von Achtung zu beweisen, welches sonst der Mensch dem Menschen beweist, wenn er mit ihm zusammentrifft.

Man täusche sich nicht! Ich bin weit entfernt, jene götzendienerische Verehrung, wie sie der katholische Priester in den Ländern der Finsterniß genießt, für den evangelischen Geistlichen in Anspruch zu nehmen — der Mensch soll vor dem Menschen, auch wenn er eine heilige Macht auf seinem Haupte trägt, sich nicht in den Staub erniedrigen! — aber alle Uebertreibung, des Zuwenig wie des Zuviel, ist ein Unrecht und schadet. Was kann mir daran gelegen sein, ob Einer vor mir seinen Hut abnimmt! Der einzelne Mann wird sich darüber weg erheben, denn seine Ehre geben ihm die Menschen nie.., die hat er von Gott, und Niemand kann sie ihm rauben. Aber wie das Heilige und Hohe für sich geachtet sein soll im Herzen des Menschen, so soll das Zeichen des Heiligen von dem Menschen geachtet werden auch durch ein Zeichen, das er gibt.

So ist es denn auch kein leeres Spiel, wenn eine Regierung irgendwohin Gesandte schickt, in wichtigen, schwierigen Angelegenheiten, die eine mehr als gewöhnlich ernste und förmliche Behandlung erfordern, wenn sie diesen Gesandten nun einen Weibel mit der sogenannten Standesfarbe mitgibt, zum Zeichen der Würde und Gewalt. Möchte man ja nur nicht alle solche Zeichen abthun! So lange Menschen Menschen bleiben, muß sinnlich auf sie eingewirkt werden, durch Bilder, die einen tiefern Sinn haben, und zum Geiste oft lebendiger sprechen als das Wort.

2) Was die Bildung des Geistlichen anbetrifft, so unterscheiden wir die Heranbildung und die Fortbildung.

Die letztere blieb bisher ganz dem Zufall überlassen und die erstere wurde gewöhnlich nicht so betrieben, wie sie dem hohen heiligen Amte gemäß ist.

Mit Dank zu Gott erkennen wir es an, was jetzt für die Vorbildung der Geistlichen gethan wird, soweit es die wissenschaftliche Befähigung betrifft. Wie viel umfassender und gründlicher ist schon die Gymnasialbildung, die gegenwärtig erlangt werden kann, als wie sie vor einem Jahrzehend beschaffen war! geschweige denn früher!

Die Hochschule, diese schönste Zierde unseres Landes, eine Frucht der neusten Zeit, bietet dem Studierenden eine reiche Auswahl des Wissens dar. Der Theologe hat jetzt Gelegenheit, alle Gebiete seiner weitschichtigen Wissenschaft in möglichst kurzer Zeit zu durchlaufen, denn jeder angekündigte Vortrag wird in der Regel in demselben Halbjahr beendigt. Statt blos drei Jahre des theologischen Studiums wählen Manche, und zwar nicht gerade die Schwächern,

jetzt vier Jahre und drüber, um auf diese Weise Zeit zu gewinnen, nicht blos das Nothdürftigste und wie mit Eilpost sich zu erhaschen, sondern nicht anders in das schwierige Amt des Geistlichen einzutreten, als nachdem man sich von allen Seiten wohl vorbereitet hat. Der Eifer unserer Studierenden in der Theologie ist in hohem Grade anzuerkennen. Ihre Lehrer lassen kein Mittel unbenutzt, welches geeignet scheint, den Jüngling nicht nur in Betreff seines Wissens und Erkennens, sondern eben so sehr seines Seins und Lebens überhaupt dem hohen Ziele der Vollendung zuzuführen. Man wacht über die Jugend, wie es denen geziemt, die zu Lehrern der Theologie berufen sind, und wissen, daß die Lebensweihe dem Theologen nicht durch die Wissenschaft allein, sondern mehr noch durch das Leben selbst zu Theil wird.

Die theologische Lehrerschaft an der Bernerhochschule huldigt jener Ansicht, welche mit dem Grundsatz der Freiheit den einer liebevollen väterlichen Leitung verbindet, und hält halbjährlich unter sich eine Musterung (Censur) über jeden einzelnen Studierenden, der mit gewissenhafter Genauigkeit nach Anlagen, Fleiß, Kenntniß, Charakter und Sitten beurtheilt wird. Diese Urtheile werden zu Protokoll verzeichnet und bei den Endprüfungen dem Vorschlag an die Staatsbehörde zu Grunde gelegt.

Auch in der Zwischenzeit, allmonatlich, versammelt sich die Lehrerschaft (Fakultät), um Wohl und Wehe der theologischen Wissenschaft und Zuhörerschaft in Erwägung zu ziehen, so daß Einzelne, wie es nöthig erscheint, auch nur geringerer Uebelstände willen gemahnt und zurechtgewiesen werden, weil man von der Ueberzeugung ausgeht, daß es besser ist, einem Uebel in seinen Anfängen vorzubeugen, durch ein freundliches Wort, als aber es gehen zu lassen, bis Ernst und Strenge erforderlich sind. Ein solches Verfahren wird auch durch das traute Verhältniß, in welchem

Lehrer und Schüler mit einander stehen, nicht wenig unterstützt. Die Lehrer können sich zu ihren Schülern nur des Besten versehen, und die Schüler wissen, daß es väterliche Freunde sind, von reinstem Wohlwollen beseelt, unter deren Leitung sie stehn.

Unsere Einrichtungen lassen wirklich wenig zu wünschen übrig, zumal da bisher alle Professoren der Theologie in einem und demselben Sinne auf die Schüler einzuwirken pflegten, was diesen sittlichen Zweck der Charakterbildung anbetrifft, so daß Väter, welche ihre Söhne der hiesigen theologischen Schule anvertrauen, in dieser Seelenpflege eine Beruhigung finden können und die Gewähr eines guten Erfolgs, wie nicht leicht anderswo.

Demungeachtet möchte ich wünschen, daß der Uebergang des Jünglings von der Hochschule in Amt und Leben nicht so unmittelbar und plötzlich geschähe, sondern irgendwie vermittelt würde; denn was sollen ein Halbdutzend gehaltene Schulpredigten und ein Dutzend oder vierzehn Katechisationen, die ein Jeder halten kann! Das ist nichts als ein geringer Anfang, und den eigentlichen Lehrplätz muß der Kandidat auf seinem ersten und zweiten Vikariate machen, gewöhnlich entweder sich selbst überlassen oder nicht unter derjenigen Leitung, die einen jungen Mann zu fördern geeignet ist. Freilich sind die Leute meistentheils mit einem Vikar sehr nachsichtig, aber wer wüßte nicht, wie nachsichtig überhaupt die Menschen gegen das Heilige zu sein pflegen! Wie wenige vermögen den Ernst und die Hoheit der Aufgabe zu erfassen! Wir dürfen uns darum nie mit der Genügsamkeit der Welt begnügen wollen, denn sie kennt in diesen Dingen den Maßstab nicht. Auch wolle man sich nicht mit dem Gedanken trösten, es sei doch nun einmal bisher gegangen, und es werde wol auch noch ferner gehn! Denn alle Welt weiß, daß jetzt andere Zeiten sind als ehedem, daß andere Forderungen an die Prediger gestellt werden als ehedem, daß die Leute großentheils nicht mehr um des alten Glaubens willen oder aus irgend einer Menschenscheu zur Kirche gehn, daß der Prediger heut zu Tage sich ausweisen muß als einen Mann, welcher das Wort zu handhaben versteht und den Geistern gebietet durch den Geist. Dann wird die Gottesfurcht zu neuerer, größerer Achtung kommen, und wo das Denken mit dem Glauben sich einigt, da wird der Sieg über die Neugebildeten dieser Zeit nicht zweifelhaft sein; denn zweifeln wir nur nicht, der Mensch ist göttlichen Geschlechts und kann das Band nie ganz zerreißen, das ihn mit dem Himmel verknüpft, von wo er stammet.

Ich möchte daher wünschen, daß den jungen Männern, welche ihre Endprüfungen bestanden haben und in den geistlichen Stand aufgenommen sind, noch eine Gelegenheit eröffnet würde, sich praktisch fortzubilden zu besserer Vorbereitung auf Amt und Leben. Und dazu wüßte ich keinen geeignetern Ort als in unserm Schullehrerseminar. Da könnten sie predigen unter Leitung des dortigen Pfarrers und des Direktors, und könnten sich im Katechisiren und Schulhalten üben — die übrige Zeit wohnten sie dem Unterricht im Seminar bei oder studierten für sich. Diese Einrichtung böte noch den sehr großen Vortheil dar, daß die künftigen Prediger mit den künftigen Schullehrern in ein freundliches Verhältniß treten und manche Bekanntschaft machen könnten, die später vielleicht die schönsten Früchte bringt. Wie wohlthätig müßte nicht die gegenseitige Einwirkung dieser jungen Männer sein! Hier gerade könnte sich die höhere Wissenschaft bewähren und Vieles müßte sich sichten und reinigen. Nichts ist, was das Wissen so sehr läutert, wie der Umgang mit Menschen aus dem Volk, denn da wohnt der unverkünstelte gesunde Menschenverstand, welcher den geraden Weg der schlichten Wahrheit wandelt und nicht selten die Träumereien hoher Weltweisheit und bepanzerter Religionswissenschaft wie der Knabe David zu Schanden macht.

Und warum könnte im Seminar nicht etwa für sechs Kandidaten der Theologie Platz bereitet werden? Die Nähe Berns, wo die Bibliotheken sich befinden, müßte sehr zweckdienlich sein. Dies wäre ein wichtiger Anfang zu Besserm; und diejenigen jungen Männer, die sich freiwillig hieher begäben, fänden Belohnung genug in der Ausbildung, die ihnen hier zu Theil würde und die sie ganz nothwendig weit brauchbarer machen müßte für das praktische Leben, als wenn sie unmittelbar von der Hochschule weg oder von einer Lehrerstelle an einer Gelehrtenschule in das geistliche Amt eintreten. Dieser Aufenthalt sollte auf alle mögliche Weise erleichtert werden. Es müßte selbst dem Seminardirektor von Werth sein, wenn er gebildete junge Männer zur Seite hätte, die er nach Gutfinden für ihn eintreten lassen könnte; denn jetzt wird er fast zu Boden gedrückt. So würden unsere Geistliche auch für die Volksschule vorgebildet, daß sie mit Sachkenntniß (die Theorie eignen sie sich auf der Hochschule an) aus unmittelbarem Anschauen und Selbstüben, und eben daher auch mit wahrer Lust und Freude sich der Volksschule annehmen könnten, was jetzt nicht so leicht mit Erfolg geschieht. Und sollte das dem Staate gleichgültig sein, wenn er an jedem Pfarrer einen tüchtigen Aufseher und Leiter der Volksschule besäße? Das wäre wol das lebendigste Band von Kirche und Staat. Und leiten oder befehlen kann ein Jeder nur da recht, wo er selbst gearbeitet und gedient und erfahren hat, denn in der Arbeit erst wird die Sache für sich klar, und die Art und Weise, wie sie angefaßt und betrieben werden muß, um glücklich zum Ziele gebracht zu werden.

Dies mein erster bescheidener Wunsch für eine bessere theologische Berufsbildung. Sollte es später einst von den Zeitumständen gestattet werden, und dieses sich noch nicht

einmal das Gebet zu lesen hätte, denn die Liturgie gehört nirgends hin als in die Kirche, und für diese ist der Pfarrer da — man wende nicht ein, alte Bräuche lassen sich nicht ändern! Das sind leere Einbildungen, denn nur das soll gelten, was vernünftig und klug und recht ist; und sollte denn die Mehrzahl unserer Bürger so unverständig sein, daß sie Gründe nicht zu fassen vermöchte? Wird man auf Einzelne, Wenige so sehr achten können? Nie wird etwas Neues, wenn auch ungleich und handgreiflich Besseres, Allen recht und genehm sein, denn es gibt überall Menschen, die nicht vom Geiste, sondern von Fleisch und Blut beherrscht sind, und blinder Laune folgen. Wenn man aber bedenkt, wie ein Schullehrer um eines Todten willen die Lebenden versäumt, deren Erziehung ihm doch ja als sein eigentliches Geschäft obliegt, so kann man unmöglich anstehen, diese Unordnung aufzuheben, und Jedem das zuzutheilen, was ihm gehört. Darum muß ich wünschen, daß 4) alle Leichenbestattung Niemand anders als der Geistliche selbst übernehme, welcher ja der Diener der Kirche ist und im Namen der Kirche handeln soll. Und was er zu thun hat, sei einfach: die Leiche auf dem Friedhof in Empfang nehmen, zum Grabe geleiten, segnen, und dann noch einige Worte der Erbauung an das Trauergeleite richten. Es kann sich hier in etwas ganz entgegengesetzt verhalten auf dem Lande und in Städten: in Städten, namentlich in Bern, wo man in Wagen zum Grabe fährt (und nur die nächste Verwandtschaft), da wird das Schicklichste sein, daß er sich in das Trauerhaus begibt und dort sein Gebet und seine Rede hält; oder es könnte auch sein — und das wäre wirklich schön — daß er mit der Verwandtschaft zum Grabe führe und dort noch ein besonderes Gebet verrichtete; wo aber der ganze Trauerzug bis zum Grabe folgt, da muß das Reden am Grabe Statt finden. Auf dem Lande hingegen wäre es wirklich meist unmöglich, daß der Pfarrer sich in's Trauerhaus begäbe, besonders in großen Gemeinden, wo oft mehrere Leichen zusammentreffen.

Das Dritte ist, daß jeder Pfarrer von Staatswegen verpflichtet sein oder wenigstens es sich selbst zum Gesetz machen sollte, eine Chronik seiner Gemeinde zu führen, so daß Alles, was in Rücksicht von Kirche, Schule, Sitte, Polizei, Wohlfahrt, Kunst und Gemeinsinn Neues und Erhebliches geschähe, aufgezeichnet und der Nachwelt überliefert würde. Nach dem Grundsatz, daß die Geschichte die beste Lehrmeisterin ist, würde jeder neu eintretende Pfarrer an einer solchen Beschreibung eine sehr wichtige Wegweiserin besitzen, die ihn vor manchem Mißgriff bewahren und zu manch Gutem anspornen könnte, besonders, wenn jedes Mal nicht blos die nackte Thatsache, sondern zugleich die Anstrengungen und angewandten Mittel angegeben würden. Wie leicht ließe sich so etwas zu Stande bringen! Wie folgenreich könnte eine solche Geschichtschreibung werden! Schon die Dankbarkeit scheint es zu fordern, daß man die edeln Thaten und guten Werke der Gegenwart auf die Nachwelt bringe, damit auf diese Weise ein lebendiger Zusammenhang entstehe zwischen dem Jetzt und dem Ehemals.

3) Das Letzte, was ich in Betreff des Kirchendieners noch wünschen möchte, ist einige Aenderung im Besoldungssystem.

Die Erfahrung und die Natur der Sache selbst lehren zur Genüge, daß die unterste Klasse der Geistlichen zu gering besoldet ist, und Manche daher in die bittersten Verlegenheiten kommen, aus welchen sie sich nicht anders retten können als durch Schuldenmachen. Das Amt des Predigers ist wahrlich nicht ein Amt zum Reichwerden; darum schütze man ihn wenigstens vor Mangel und Nahrungssorgen, wie jeder redliche Arbeiter seines Lohnes werth ist. Dann wird man auch nie in die gefährliche Nothwendigkeit gesetzt werden, Leute in den geistlichen Stand aufzunehmen, die desselben nicht würdig sind, nur um den schreiendsten Bedürfnissen begegnen zu können. Je gebildeter unsere angehenden Geistlichen sind und je mehr sie von Jugend auf eine gute, wahrhaft christliche Erziehung genossen haben, desto mehr darf man hoffen, daß das Reich des HErrn unter uns gefördert werde.

d) Schließlich knüpfe ich hier noch einige Wünsche und Bemerkungen an, welche das Kirchenwesen der Stadt Bern für sich betreffen.

1) Vor allen Dingen fällt auf, daß der Charfreitag nur in der Stadt Bern, und zwar hochfestlich nur in der Münsterkirche oder Kathedrale gefeiert wird, so daß, während die Gläubigen in die Münsterkirche ziehen zur Kommunion, in den übrigen Kirchen eine einfache Predigt Statt findet, und während die Kaufläden der Stadt wie an Festtagen geschlossen sind, vor den Thoren der Stadt, ja selbst in den Nebengassen in einzelnen Werkstätten gearbeitet wird. Diese Ungleichheit ist eine Unangemessenheit, die stört.

2) Es ist schon mehrmals öffentlich zur Sprache gebracht worden, daß in der Hauptkirche von Bern, und nur in dieser, die Passionspredigten in die Charwoche zusammengedrängt sind, und man hat auch im Zusammenhang mit dieser Rüge gewünscht, daß die Passionsabschnitte (die einzigen vorgeschriebenen Perikopen der bernischen Kirche) anders und zweckmäßiger eingetheilt oder gänzlich freigegeben werden möchten.

Was das Erstere anbelangt, so finde ich keinen Grund der Abänderung, so lange von den Predigern an der Münsterkirche oder von dem Publikum nichts Anderes verlangt wird; denn dieses Zusammendrängen ist nur durch die größere Zahl von Predigern möglich, die an dieser Kirche dienen, und es scheint mir der Sache gemäß zu sein.

Daß sich eine andere Eintheilung machen ließe, ist wol kaum zu bezweifeln; daß aber die Zahl geringer gemacht oder die Wahl ganz freigegeben werden könne und dürfe, glaube ich nicht, weil mir scheinen will, die Geschichte der Passion habe eine solche Wichtigkeit, daß es nicht rathsam wäre, sie mit anderm Stoffe zu vertauschen, welcher von der eigentlichen Geschichte abführen würde. Daß man Jahr für Jahr beinahe dieselbe Sache zu behandeln hat, da die vier Evangelisten, mit deren Erzählung man wechselt, nur geringe Abweichung des Stoffs darbieten, kann kein Grund der Aenderung sein; denn Jahr für Jahr soll dieselbe Geschichte einen neuen Reiz gewähren, wie ihn jeder Gläubige, sowol Prediger als Zuhörer, finden wird, ohne daß man nöthig hat, zu der Aushülfe zu greifen, die in Deutschland so häufig vorkömmt, und nur einen einzelnen Punkt in der Geschichte zu behandeln oder gar nur die Geschichte oder Einzelnes in derselben als Anlaß zu benutzen, um über ganz Anderes zu reden, und die eigentliche Geschichte fallen zu lassen. Wen die Passion in ihrer einfachen Darstellung nicht mehr interessiren und ergreifen kann, der beweist, daß er von der Bahn des lebendigen und historischen Glaubens abgekommen ist, und hat nichts eifriger zu thun als sich genau zu erforschen und umzukehren.

3) Auffallend ist die Ordnung, daß alle Kindstaufen nur in der Münsterkirche zu geschehen pflegen *); denn man begreift nicht leicht, warum dieses so wichtige liturgische Geschäft den Pfarrern an der Nydeck und zum heil. Geist entzo-

---

*) Ehemals mußte jeder Burger von Bern, welcher zu Rath und Burger kommen, d. h. in den souveränen Rath gewählt werden wollte, in der Münsterkirche getauft sein! Nur Unehliche wurden in der Kirche zum h. Geist getauft — daher es ehrliche Leute für eine Schande gehalten hätten, hier ihre Kinder taufen zu lassen, bis in neuesten Zeiten auch dieses Vorurtheil wegfiel. Der Grund jenes Gebrauchs scheint darin gelegen zu haben, daß die Münsterkirche die eigentliche alte und wahre Stadtkirche war.

gen sein soll. Einmal scheint es, daß dadurch dem Archidiakon an der Münsterkirche seine Arbeit unnöthig vermehrt wird, und zum Andern leidet es keinen Zweifel, daß die Verbindung, in welcher die Gemeindsgenossen mit ihrem Pfarrer stehen, durch diese Entziehung bedeutend verringert wird. Wie wichtig ist es, daß der Seelsorger die Wöchnerinnen besuche! Wie mag er aber immer wissen, wo sich solche finden, wenn er mit den Taufen nichts zu thun hat? Wie manches schöne Band läßt sich gerade bei Anlaß von Kindstaufen zwischen dem Seelsorger und seinen Gemeindsgenossen knüpfen! Ich halte es für Pflicht, daß jedes Mittel benutzt werde, um eines Pfarrers Wirksamkeit zu erweitern.

4) Jedermann weiß, wie viel Aergerniß die Kirchstuhleigenthümerei schon veranlaßt hat. Was sollen diese stehenden Besitzungen an dem Orte, der Allen gemeinsam ist, wo alle und jede Unterscheidung von Person und Eigenthum wegfallen soll, wie im Grabe! Wie viele höchst ärgerliche Auftritte (namentlich in den Frauenbänken) finden nicht beinahe jeden Festtag Statt! Es ist thatsächlich gewiß, daß schon Leute für dahin und daweg aus der Kirche vertrieben worden sind, weil sie sich nicht in ihrer Andacht stören lassen wollten. Will man von dem System, die Plätze zu verkaufen, nicht abkommen, um aus dem Erlös die Kirchenkosten zu bestreiten, so sollten die Plätze wenigstens nicht auf längere Zeit vergeben werden als auf ein Jahr. Außerdem aber sollte immer eine gewisse Anzahl Plätze frei bleiben mit eigenen Zeichen, damit auch der Fremde eine Stelle finde, oder weil es Viele gibt, die nicht an eine Kirche gebunden sein wollen, sondern jeden Sonntag denjenigen Prediger hören, welcher ihnen am meisten zusagt. Jedenfalls müssen die Stühle, welche vergeben sind, den Namen des zeitigen Eigenthümers tragen, so daß ein Jeder wissen kann, wessen er sich zu versehen habe, wenn er einen Platz bezieht. Viele würden wol gern jährlich ein Geringes

(höchstens einen Franken) bezahlen, um jederzeit eines Platzes gewiß zu sein; und so hätte sich denn auch Keiner zu beklagen, wenn er aus einem Stuhl gebeten würde, der ihm nicht gehört. Wer keinen eigenen besäße und auch keinen freien mehr fände, der könnte zuwarten bis der Gottesdienst begonnen hat und der Eigner nicht mehr erwartet werden darf; dann sollte Keinem benommen sein, diesen Stuhl zu beziehen.

6) Was die Prediger der Stadt Bern, besonders die sogenannten Helfer vorzüglich drückt, das ist die Almosnerei oder Armenpflege. Es betrifft einerseits den ungeheuern Briefwechsel, anderseits die Abreichung der Almosen und Almosenzeichen und die Ausfertigung von Bescheinigungen. Wenn auch kein anderer Grund wäre, hierin eine Aenderung zu treffen, als allein der der Erleichterung der Prediger zu Nutz und Frommen ihres eigentlichen Amtes und des Seelsorgergeschäfts, so thäte es hoch Noth, damit diese Männer nicht, wie es jetzt der Fall ist, dem wichtigsten Theil ihres Berufes fast ganz entzogen werden. Denn soll der Predigtbesuch, über den man, wenn man Klagen aus Deutschland hört, nicht sehr, wenn man aber die Sache für sich betrachtet und die Zahl der Bewohner in Anschlag bringt, wol sehr klagen muß, wieder besser werden, so ist das wirksamste und natürlichste Mittel dazu kein anderes als eine Seelsorge, wie sie von dem Wesen der Kirche gefordert wird, zur Zeit aber tief danieder liegt. Und sollten sich solche mechanische Geschäfte nicht von jedem andern Menschen eben so gut besorgen lassen können? Sollte die Bürger- und Einwohnergemeinde der Stadt Bern nicht Willen und Vermögen genug besitzen, einige Männer als eigentliche Armenpfleger zu besolden? Dem kann die Regierung unmöglich so zusehn. Aber es ist noch ein anderer sehr wichtiger Grund, der eine Aenderung fordert. Bei den jetzt bestehenden Verhältnissen ist keine Ordnung, kein Zu-

sammenhang möglich, und schamlosen Menschen gelingt es, doppelt und dreifach Steuern zu bekommen. Eine rechte Ordnung wird nur dann eintreten, wenn das Armenwesen der Stadt Bern zentralisirt wird, so daß nur Einer die Almosen austheilt, und ein Anderer den Briefwechsel besorgt. Wie wenn ein eigentliches **Armenbüreau** errichtet würde, welches diese ganze Pflege auf sich hätte?

b) Es besteht in Bern noch die sonderbare Ordnung, daß bei jeder Kirche neben den Pfarrern sogenannte **Helfer** angestellt sind.

Diese Einrichtung weist unverkennbar auf jene urchristliche Ordnung des Amts der Diakonen zurück, welche sich ausschließlich mit der Armenpflege zu befassen hatten, denn von Anfang an sprach sich der Geist des Christenthums als Geist der Liebe aus, welche Thränen trocknet und Leben befördert. Aber schon damals hieß es (Ap.-Gesch. VI, 2): „Es taugt nicht, daß wir das Wort Gottes unterlassen und zu Tische dienen.“ Und so sollten eben die genannten Armenpfleger diese Diakonen sein, die Ordnung der Helfer aber aufgehoben, und ihr Name und Geschäft in das von **zweiten** oder **dritten** u. s. f. **Pfarrern** umgewandelt werden; denn bloße Helfer sind sie in der That nicht mehr, sondern wirkliche Pfarrer so gut wie die eigentlichen Pfarrer. Damit aber verbindet sich nothwendig ein Anderes, was dringend eine Verbesserung fordert, das ist die unbegreifliche Ordnung, daß die Helfer an den Nebenkirchen der Hauptstadt in Besoldung und Wohnung von dem allgemeinen Gesetze ausgeschlossen sind. Wie soll ein Mann in Bern mit L. 1600 ohne freie Wohnung leben und bestehen können? Ich mag es den Pfarrern von Bern wohl gönnen, daß sie zum Theil so gut besoldet sind als viele Professoren der Hochschule, obgleich doch ein Unterschied nicht unbillig wäre; aber als ein baares Unrecht erscheint es, daß man jene Helfer so niederhält. Wird man etwa mit so schlechter Besoldung ausgezeichnete Männer anlocken, wie sie allerdings für die Hauptstadt besonders wünschbar sind? Oder wird man diejenigen, welche nicht gefallen, durch diese Niedrighaltung zwingen eine andere Stelle zu suchen? Weder das Eine noch das Andere! Uebe man bei der Wahl die nöthige Vorsicht; oder, wenn ein Mann mit der Zeit abnimmt und erschwacht, so setze man denselben in Ruhestand, oder gebe ihm die Weisung sich nach einer andern Stelle umzusehn; denn um einer Persönlichkeit willen kann man nirgends, am allerwenigsten in der Hauptstadt, die Gemeinde leiden lassen dürfen. Hier muß die Oberbehörde nachsichtslos und strenge, aber auch gerecht und billig sein. Der Grund kann wenigstens nicht gelten, daß diese Helferstellen nur Vorposten seien! Als ob ein Vorposten in der Hauptstadt nicht anders anzusehen wäre als einer in den wilden Thälern am Fuße der Gletscher! Eben so wenig werden diese Helferstellen für Anwärtschaften gelten können zu den eigentlichen Pfarrerstellen!

Was insbesondere die Wohnung anbelangt, so weiß Jedermann, wie schwer es in Bern oft hält, eine passende zu finden, und zwar eine in der Nähe der Kirche. Darum sollte es die gerechte Sorge der Gemeinde sein, eine solche für ihren Prediger zu bekommen; denn genau betrachtet kann dies nicht eine Sache des Staates (als des Allgemeinen) sein, sondern es muß der einzelnen Gemeinde obliegen hiefür so zu sorgen, daß ein Geistlicher mit Freuden bei ihr dienen mag. Und wie leicht ließe sich für den zweiten Pfarrer an der heil. Geistkirche gegenwärtig ein Platz wählen zunächst der Kirche, wo eine artige Wohnung erbaut werden könnte, wie es vielleicht in wenig Jahren nicht mehr möglich ist. Warum kümmert sich keine Seele dafür?

D. Die öffentliche Sitte *).

1) Was vielleicht an unserm Volke am meisten auffallen mag, das ist die ungeheure Zunahme des Luxus oder die Pracht in Kleidung und häuslicher Einrichtung, sowol auf dem Lande als in den Städten, und oft ohne allen Geschmack. Der Aufwand, wo er auf eine sittliche Weise geschieht, soll immer ein Zeichen von Wohlhabenheit sein, denn das Ausgeben muß sich nach dem Einnehmen richten, wenn man sich nicht in Verlegenheit und Noth stürzen will. Ist es so bei uns? Die Erfahrung und der tägliche Anblick lehren uns den wahren Thatbestand.

Was ich aber außerdem bedaure, das ist die Verwischung der alten väterlichen Trachten, wie sie unsern verschiedenen Landesgegenden eigenthümlich waren. Alles will sich mehr dem Städtischen nähern! Ist dieses denn in Allem nöthig? Ja, pflanze man das Gute der Städter, nämlich feinere, aber lautere Bildung auf das Land hinaus, denn eine solche verträgt sich mit aller Einfachheit und Landarbeit; nur vor dem Luxus hüte man sich. Was sollen die kostbaren, sogar seidenen Wintermäntel, wie sie die Städterinnen tragen, zur Landtracht! Was dieses Halbherrenthum, zu welchem sich besonders im Simmenthal und zu Interlaken eine starke Neigung zeigt! Wenn die Frauen und Jungfrauen wüßten, wie schlecht ihnen diese maßlose Pracht steht, und wie viel schöner die einfache Landestracht, ohne Seide und Sammt und goldne oder silberne Ketten, wahrlich sie würden nicht länger die Zielscheibe des Spottes sein wollen, sondern sich zurückziehn in die natürliche Schranke, die Gott selbst einem Jeden anweist. O daß wir in diesen und andern Stücken weniger abhangen möch-

*) Von welcher Wichtigkeit die öffentliche Sitte in einem Volke sei, s. meine Schrift über den Selbstmord, Bern bei Dalp 1837.

ten von jenem Nachbarvolk im Westen, das schon viel des Unglücks über uns gebracht hat, von welchen das größte das ist, daß es uns durch jenes Reislaufen und die sich daran knüpfenden Pensionen entnationalisirt und demoralisirt hat! Möchte man überhaupt sich entschließen können, möglichst mit dem zufrieden zu sein, was der eigne Boden erzeugt, in Tuch und Spezereien. Welche Karrikatur ist es, in unsern höchsten Bergdörfern Kaffee mit Zucker oder Suppe mit Safran u. dgl. zu genießen! Es gab eine Zeit, wo in diesen Gegenden selbst das Brod für Luxus galt, und Käse, Butter, Milch, Baumfrüchte, Gemüse und Fleisch die Nahrung ausmachten, die man genoß. Welch ein Gegensatz nun!

Und in den Städten, welche Zierpüppchen macht man da aus den kleinen Kindern! Welchen Luxus hängt die Eitelkeit der Mütter ihren noch unerwachsenen Töchtern um *)! Auch bei dem mänlichen Geschlechte ist eine merkliche Veränderung eingetreten: während noch vor zehen Jahren nur die Erwachsenen, die Männer und Greise, und zwar meist nur die Vermöglichen Mäntel trugen, sieht man jetzt sogar die rüstige Jugend und die Schüler sich in Mäntel hüllen! Der bloße Ueberrock im Fall bedeutender Kälte genügt nicht mehr. Wird das ein geeignetes Mittel sein, die Jugend abzuhärten? Möchten es doch die Eltern erkennen, wie verderblich eine solche Weichlichkeit ist.

2) Was die Mäßigkeit oder ihr Gegentheil anbetrifft, so wird viel geklagt über zunehmenden Genuß geistiger Getränke, namentlich des Branntweins. Man hat schreckhafte Beispiele angeführt, und klar genug bewiesen, daß hievon

---

*) So ein fünfjähriges Kind in seidnem Mäntelchen, mit goldner Uhr!! und das ein Kind simpler Bürgersleute! Wird das Kind hievon kein Bewußtsein haben? Heißt das die Erfüllung des Wortes, daß den Kindern das Himmelreich gehöre?

gen sein soll. Einmal scheint es, daß dadurch dem Archidiakon an der Münsterkirche seine Arbeit unnöthig vermehrt wird, und zum Andern leidet es keinen Zweifel, daß die Verbindung, in welcher die Gemeindsgenossen mit ihrem Pfarrer stehen, durch diese Entziehung bedeutend verringert wird. Wie wichtig ist es, daß der Seelsorger die Wöchnerinnen besuche! Wie mag er aber immer wissen, wo sich solche finden, wenn er mit den Taufen nichts zu thun hat? Wie manches schöne Band läßt sich gerade bei Anlaß von Kindstaufen zwischen dem Seelsorger und seinen Gemeindsgenossen knüpfen! Ich halte es für Pflicht, daß jedes Mittel benutzt werde, um eines Pfarrers Wirksamkeit zu erweitern.

4) Jedermann weiß, wie viel Aergerniß die Kirchstuhleigenthümerei schon veranlaßt hat. Was sollen diese stehenden Besitzungen an dem Orte, der Allen gemeinsam ist, wo alle und jede Unterscheidung von Person und Eigenthum wegfallen soll, wie im Grabe! Wie viele höchst ärgerliche Auftritte (namentlich in den Frauenbänken) finden nicht beinahe jeden Festtag Statt! Es ist thatsächlich gewiß, daß schon Leute für dahin und daweg aus der Kirche vertrieben worden sind, weil sie sich nicht in ihrer Andacht stören lassen wollten. Will man von dem System, die Plätze zu verkaufen, nicht abkommen, um aus dem Erlös die Kirchenkosten zu bestreiten, so sollten die Plätze wenigstens nicht auf längere Zeit vergeben werden als auf ein Jahr. Außerdem aber sollte immer eine gewisse Anzahl Plätze frei bleiben mit eigenen Zeichen, damit auch der Fremde eine Stelle finde, oder weil es Viele gibt, die nicht an eine Kirche gebunden sein wollen, sondern jeden Sonntag denjenigen Prediger hören, welcher ihnen am meisten zusagt. Jedenfalls müssen die Stühle, welche vergeben sind, den Namen des zeitigen Eigenthümers tragen, so daß ein Jeder wissen kann, wessen er sich zu versehen habe, wenn er einen Platz bezieht. Viele würden wol gern jährlich ein Geringes

(höchstens einen Franken) bezahlen, um jederzeit eines Platzes gewiß zu sein; und so hätte sich denn auch Keiner zu beklagen, wenn er aus einem Stuhl gebeten würde, der ihm nicht gehört. Wer keinen eigenen besäße und auch keinen freien mehr fände, der könnte zuwarten bis der Gottesdienst begonnen hat und der Eigner nicht mehr erwartet werden darf; dann sollte Keinem benommen sein, diesen Stuhl zu beziehen.

5) Was die Prediger der Stadt Bern, besonders die sogenannten Helfer vorzüglich drückt, das ist die Almosnerei oder Armenpflege. Es betrifft einerseits den ungeheuern Briefwechsel, anderseits die Abreichung der Almosen und Almosenzeichen und die Ausfertigung von Bescheinigungen. Wenn auch kein anderer Grund wäre, hierin eine Aenderung zu treffen, als allein der der Erleichterung der Prediger zu Nutz und Frommen ihres eigentlichen Amtes und des Seelsorgergeschäfts, so thäte es hoch Noth, damit diese Männer nicht, wie es jetzt der Fall ist, dem wichtigsten Theil ihres Berufes fast ganz entzogen werden. Denn soll der Predigtbesuch, über den man, wenn man Klagen aus Deutschland hört, nicht sehr, wenn man aber die Sache für sich betrachtet und die Zahl der Bewohner in Anschlag bringt, wol sehr klagen muß, wieder besser werden, so ist das wirksamste und natürlichste Mittel dazu kein anderes als eine Seelsorge, wie sie von dem Wesen der Kirche gefordert wird, zur Zeit aber tief danieder liegt. Und sollten sich solche mechanische Geschäfte nicht von jedem andern Menschen eben so gut besorgen lassen können? Sollte die Bürger- und Einwohnergemeinde der Stadt Bern nicht Willen und Vermögen genug besitzen, einige Männer als eigentliche Armenpfleger zu besolden? Dem kann die Regierung unmöglich so zusehn. Aber es ist noch ein anderer sehr wichtiger Grund, der eine Aenderung fordert. Bei den jetzt bestehenden Verhältnissen ist keine Ordnung, kein Zu-

sammenhang möglich, und schamlosen Menschen gelingt es, doppelt und dreifach Steuern zu bekommen. Eine rechte Ordnung wird nur dann eintreten, wenn das Armenwesen der Stadt Bern zentralisirt wird, so daß nur Einer die Almosen austheilt, und ein Anderer den Briefwechsel besorgt. Wie wenn ein eigentliches Armenbüreau errichtet würde, welches diese ganze Pflege auf sich hätte?

b) Es besteht in Bern noch die sonderbare Ordnung, daß bei jeder Kirche neben den Pfarrern sogenannte Helfer angestellt sind.

Diese Einrichtung weist unverkennbar auf jene urchristliche Ordnung des Amts der Diakonen zurück, welche sich ausschließlich mit der Armenpflege zu befassen hatten, denn von Anfang an sprach sich der Geist des Christenthums als Geist der Liebe aus, welche Thränen trocknet und Leben befördert. Aber schon damals hieß es (Ap.-Gesch. VI, 2): „Es taugt nicht, daß wir das Wort Gottes unterlassen und zu Tische dienen." Und so sollten eben die genannten Armenpfleger diese Diakonen sein, die Ordnung der Helfer aber aufgehoben, und ihr Name und Geschäft in das von zweiten oder dritten u. s. f. Pfarrern umgewandelt werden; denn bloße Helfer sind sie in der That nicht mehr, sondern wirkliche Pfarrer so gut wie die eigentlichen Pfarrer. Damit aber verbindet sich nothwendig ein Anderes, was dringend eine Verbesserung fordert, das ist die unbegreifliche Ordnung, daß die Helfer an den Nebenkirchen der Hauptstadt in Besoldung und Wohnung von dem allgemeinen Gesetze ausgeschlossen sind. Wie soll ein Mann in Bern mit L. 1600 ohne freie Wohnung leben und bestehen können? Ich mag es den Pfarrern von Bern wohl gönnen, daß sie zum Theil so gut besoldet sind als viele Professoren der Hochschule, obgleich doch ein Unterschied nicht unbillig wäre; aber als ein baares Unrecht erscheint es, daß man jene Helfer so niederhält. Wird man etwa mit so schlechter Besoldung ausgezeichnete Männer anlocken, wie sie allerdings für die Hauptstadt besonders wünschbar sind? Oder wird man diejenigen, welche nicht gefallen, durch diese Niedrighaltung zwingen eine andere Stelle zu suchen? Weder das Eine noch das Andere! Uebe man bei der Wahl die nöthige Vorsicht; oder, wenn ein Mann mit der Zeit abnimmt und erschwacht, so setze man denselben in Ruhestand, oder gebe ihm die Weisung sich nach einer andern Stelle umzusehn; denn um einer Persönlichkeit willen kann man nirgends, am allerwenigsten in der Hauptstadt, die Gemeinde leiden lassen dürfen. Hier muß die Oberbehörde nachsichtslos und strenge, aber auch gerecht und billig sein. Der Grund kann wenigstens nicht gelten, daß diese Helferstellen nur Vorposten seien! Als ob ein Vorposten in der Hauptstadt nicht anders anzusehen wäre als einer in den wilden Thälern am Fuße der Gletscher! Eben so wenig werden diese Helferstellen für Anwartschaften gelten können zu den eigentlichen Pfarrerstellen!

Was insbesondere die Wohnung anbelangt, so weiß Jedermann, wie schwer es in Bern oft hält, eine passende zu finden, und zwar eine in der Nähe der Kirche. Darum sollte es die gerechte Sorge der Gemeinde sein, eine solche für ihren Prediger zu bekommen; denn genau betrachtet kann dies nicht eine Sache des Staates (als des Allgemeinen) sein, sondern es muß der einzelnen Gemeinde obliegen hiefür so zu sorgen, daß ein Geistlicher mit Freuden bei ihr dienen mag. Und wie leicht ließe sich für den zweiten Pfarrer an der heil. Geistkirche gegenwärtig ein Platz wählen zunächst der Kirche, wo eine artige Wohnung erbaut werden könnte, wie es vielleicht in wenig Jahren nicht mehr möglich ist. Warum kümmert sich keine Seele dafür?

D. Die öffentliche Sitte *).

1) Was vielleicht an unserm Volke am meisten auffallen mag, das ist die ungeheure Zunahme des Luxus oder die Pracht in Kleidung und häuslicher Einrichtung, sowol auf dem Lande als in den Städten, und oft ohne allen Geschmack. Der Aufwand, wo er auf eine sittliche Weise geschieht, soll immer ein Zeichen von Wohlhabenheit sein, denn das Ausgeben muß sich nach dem Einnehmen richten, wenn man sich nicht in Verlegenheit und Noth stürzen will. Ist es so bei uns? Die Erfahrung und der tägliche Anblick lehren uns den wahren Thatbestand.

Was ich aber außerdem bedaure, das ist die Verwischung der alten väterlichen Trachten, wie sie unsern verschiedenen Landesgegenden eigenthümlich waren. Alles will sich mehr dem Städtischen nähern! Ist dieses denn in Allem nöthig? Ja, pflanze man das Gute der Städter, nämlich feinere, aber lautere Bildung auf das Land hinaus, denn eine solche verträgt sich mit aller Einfachheit und Landarbeit; nur vor dem Luxus hüte man sich. Was sollen die kostbaren, sogar seidenen Wintermäntel, wie sie die Städterinnen tragen, zur Landtracht! Was dieses Halbherrenthum, zu welchem sich besonders im Simmenthal und zu Interlaken eine starke Neigung zeigt! Wenn die Frauen und Jungfrauen wüßten, wie schlecht ihnen diese maßlose Pracht steht, und wie viel schöner die einfache Landestracht, ohne Seide und Sammt und goldne oder silberne Ketten, wahrlich sie würden nicht länger die Zielscheibe des Spottes sein wollen, sondern sich zurückziehn in die natürliche Schranke, die Gott selbst einem Jeden anweist. O daß wir in diesen und andern Stücken weniger abhangen möch-

*) Von welcher Wichtigkeit die öffentliche Sitte in einem Volke sei, s. meine Schrift über den Selbstmord, Bern bei Dalp 1837.

ten von jenem Nachbarvolk im Westen, das schon viel des Unglücks über uns gebracht hat, von welchen das größte das ist, daß es uns durch jenes Reislaufen und die sich daran knüpfenden Pensionen entnationalisirt und demoralisirt hat! Möchte man überhaupt sich entschliessen können, möglichst mit dem zufrieden zu sein, was der eigne Boden erzeugt, in Tuch und Spezereien. Welche Karrikatur ist es, in unsern höchsten Bergdörfern Kaffee mit Zucker oder Suppe mit Safran u. dgl. zu genießen! Es gab eine Zeit, wo in diesen Gegenden selbst das Brod für Luxus galt, und Käse, Butter, Milch, Baumfrüchte, Gemüse und Fleisch die Nahrung ausmachten, die man genoß. Welch ein Gegensatz nun!

Und in den Städten, welche Zierpüppchen macht man da aus den kleinen Kindern! Welchen Luxus hängt die Eitelkeit der Mütter ihren noch unerwachsenen Töchtern um *)! Auch bei dem mänlichen Geschlechte ist eine merkliche Veränderung eingetreten: während noch vor zehen Jahren nur die Erwachsenen, die Männer und Greise, und zwar meist nur die Vermöglichen Mäntel trugen, sieht man jetzt sogar die rüstige Jugend und die Schüler sich in Mäntel hüllen! Der bloße Ueberrock im Fall bedeutender Kälte genügt nicht mehr. Wird das ein geeignetes Mittel sein, die Jugend abzuhärten? Möchten es doch die Eltern erkennen, wie verderblich eine solche Weichlichkeit ist.

2) Was die Mäßigkeit oder ihr Gegentheil anbetrifft, so wird viel geklagt über zunehmenden Genuß geistiger Getränke, namentlich des Branntweins. Man hat schreckhafte Beispiele angeführt, und klar genug bewiesen, daß hievon

*) So ein fünfjähriges Kind in seidnem Mäntelchen, mit goldner Uhr!! und das ein Kind simpler Bürgersleute! Wird das Kind hievon kein Bewußtsein haben? Heißt das die Erfüllung des Wortes, daß den Kindern das Himmelreich gehöre?

eine Entnervung des Geschlechts nothwendig die Folge sein müsse, welche nur mit Schaudern der Zukunft entgegensehen läßt. Aber was ist zu thun? So lange der Grundsatz gilt, daß man von Staatswegen keine Schranken setzen dürfe, so lange wird alles Entgegenarbeiten mehr oder minder fruchtlos sein. Man hat auf Bildung von Mäßigkeitsvereinen angetragen, es sind auch wirklich Schritte geschehen, Verfasser dieses hat (vor etwa vier Jahren) bei der obersten Erziehungsbehörde guten Willen und Hilfe gefunden; aber er hat nicht erfahren, daß die zahlreich verbreiteten Aufrufe Anklang gefunden haben — ein Verein, den ich im Amt Interlaken stiftete, als ich in jener Gegend wohnte, ist seitdem wieder eingeschlafen.

Ja, wenn alle Rechtschaffenen im Volke zusammentreten wollten für die Sittlichkeit, sowie man jetzt leider nur für politische Partheiung Sinn zu haben scheint, es könnte allerdings viel Gutes gewirkt werden, und doch träten gerade die, welche es am meisten bedürften, in keinen solchen Verein. Darum will mich bedünken, daß, da die Freiheit des Verkaufs geistiger Getränke nur von der Hefe benutzt wird, zur Befriedigung und Beförderung ihrer thierischen Leidenschaften, eine solche Freiheit wider das wahre Wohl des Staates und über das Recht des Bürgers ist. So wenig man den Giftverkauf freigeben kann, so wenig sollte der Verkauf geistiger Getränke und gebrannter Wasser freigegeben werden. Eine Obrigkeit muß sich zum Volke immer wie ein Vater zu seinen Kindern verhalten, nämlich in der Vorsicht und Liebe, ohne daher das Recht des Vaters über seine Kinder zu besitzen, und das Volk in allen Stücken als Unmündige zu behandeln. Im Staate muß allerdings Freiheit sein; aber eine Freiheit, die sich mit der guten Ordnung und mit der Wohlfahrt Aller verträgt. Was diese ohne Noth stört, ist Zügellosigkeit. Und radikal kann unter Menschen nichts eingerichtet werden, so lange sie nicht Engel sind.

3) Es ist ein altes wahres Sprichwort: „Müßiggang aller Laster Anfang!“ Arbeit bewahrt nicht allein vor leiblicher, auch vor geistiger Noth. Im Allgemeinen kann man unserm Landmann nachrühmen, daß er fleißig ist und keine Mühe scheut in Bearbeitung des Bodens; aber meistens fehlt ihm noch die Gabe der Erfindung oder die Geneigtheit Verbesserungen anzunehmen und nachzumachen. Die Gewohnheiten erben sich von Geschlecht zu Geschlecht, und Neues wird mit Mißtrauen von der Hand gewiesen. So fehlt im Gebiet der gewerblichen Thätigkeit der besonnene Muth, welcher größere Unternehmungen wagt — nur das Emmenthal macht hierin eine Ausnahme, welche alle Anerkennung verdient.

Was aber jedenfalls bewirkt werden sollte, das ist die Abschaffung alles Straßenbettels, welcher nirgends stärker gefunden wird als in der Stadt Bern und im Oberland. Die Polizei reicht da bei'm besten Willen nicht aus, sondern Jedermann muß Hand bieten, indem man sich nicht durch falsches Mitleid bewegen läßt. Vor Allen sind Kinder abzuweisen; für Kranke und Alte ist von der Gemeinde, und im Nothfall vom Staat zu sorgen, wie es zum Theil geschieht. Arbeitsfähige müssen zur Arbeit angehalten werden. Dazu könnten außer den Behörden Vereine besonders hilfreich sein, die sich in jeder Gemeinde zusammenthäten, sowie es etwa Frauenvereine gibt, welche Mädchenarbeitsschulen leiten, selbst unter dem Landvolk.

4) Eine der wesentlichsten Quellen des Volksglücks ist Zucht und Ehrbarkeit. In dieser Hinsicht steht es unter unserm Volke nicht überall rühmlich, am wenigsten vielleicht in Bern selbst. Wer darf Alles nennen, was geschieht! Und herrscht das Uebel etwa nur unter der Klasse der Ungebildeten und des Pöbels? Daß doch diejenigen ein gutes

Beispiel geben möchten, welche durch Macht und Ehre, Stand und Geburt, Reichthum und Kenntnisse vor Andern ausgezeichnet sind! Wie groß ist der Einfluß dieser Menschen auf ihre Brüder! Wie viel Unheil ist im Gefolge der Unenthaltsamkeit! Möchten sie doch zur Erkenntniß kommen, was ihnen selbst und Andern zum Frieden dient.

Was wir besonders zu beklagen haben, ist dreierlei: die geheimen Jugendsünden, welche selbst in Landschulen angetroffen werden, und denen nicht genug vorgebeugt werden kann, besonders durch Flußbäder und durch Leibesübungen, die bei allen Schulen eingeführt sein sollten; der Kiltgang auf dem Lande, welcher allen Gesetzen der Ordnung und der Keuschheit Hohn spricht, und nicht selten trauriges Unglück veranlaßt — eine Unsitte, welcher unmittelbar nur durch das ernste Zusammentreten aller Hausväter Einhalt gethan werden kann; die schamlose Art und Weise, wie (eben als Frucht des Kiltganges) häufig die Ehe geschlossen wird, so daß die Bräute erröthen sollten mit dem Kranz auf dem Haupte zur Trauung zu erscheinen, und die Leichtfertigkeit, mit welcher Ehen aufgelöst werden, zuwider dem Worte des HErrn und Seiner Apostel. Es ist schon der Wunsch geäußert worden, daß es gut sein möchte, im Obergericht eine eigne Abtheilung zu errichten und dieser einige Geistliche beizuordnen, welche, nach Art des ehemaligen Oberehegerichts, Alles was Zucht und Keuschheit in und außerhalb der Ehe und die Ehescheidung oder die Trennung betrifft, in letzter Instanz zu beurtheilen hätte.

5) Wahrhaftigkeit und Treue sind die Grundpfeiler des bürgerlichen Zusammenlebens und Verkehrs. Es ist aber bedenklich, wie wenig sich gewöhnlich unser Landmann und unser Handwerker daraus zu machen scheint, etwas zu versprechen ohne Ernst, nur um sich Ruhe zu schaffen, wie etwa unverständige Eltern ihre schreienden Kindlein mit leeren Versprechungen schweigen, ohne daran zu denken,

wie man erfüllen wolle, was man versprochen hat. Diese Unart hat weit um sich gegriffen, und wird nur da nicht angetroffen, wo entweder herzliche Frömmigkeit oder höhere Gesittung herrscht.

Ein besonderes Uebel, an dem man namentlich in Bern leidet, ist das Dienstbotenübel, über welches schon seit langen Jahren geklagt wird, und an dem zum Theil die Hausfrauen selber Schuld sind, durch eignen Mangel an wahrer Sitte und Einfachheit der Lebensweise.

Was endlich jeden christlich gesinnten Bürger tief niederbeugen muß, das ist das lose Spiel, welches so oft mit Eid und Gelübde getrieben wird, sowol was die Leistung als was die Erfüllung betrifft. Hier liegt es zunächst an der Obrigkeit, dem Unwesen zu steuern. Wenn der Eid noch beibehalten werden soll, so lasse man ihn so selten als möglich geschehen, damit er das sei, was er allerdings sein und bewirken kann; sonst aber arbeite man im öffentlichen und im besondern Leben dahin, daß es der Eide nicht mehr bedarf, um ein pflichtmäßiges Handeln hervorzurufen.

6) Die Freiheit in Rede und Schrift ist durch unsere Staatsverfassung gewährleistet, aber es fehlt so oft dieser Freiheit die sittliche Kraft, die sich als Milde und Schonung beweist gegen Andersdenkende. Es ist Mode geworden, daß es für ein Zeichen von Geist und unabhängigem (nicht servilem!) Charakter gelten soll, wenn man über obrigkeitliche Personen, über Verordnungen und Einrichtungen, über die Zeit zu witzeln und zu sticheln versteht, denn mit der Zunge ist man stark, desto schwächer in edler That. Auf eine heillose Weise wird stets das köstliche Gut der Preßfreiheit mißbraucht. Scheltungen sind zu stehenden Artikeln geworden, und selbst das Heiligste wird nicht geschont. Von allem Argen aber ist nichts ärger als biblische Worte zu weltlichen Zwecken zu gebrauchen. So war jüngst in einer Zeitung zu lesen, was einem Manne zum Hohn

nachgesagt sein sollte: „ich und die Verfassung sind Eins!“ — Kann es eine ärgere Schmähung geben? Die Worte erinnern zu sehr an die heilige Formel, deren sich unser Heiland bedient hat. Auf nicht minder herabwürdigende Weise hat ein anderes Blatt den Charfreitag auf politische Zustände und Personen bezogen. Das Zeitungswesen ist überhaupt so heruntergekommen, daß Bibelstellen nie, auch ohne den unmittelbaren Zweck des Spottes, gebraucht werden können, anders als mit Verkleinerung und Entweihung derselben. Möchten doch die Zeitungsschreiber ihr Geschäft nie anders betreiben als mit dem Aufblick zu Gott! Wahrlich, wenn das Ausland unsere Zustände nach unsern Zeitungen oder den aus der Schweiz in ausländischen Blättern (namentlich der Allgemeinen Augsburger Zeitung) mitgetheilten Berichten beurtheilen wollte, so würde es sehr irre geführt — wie denn auch wirklich diejenigen Fremden, welche unsere Verhältnisse partheilos in der Nähe ansehen, nicht selten es offen gestehen, daß es in der Wirklichkeit ganz anders sei.

7) Unter allen Tugenden, die den Menschen zieren, ist die höchste die Liebe — die einerseits gegen Unglückliche und Leidende jenen zarten Takt beweist, welcher fern davon ist einer Mutter mehrer unerzogener Kinder gleich am Sterbetag ihres Gatten den Schuldschein in das Haus zu senden, zur freundlichen Mahnung, daß dann noch etwas zu berichtigen sei, während die Wittwe sonst von Kummer fast zur Erde gedrückt ist! und die anderseits ihre größte Lust in der Beglückung Anderer, in der Rettung Verwahrloster und Verunglückter, in der Vollbringung großer Werke des Gemeingeistes findet, und nicht aus der Mitte der Brüder scheidet, ohne in einem letzten Willen zu beweisen, daß alles Geld und Gut nur anvertrautes Kapital zur Förderung des Reiches Gottes auf Erden ist. Wol ist dieser Geist, wie die jüngste Erfahrung lehrt, nicht ganz von uns gewi-

chen *); aber wo sind jene großherzigen Vergabungen, wie wir sie in alten Zeiten oder neuerlich in Basel, Zürich, Appenzell und hie und da in Deutschland (namentlich in Schlesien) finden? Sind doch ja das die herrlichsten Denkmale, die ein Mensch, der kinderlos ist oder keine nahen bedürftigen Verwandten hat, sich selbst und der Menschheit setzen kann, wenn er von seinem Gute opfert, sobald er dessen nicht mehr bedarf.

8) Mit dem Genannten steht in naher Verbindung der Materialismus unserer Zeit, welcher darin besteht, daß das Geistige dem Leiblichen, Bildung dem Reichthum, Sittlichkeit dem Besitz untergeordnet wird, und die irdischen Güter erkauft werden selbst um den Preis und mit Opferung der geistigen und himmlischen, der Ehre und Freiheit, des Glaubens und der Liebe. Selbst Bildung und Erziehung will man hie und da dem Irdischen dienstbar machen, während sie doch ihren wahren Grund und Zweck nur im Geistigen und Geistlichen haben. Manche Reiche und sogenannte Gebildete sind zu geizig, um sich ein Buch zu kaufen, möchte es auch noch so wichtig sein. Was fragen sie dem Geiste nach, der Mammon oder der Bauch ist ihr Gott!

9) Was einst bei den Vätern als heilige Sitte galt, die gewissenhafte stille Sonntagsfeier und die ernste Kirchlichkeit, das wird jetzt oft verachtet und verlacht, und Wagen mit Last und zur Lust knarren jetzt des Sonntags ungescheut auf den Straßen; man wird oft kaum mehr inne, daß es der Tag der Verehrung Gottes sei. Auf dem Lande wimmelt's des Abends in den zahllosen Wirthshäu-

*) Erfreulich ist die Aufnahme, welche die neue Blindenanstalt in Bern, die Unternehmung einiger Privaten, überall gefunden hat. Außerdem wird die Wohlthätigkeit für Armenerziehungsanstalten, die das Werk der neuesten Zeit sind, vielfach in Anspruch genommen. So fließt im Kleinen Vieles; aber wenig im Großen.

fern und Schenken von Betrunkenen oder Schwärmenden; des Morgens s[illegible] die Schreibstuben der Handelsleute in voller Thätigkeit, um des sogenannten Interesses willen, das mit Abgang der Post besorgt sein muß, so daß die Handelsleute und ihre Diener wunderselten Zeit erübrigen, um einen Gottesdienst zu besuchen! So werden die Leute entwöhnt.

10) Die Zierde des Menschen ist ohne allen Zweifel, wie schon Salomo der Weise erkannt hat, die Frömmigkeit. Sie ist, wo sie wahrhaft ist, einfach und kindlich, ernst und heiter, eine Sache des Herzens und Gemüthes. Sie spricht sich noch als der verborgene edle Kern in mancher rauhen Hülle des sogenannten Volksglaubens aus. So daß die Kindbetterin ihren ersten Ausgang, den sie thut, in die Kirche thun soll zum Gebet, wie wahr und schön! nur daß es oft auf eine abergläubische Weise aufgefaßt wird. So, daß eine Spinnerin, wenn sie ihren Fabrikanten oder Weber betrüge, noch nach dem Tode, ja in alle Ewigkeit spinnen und haspeln müsse. So, daß man am Sonntage kein Messer ergreifen solle um Holz zu schnitzeln und keine Nadel in die Hand nehmen um zu nähen, denn jeder Schnitt und jeder Stich sei eine Wunde in des Heilands Herz. So, wer Marchsteine versetze, der erscheine einst wieder als feuriges Männlein (die Irrlichter).

Dieses klingt wie Poesie, aber der Stern heiliger Gottesfurcht blinkt durch die Nebel dieser Vorstellungen. Und wie freilich die Sterne weichen und verschwinden vor der Sonne der Aufklärung, so flieht leider auch oft manches Andere mit, was wir festhalten sollten, ich meine vorzüglich das Gebet überhaupt und den Hausgottesdienst insbesondere. Wer nur einmal die Kraft des Gebets an seinem eignen Herzen erfahren hat, und wer den Segen des Hausgottesdienstes kennt, der bewahret die fromme Sitte gern. Geistliche sollten besonders hierauf achten und es selber üben, Andern zum Vorbild. Es bringt den Himmel in die Herzen und Familien — das ist, Gottesgefühl und seligen Frieden.

11) Den Grund und Boden aller Kraft und aller Tugend bildet der Glaube, und zwar wie er unter uns allein bestehen soll, der Glaube an Christum. Dieser ist die Bedingung der Wiedergeburt, ohne welche Niemand das Reich Gottes sehen kann.

An diesem Glauben fehlt es unter uns sehr, denn, wo die sogenannte Religion und Religiosität sich findet (ich rede also nicht von den Ungläubigen und Spöttern), da ist es entweder nur ein Buchstabenglaube oder Verstandesglaube — und dieser wird bei dem großen Haufen der sogenannten Altgläubigen gefunden — oder es ist der bekannte Glaube der Neugläubigen, dessen drei Angelpunkte Gott, Tugend und Unsterblichkeit sind. Die Erstern lehren eine Dreieinigkeit, aber eine dreigöttische; die Letztern bekennen sich zum Monotheismus, aber einem deistischen, bei welchem Christus herabgewürdigt wird zum bloßen Menschensohn, wie sehr man ihn auch ausstatten möge mit göttlichen oder großen Beinamen. Die wahren Gläubigen können weder Altgläubige noch Neugläubige heißen, denn der echte christliche Glaube hat keinen Gegensatz in der Zeit, weil sein Wesen nicht äußerlich, sondern innerlich ist, sowie er nicht in diesem oder in jenem Bibelspruche liegt, sondern in der Einen und ganzen Offenbarung der heil. Schrift seinen Maßstab und seinen Ausdruck findet. Alle menschlichen Zusammenstellungen (Systeme) bleiben eben darum immer mangelhaft, und tragen irgend eine Farbe der Zeit und ihrer Beschränktheit an sich.

Darum, wenn es besser werden soll mit unserer Christlichkeit, so muß alles Volk wieder mehr auf die heil. Schrift gewiesen und in sie selbst, namentlich in die Bücher des Neuen Bundes, eingeführt werden, und das auf eine Weise, daß weniger das bloße Wissen und verstandesmäßige Auffassen als aber vielmehr jenes höhere, wahrhaft vernünftige Erkennen und die lebendige Empfindung der Wahrheit mit Herz und Gemüth zur Hauptsache und höchsten Aufgabe gemacht wird.

12) Das menschliche Mittel alles Guten auf Erden ist die Bildung.

Ohne Bildung bleibt der Mensch in thierischer Rohheit, ohne rechte Bildung wird er ein Zerr- und Zwitterbild; denn alles Wissen (wenn es für sich bleibt oder nur halb ist) blähet auf. Die wahre Bildung muß den Geist erwecken und göttliches Leben entwickeln, dessen Wesen und Ziel die Liebe ist.

Unläugbar geschieht jetzt für Bildung ohne Vergleich mehr als noch vor wenig Jahren, wie allerwärts so bei uns; aber das, was geschieht, geschieht noch nicht überall im rechten Geiste und auf die rechte Weise, sondern man tappt etwa im Finstern und suchet Licht — man macht Versuche, die mißglücken, wie das die menschliche Beschränktheit mit sich bringt. Sollte man deshalb die Erzieher und Erziehungsbehörden verdammen wollen und mit ihnen alle und jede Neuerung? Freilich ist verkehrte Bildung oder halbe Aufklärung immer schädlich, und Mancher leidet von der bittern Frucht; aber das ist nun einmal das Loos der Sterblichen, daß sie ohne Straucheln nicht gehen lernen und daß Viele als Opfer fallen für Andere und für die Nachwelt. Unsere einzige Beruhigung dabei ist: daß wir säen verweslich, aber ernten werden unverweslich, und daß dieses Leben weiter nichts als eine Vorschule ist für die Ewigkeit, wo sich wunderbar ausgleichen wird, was jetzt oft so räthselhaft einander entgegensteht.

Nur das Eine sei mir erlaubt noch zu wünschen, daß alle Bildung und Unterrichtung eine solche sei, welche die Jugend wahrhaft und lebendig dem göttlichen Reiche ein-

wie man erfüllen wolle, was man versprochen hat. Diese Unart hat weit um sich gegriffen, und wird nur da nicht angetroffen, wo entweder herzliche Frömmigkeit oder höhere Gesittung herrscht.

Ein besonderes Uebel, an dem man namentlich in Bern leidet, ist das Dienstbotenübel, über welches schon seit langen Jahren geklagt wird, und an dem zum Theil die Hausfrauen selber Schuld sind, durch eignen Mangel an wahrer Sitte und Einfachheit der Lebensweise.

Was endlich jeden christlich gesinnten Bürger tief niederbeugen muß, das ist das lose Spiel, welches so oft mit Eid und Gelübde getrieben wird, sowol was die Leistung als was die Erfüllung betrifft. Hier liegt es zunächst an der Obrigkeit, dem Unwesen zu steuern. Wenn der Eid noch beibehalten werden soll, so lasse man ihn so selten als möglich geschehen, damit er das sei, was er allerdings sein und bewirken kann; sonst aber arbeite man im öffentlichen und im besondern Leben dahin, daß es der Eide nicht mehr bedarf, um ein pflichtmäßiges Handeln hervorzurufen.

6) Die Freiheit in Rede und Schrift ist durch unsere Staatsverfassung gewährleistet, aber es fehlt so oft dieser Freiheit die sittliche Kraft, die sich als Milde und Schonung beweist gegen Andersdenkende. Es ist Mode geworden, daß es für ein Zeichen von Geist und unabhängigem (nicht servilem!) Charakter gelten soll, wenn man über obrigkeitliche Personen, über Verordnungen und Einrichtungen, über die Zeit zu witzeln und zu sticheln versteht, denn mit der Zunge ist man stark, desto schwächer in edler That. Auf eine heillose Weise wird stets das köstliche Gut der Preßfreiheit mißbraucht. Scheltungen sind zu stehenden Artikeln geworden, und selbst das Heiligste wird nicht geschont. Von allem Argen aber ist nichts ärger als biblische Worte zu weltlichen Zwecken zu gebrauchen. So war jüngst in einer Zeitung zu lesen, was einem Manne zum Hohn

Abschnitt IV.

Ist es jetzt an der Zeit, diese Umgestaltung zu betreiben? und wem kömmt es zu?

Was die erstere Frage anbetrifft, so wird ihre Beantwortung wol leicht gefunden werden.

Wenn man frägt, wann es überhaupt für Ausführung einer wichtigen Sache Zeit sei, so kann man sagen, was einst unser Herr zu Seinen Brüdern gesagt hat (Joh. VII, 6): „Meine Zeit ist noch nicht hier; eure Zeit aber ist allewege;“ denn Alles, was irgend von einiger Wichtigkeit ist, hat seine Zeit. Und wann? Für wesentliche und wichtige Dinge ist die Zeit dann, wann das Bedürfniß lebendig erwacht und die Sache selbst zu ihrer vollkommenen Reife und Klarheit gediehen ist. Beides wird nicht selten durch einander bedingt sein: bald wird das erwachte Bedürfniß die Sache zur Klarheit durcharbeiten, bald wird die zur Klarheit gekommene Sache das noch schlummernde Bedürfniß wecken.

Ist nun für unsere Sache die Zeit gekommen?

Man hört noch bisweilen Stimmen, welche fast zu zweifeln scheinen, daß jetzt die Zeit sei irgend eine Aenderung im Kirchenwesen anzuregen, weil zu Vieles und zu Wichtiges in Bewegung sei, so daß man Gefahr laufe in dem allgemeinen Strudel unterzugehen. Andern dünkt es gefährlich, die schlafende Löwin zu wecken, weil man nicht wisse, was das Ende der Bewegung sei, sobald man sie einmal hervorgerufen habe. Man fürchtet von Seite des Staats, und fürchtet von Seite der Separatisten. Auf beiden Seiten juckt die Lust nach zügelloser Freiheit, weil man zu gut fühlt, daß ein geordnetes Kirchenwesen, wie es zum Theil die Landeskirche darbietet, aber noch mehr in seiner Läuterung darstellen wird, aller unordentlichen Neigung immer einen gewissen Zaum anlegt.

Ganz anders lautet dagegen das Urtheil Anderer. Sie halten dafür, daß eben jetzt die Zeit sei, einerseits eben weil Bewegung sei, indem es viel leichter halte etwas Neues zu schaffen, wo die Masse bereits in Fluß und Gährung sich befinde, anderseits weil Viele in einen traurigen Tod versunken seien, was beweise, wie nöthig eben jetzt die Hilfe sei.

Soll ich nun erklären, welche von beiden Meinungen ich für die richtigere halte, so ist es die letztere.

Daß wir etwas Anderes, Besseres bedürfen, muß aus dem Bisherigen klar geworden sein; daß es jetzt die Zeit zu einer Aenderung sei, scheint aus vielen Zeichen zu erhellen, z. B. wenn wir sehen, wie die Gemeinden (ungesetzlich oder wenigstens wider allen frühern Brauch) sich bei Pfarrerwahlen zu interessiren anfangen, und wie die evangelische Gesellschaft und selbst die Separatisten und die Sektirer Anklang finden, wie überhaupt die Masse des Volks für neue große Werke gemeinnütziger menschenfreundlicher Natur aufgerufen wird, wie endlich die allgemeine Volksbildung wächst und freiere oder vernünftigere Formen fordert, wenn sie nicht abgestoßen werden soll, weil man nicht neuen Wein in alte Schläuche gießt.

Wer sich vor einem Widersacher fürchtet und in seine Höhle zurückzieht, weil er den Kampf scheut, der beweist, daß er an Kraft der geringere sei; denn wer sich seiner Kraft und seines guten Rechtes bewußt ist, der tritt in's Offene heraus. Und sollten wir denn wirklich am Staat und an den Separatisten solche gefährliche Gegner haben? Die Separatisten haben wir nur dann zu fürchten, wenn wir selber schlecht und schwach geworden sind, entweder zu alt oder aber zu neu, entweder zu kalt oder aber zu warm. der Staat wird erst dann sich gegen die Kirche erheben, wenn er sieht, daß sie ein todtes Glied im Körper des Volkslebens ist, und Statt Leben zu befördern nur Tod verbreitet, oder wenn er selbst in Verwesung geriethe, was doch kaum zu erwarten ist, eben so lange die Kirche in ihm lebendig bleibt. Denn das ist unser unerschütterlicher Glaube, daß der Geist des HErrn alle Todten in's Leben erwecken kann, und daß an dem Geiste nicht zu verzweifeln ist, so lange noch zwei oder drei im Namen des HErrn zusammenbleiben, lebendig und treu.

Mögen auch Einzelne spotten oder drohen; was ist der Mensch, welcher seine Hand wider Gott erhebt! Siehe, wie Staub ist er, den der Wirbelwind ergreift und dahinweht. Mag man auf Nordamerika hinweisen; es wird dem Besonnenen weder in politischer noch in kirchlicher oder überhaupt in sittlicher Hinsicht Muster und Beispiel sein, denn die Thatsachen der neuesten Zeit laden nicht zur Nachahmung ein. Man muß überhaupt wissen, daß jedes Land wie jeder Mensch sein eigenthümliches Gepräge hat, das einem andern Lande oder Menschen nicht aufgedrückt werden kann, ohne daß eben dessen wahre Natur dadurch zerstört wird. Aus der Schweiz ein Nordamerika machen zu wollen, würde noch weniger angehen als wenn man Frankreich republikanisiren wollte. Nehme man doch immer die Menschen wie sie sind! Theorien in die Luft gebaut — haben weder Wahrheit noch Wirklichkeit; die Sache an sich und Volk und Land und Zeit und Geschichte wollen berathen sein, ehe man zu großen Veränderungen schreitet. Den wahren Thatbestand und Zusammenhang überall herauszufinden ist Sache der Regentenweisheit. Darum müssen unsere Veränderungen des Kirchenwesens wohl berechnet sein; und ich glaube auch wirklich nur gewünscht zu haben, was unumgänglich vom Geist des Evangeliums und vom

Geist der Zeit gefordert, und was von den Verhältnissen und von der Sache selbst gestattet zu sein scheint.

Eine andere Frage ist die letztere: an wem es sei, diese Aenderungen einzuleiten und durchzuführen.

Der natürlichste Weg scheint mir der zu sein, daß das, was der Inhalt dieser Schrift ist, oder ein Theil davon, soviel nun eben für ein Mal gut und klug scheint, von den Geistlichen und vom Volke dem Großen Rathe durch Bittschriften vorgetragen werde. Dieser wird dann, wenn er, wie zu erwarten steht, auf die Wünsche eingeht, entweder eine eigne Kommission ernennen oder Alles an das Erziehungsdepartement zurückweisen zur Untersuchung und Begutachtung. Erst auf dieses hin werden dann Beschlüsse möglich sein.

Ein anderer Weg, z. B. durch einen Verfassungsrath, der vom Volke selbst gewählt würde, schiene mir nicht geeignet, weil wir nicht eine Radikalreform und Aenderung der Grundlage wünschen, sondern nur, auf dem bisherigen Grund und Boden, eine Formenerneuerung, wie sie dem Geist sowol eines wahrhaft christlich gebildeten Staates als einer echt evangelischen Kirche angemessen zu sein scheint, so daß weder der Staat über die Kirche, noch die Kirche über den Staat sich erheben, und weder der Eine ohne die Andere, noch auch die Andere ohne den Einen sein will, nach dem Worte Luthers: „Wo weltlich Regiment oder Gesetz allein regiert, da muß eitel Heuchelei sein, wenn's auch gleich Gottes Gebote selber wären" (sämmtl. Werke, von Walch Th. X, S. 437, von der Obrigkeit.)

Empfehlenswerthe Schriften, welche bei C. A. Jenni, Sohn, in Bern erschienen [illegible]

Abendmal-Betrachtungen für Tischgenossen des Herrn. gr. 8. 1825. bz. 7½

Anleitung, [illegible]rze, zum [illegible] [illegible]n deutscher Redesätze, ein Handbuch für Schüler und ein [illegible]aden für Lehrer. gr. 1828. bz. 6

Betrachtungen über das Abendmahl, zur Erbauung junger Tischgenossen des Herrn, 3te verm. Aufl. bz. 2

Christenlehre für die zartere [illegible]jugend. bz. 2½

Erdbeschreibung, kleine, der Schweiz. Zum Gebrauch für Landschulen, zunächst des Kantons Bern. geb. bz. 3½

Fetscherin, R., Versuch einer Anleitung zum Unterricht vom Eide. gr. 8. 1831. bz. 12

Gesänge, christliche, zur gemeinsamen Andacht, mit 10 vierstimmigen Choralmelodien dazu, geb. bz. 7½

Huber, J., chronologisches Gemälde der Geschichte der schweiz. Eidgenossenschaft. Ein grosses, schönes Blatt, um als nützliche Zierde in Schulen aufzuhängen. bz. 15

Kasthofer, K., der Lehrer im Walde, ein Lehrbuch für Landschulen, Landleute und Gemeindsverwalter, welche über Waldungen zu gebieten haben. 2 Thle. gr. 8. 1829, mit 15 col. und 9 schwarz. Kupfern. bz. 22

Katechismus für die christlich-reformirte Jugend, worin die Aechtheit des evangelisch-reformirten Glaubens, im Gegensatze der davon abweichenden Lehrmeinungen der römisch-katholischen Kirche, mit Gründen und aus der heil. Schrift erwiesen wird. 8. bz. 2

König, R., Versuch einer kurzen Anleitung zum Studium der Theologie. gr. 8. 1830. bz. 12

Kortüm, Dr. F., Geschichte des Mittelalters. 6 Bücher. 2 Theile. gr. 8. 1836. L. 16

Kortüm, über die Stellung des Geschichtschreibers Thukydides zu den Partheien Griechenlands. gr. 8. 1833. bz. 4

Lese- und Sprachbuch, erstes, oder Uebungen um richtig sprechen, lesen und schreiben zu lernen. geb. bz. 2½

Lese- und Sprachbuch, zweites, oder Uebungen in der Satzbildung, Begriffsbestimmung, Wörterkenntniß u. Rechtschreibung. bz. 6

Lese- und Sprachbuch, drittes, oder Uebungen im Lesen und Reden, Schreiben und Aufschreiben, Begreifen und Urtheilen. geb. bz. 12

☞ Diese drei, einem stufenweisen Gang folgenden Lesebücher, welche von Herrn Seminardirektor Rickli nach Harnisch's Methode für unsere Schulen bearbeitet sind, haben sich einer sehr großen Theilnahme und Einführung in vielen Lehranstalten zu erfreuen, weßhalb ich besonders auf dieselben aufmerksam mache.

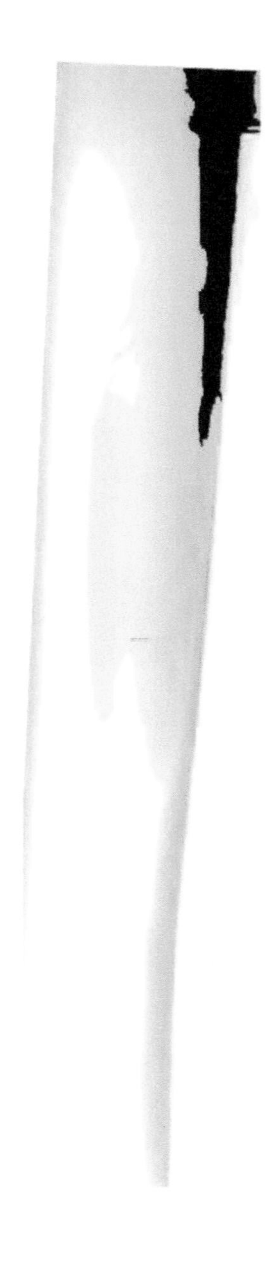

FSC
www.fsc.org
MIX
Papier aus verantwortungsvollen Quellen
Paper from responsible sources
FSC® C141904

Druck:
Customized Business Services GmbH
im Auftrag der KNV-Gruppe
Ferdinand-Jühlke-Str. 7
99095 Erfurt